Peter Gerdes
Solo für Sopran

Peter Gerdes
Solo für Sopran
Inselkrimi

1. Auflage 2011
ISBN 978-3-939689-63-8
© Leda-Verlag. Alle Rechte vorbehalten
Leda-Verlag, Kolonistenweg 24, D-26789 Leer
info@leda-verlag.de
www.leda-verlag.de
© OA Leda-Verlag 2005 ISBN 3-934927-63-7

Titelillustration: Andreas Herrmann
Gesamtherstellung: Bercker Graphischer Betrieb GmbH & Co. KG
Printed in Germany

Peter Gerdes
Solo für Sopran
Inselkrimi

1.

Wuchtig rollte es heran, krachend schlug es zu, schleifend und saugend zog es sich zurück. Er schnappte nach Luft.

Das stetig dröhnende Donnern der Brandung hatte seinen Kopf rhythmisch durchrauscht, seit er sich auf dieser Insel befand, Woge um Woge, Tag und Nacht. Was aber jetzt in seinem Kopf rauschte, war nicht die See, sondern der Schmerz, der ihn immer wieder aufs Neue ansprang und schüttelte und ihn zurück unter die Oberfläche zu drücken versuchte. Welle um Welle. Mühsam hielt er stand, während er so viel kühle Nordseeluft wie möglich durch seine rasselnden Bronchien presste. Die Schmerzen tosten, tauchten ihn aber nicht unter, spülten ihn nicht davon. Fürs Erste blieb er bei Bewusstsein.

Vorsichtig stemmte er sich hoch, stolperte mit kurzen, schlurfenden Schritten über den festen Sand in Richtung Spülsaum, bückte sich, was das inwendige Rauschen gefährlich anschwellen ließ und einen heftigen Anfall von Übelkeit auslöste, und tauchte schließlich seine Hände in den prickelnden Schaum des nächsten Brandungswellenausläufers. Breite, dicke Hände mit kurzen, dicken Fingern. Sie zitterten. Das Blut, das an ihnen haftete, war bereits getrocknet, und er musste kräftig rubbeln, um die Krusten zu lösen.

Auch seine Füße waren breit und dick, stellte er fest. Und sie waren nackt, wie auch seine Beine, die gänsehäutig und stachelhaarig aus kurzen, weiten Hosen ragten. Merkwürdig, dachte er, wieso habe ich nackte Beine? Er konnte sich überhaupt nicht erinnern, schwimmen gegangen zu sein.

Dann fiel ihm auf, dass er sich an gar nichts erinnern konnte. An überhaupt nichts. Null.

Im ersten Moment erheiterte ihn dieser Gedanke. Wie, an nichts erinnern! Das gab es vielleicht im Kino, vorzugsweise in Hollywoodschinken, wo sich hübsche junge Amnesierte in höchst fotogener Weise auf die Suche nach dem verschollenen Ich und seinem meist ebenso attraktiven Gegenstück vom anderen Geschlecht machten. Aber doch nicht … hier. Und doch vor allem nicht er.

Nur: Wo war »hier«? Und wer er?

Als er spürte, dass er mit diesen Fragen ins Dunkle stocherte wie mit einem Blindenstock, schwoll das Rauschen in seinem Kopf wieder zu einem Tosen an. Sitzend fand er sich wieder, auf dem Hosenboden im Sand, dessen Feuchtigkeit unangenehm kalt durch seine Badehose drang. Badehose? Nein, das waren Boxershorts, weite, blau-weiß gestreifte, vorne geknöpfte Boxershorts. Oben herum trug er nichts als ein Unterhemd, Feinripp weiß. Himmel, in welchem Aufzug lief er hier herum?

Wer – er? Und wo?

Moment mal, einen Moment mal. Beschwichtigend klappte er seine dicken Hände hoch und richtete die Handflächen nach vorne, als wollte er die unaufhörlich anrollende Brandung zum Innehalten auffordern. Vielleicht galt die Geste auch den Schmerzwellen in seinem Kopf – vergebens war sie in beiderlei Hinsicht. Immerhin aber half sie ihm, seine wild und schäumend flutenden Gedanken zu kanalisieren.

Dies hier war eine Insel, so viel wusste er. Und dass er hier nicht lebte, sondern nur zu Gast war, wusste er auch. Zu Besuch war er hier. Aber bei wem?

Wirklich zu Besuch? Aber warum war ihm dieser Ort dann so vertraut? Und wenn ihm diese Insel vertraut war, warum wusste er dann ihren Namen nicht?

Er versuchte es anders herum. Sein eigener Name? Nichts, gar nichts. Sein Alter? Er schaute an sich herab, musterte seine kräftigen Gliedmaßen und seinen noch weit kräftigeren Bauch, erspähte ergraute Brusthaare im Ausschnitt seines Unterhemds, fuhr sich mit den Händen über den pochenden Schädel, ertastete eine recht weit entwickelte Stirnglatze, einen kurz gestutzten Haarkranz und eine kräftige, äußerst druckempfindliche Schwellung über dem linken Ohr. Der Jüngste war er nicht mehr, eindeutig. Irgendwas zwischen fünfzig und sechzig. Und angeschlagen, in des Wortes wörtlicher Bedeutung.

Aber wo waren sie hin, diese fünfzig oder sechzig Jahre? In seinem Gedächtnis waren sie jedenfalls nicht.

In seinem Gedächtnis waren ja nicht einmal die letzten fünf oder sechs Stunden. Alles wie ausgelöscht. Auf einen Schlag.

Ein Schlag?

Plötzlich bemerkte er, dass ihm kalt war. Saukalt sogar. Nicht nur seine Hände zitterten, nein, er bebte am ganzen Körper. So, als hätte er die ganze Nacht im Freien verbracht, nur mit Unterwäsche bekleidet.

Welche Tageszeit war eigentlich gerade? Automatisch blickte er auf sein linkes Handgelenk: Keine Uhr, nichts, nur ein dicker Arm samt dazu passender Hand. Den Unterarm zierten ein paar rotblaue Flecken, die sich frisch anfühlten, sowie eine verwaschen aussehende Tätowierung, dunkelblau, irgendetwas Rundes, Ausgefranstes. Keine Idee, was das sein konnte, jedenfalls keine Uhr.

Er blickte hoch, sah in einen blauen, fast wolkenlosen Himmel, ohne zu blinzeln, spürte einen Anflug von Wärme hinter dem rechten Ohr und auf dem rechten Schulterblatt. All das schien auf den frühen Morgen hinzudeuten. Warum? Er wusste es nicht.

Was konnte geschehen sein? War er ein Frühaufsteher, ein Frühsportler, der sich beim Strandlauf übernommen und einen Blackout gehabt hatte? Nein, das passte nicht zu ihm, da war er sich sicher, wer immer er auch sein mochte. Außerdem trug er kein Sportzeug, sondern Unterwäsche. Und nirgendwo um ihn herum lagen andere Kleidungsstücke. Zum Glück war auch kein anderer Mensch in Sichtweite. Nichts als Meer, Strand und Dünen. Und das rote Dach eines eckigen weißen Turms, der die Dünen überragte.

Moment, was war das gerade gewesen?

Wieder klappte er seine Hände hoch, machte die Geste des Beschwichtigens, des Abstoppens. Hitzewellen jagten durch seinen vor Kälte bebenden Körper. Welcher seiner Gedanken hatte das ausgelöst? Meer, Strand? Nein. Düne? Auch nicht.

Rotes Dach?

Rot?

»Rot«, murmelte er und erschrak vor seiner eigenen, unerwartet hell und krächzend klingenden Stimme. »Blut.« Die Ränder der abgewaschenen Krusten waren noch gut zu erkennen. Was für Blut war das? Wessen Blut?

Erneut musterte er seinen Körper, fuhr sich mit den Handflächen über Kopf, Nacken und Schultern. Ohne Ergebnis.

Sein eigenes Blut war das jedenfalls nicht.

2.

Heiden hielt im Laufen inne, schüttelte seine Beine aus, deutete ein paar Dehnübungen an und tupfte sich mit dem Handtuch, das er elegant um seinen Nacken geschlungen trug, den dünnen Schweißfilm von der Stirn. Er liebte Bewegung am frühen Morgen, vor allem nach kurzen, unruhigen Nächten. Und hier auf der Insel, an einem herrlichen frühherbstlichen Morgen wie diesem, bereitete ihm sein Standardprogramm, kombiniert aus kräftezehrendem Strandlauf und dem kaum weniger anspruchsvollen Auf und Ab der Höhenpromenade, doppeltes Vergnügen. Einen Heidenspaß sozusagen.

Selbstzufrieden lächelte er über das kleine Wortspiel, das er schon hundertfach aus Schülermündern vernommen hatte. Ihm machte es nichts aus, wenn mit seinem Namen gewitzelt wurde, im Gegenteil. Sein Name war schließlich Teil seiner Persönlichkeit, und jede Aufmerksamkeit, die diesem Namen zuteil wurde, wurde auch ihm zuteil. Das war wichtig für Leopold Heiden.

Das Rauschen der Brandung schien ihm heute früh besonders intensiv, und er tänzelte ein wenig auf der Stelle, um die Promenade, die von diesem Punkt aus einen herrlichen Blick über Strand, Sandbänke und Nordsee bot, noch nicht gleich wieder in Richtung Hotel verlassen zu müssen. Was für ein Klang! So gleichmäßig und doch niemals monoton, so unterschwellig und dabei doch so präsent. Ob man eine Symphonie für Brandung und Chor komponieren konnte? Heiden lächelte. Solche spontanen Einfälle liebte er an sich. Nicht, dass er diesen etwa umzusetzen gedachte; dafür gab es im Augenblick zu viel anderes zu tun. Dinge, die ihm genügend Aufmerksamkeit verschaffen würden. Die Sache mit der

9

Brandung konnte er ja für spätere Gelegenheiten in der Hinterhand behalten.

Hatte sich da unten am Strand gerade etwas bewegt?

Heiden kniff die Augen zusammen; seine Sehkraft hatte in jüngster Zeit etwas nachgelassen, aber eine Brille verweigerte er sich. Schließlich arbeitete er hart an seiner äußeren Erscheinung und das mit einigem Erfolg, wie er fand, da wäre eine sichtbare Sehhilfe mehr als nur ein Rückschlag gewesen. Geradezu ein Stilbruch. Ausgeschlossen. Außerdem sah er auch ohne Brille noch gut genug, um zu erkennen, dass die Gestalt dort unten ein Mann war, ein älterer offensichtlich und dick dazu, ein Mann also, der sich weit weniger gut gehalten hatte als er selbst. Vor allem aber handelte es sich ganz eindeutig nicht um ein Mitglied seines Chores, und darauf kam es ihm an.

Seine Schäfchen, für die er eher unwillig die Verantwortung trug, wohnten nämlich über den halben Ort verteilt. Selbst jetzt, in der Nachsaison, war es nicht möglich gewesen, alle fünfundsechzig Mitglieder des Jann-Berghaus-Chores in ein und derselben Wohnanlage unterzubringen. Schließlich waren Herbstferien, zahlreiche Stammgäste befanden sich auf der Insel oder hatten sich angekündigt, und kein Langeooger Vermieter würde einem Stammgast absagen, nur um für ein paar Tage eine Horde Gymnasiasten zu beherbergen. Heiden konnte froh sein, dass es ihm letztlich überhaupt gelungen war, alle Sänger in den verschiedensten Hotels, Pensionen und Ferienwohnungen unterzubringen, ohne auf den Campingplatz zurückgreifen zu müssen.

Die Folge war natürlich, dass sich der wimmelnde Haufen, überwiegend kaum der Pubertät entwachsen, nur sehr unzureichend überwachen ließ. Er und seine Kollegin vom Leeraner Jann-Berghaus-Gymnasium, Oberstudienrätin

Margit Taudien, mussten sich auf überraschende Stippvisiten in willkürlich bestimmten Unterkünften beschränken. Trinkgelage und verbotswidriges Rauchen befürchtete er weniger; seine Chorsänger waren überwiegend ehrgeizig und wussten genau, worum es hier ging und dass sie all ihre Kondition brauchen würden, um zu bestehen. Mehr Sorgen bereiteten ihm die Techtelmechtel, die sich gleich im halben Dutzend anzubahnen schienen, direkt unter seinen gestrengen Blicken. Der Himmel mochte wissen, was sich abends und nachts in den Dünen so alles tat. Bloß gut, dass es um diese Jahreszeit nach Sonnenuntergang schon empfindlich kühl wurde. Das würde manchen Gefühlsüberschwang dämpfen. Hoffentlich. Jedenfalls fehlte ihm jede Spur von Lust, sich mit den möglichen Folgen solcher Hemmungslosigkeiten herumzuärgern.

Heiden schlenkerte mit den Armen und setzte sich trippelnd wieder in Bewegung. Andererseits, was war so schlimm daran, wenn in den Langeooger Randdünen zusammenfand, was sowieso früher oder später zusammenfinden würde? Schließlich gab es Kondome, und sie waren frei verkäuflich.

Ein schallendes Lachen platzte aus ihm heraus, so laut, dass es von den Dünenkämmen widerhallte. Nein, die Erziehung seiner Schüler zu geschlechtlicher Enthaltsamkeit war gewiss nicht seine Aufgabe. Und auf seine Schülerinnen traf das ebenso zu. Ganz besonders auf eine.

Leise vor sich hin pfeifend trabte er weiter in Richtung Wasserturm.

3.

»Guck mal hier! Voll trendy, was?« Sabrina hielt sich ein winziges, spitzenartig durchbrochenes Etwas, dessen fransige Ausläufer knapp bis zur Nabelgegend baumelten, vor den Busen und schaute ihre Mitbewohnerinnen erwartungsvoll an.

»Lass mal sehen. Ach du Schande, wo willste das denn tragen? Bei Rotlicht?« Wiebke Meyers Reaktion lag irgendwo zwischen Anerkennung und Neid, ungeachtet der Empörung und Ablehnung signalisierenden Wortwahl, und wurde auch so aufgefasst. Auf den Klang kam es an in der Kommunikation unter Teenagern, das benutzte Vokabular war zweitrangig. Bis zur Nonverbalität war es nur noch ein kleiner Schritt.

»Oder wenn du zu Hause für deinen Liebsten mal wieder Lapdance machst.« Theda Schoons schneidender Kommentar war von ganz anderer Qualität, das war unüberhörbar. Ihre Ablehnung war scharf und auch so gemeint, was ihr Gesichtsausdruck deutlich widerspiegelte. Gerade deshalb ging Sabrina nicht darauf ein.

»Aber da ziehst du doch etwas drunter, oder?« Stephanie Venema war, ungeachtet ihrer fast 180 Zentimeter Körperlänge, die Kindlichste des Quartetts, das in der kleinen Ferienwohnung untergebracht worden war. Ihr Gesicht mit den leicht schräg stehenden Augen und der kräftigen Kieferpartie war nicht gerade klassisch schön, aber doch sehr apart, und ihre hellblond leuchtende Mähne sicherte ihr jederzeit Aufmerksamkeit. Noch wirkte sie mit ihren dünnen, schlaksigen Armen und Beinen und den großen Händen und Füßen wie ein Fohlen bei den ersten Gehversuchen. Dass sich dieser Eindruck jedoch bald ändern würde, war absehbar.

»Na logo, was denkst du denn!« Sabrina Tinnekens
lachte, teils erheitert, teils abfällig. Obwohl sie mit ihren
sechzehneinhalb Jahren nur ein knappes Jahr älter war
als Stephanie, hatte ihre Ausstrahlung nichts Kindliches
mehr. Selbst in ihrem züchtig geschlossenen, wadenlan-
gen und geblümten Nachthemd, eigens für die Insel-Tour
aus Altbeständen hervorgekramt, waren ihre fraulichen
Formen unverkennbar. Das Spitzentop ließ ahnen, wie
sie die zur Geltung bringen konnte. »Natürlich trage
ich was drunter. Ein schwarzes Top. Oder ein Bustier,
je nachdem.«

»Na, dann wird's aber very sexy, heieiei!« Wiebke
Meyer drehte sich um ihre eigene Achse, als trage sie
selbst das so verrucht wirkende Kleidungsstück, passend
zu dem verklärten Lächeln auf ihrem Gesicht. Ihr drah-
tiger, fast knabenhafter Körper wirbelte nur so herum,
und man konnte sich gut vorstellen, wie sie vergangenen
Monat ihre Voltigiergruppe zum Bezirkstitel geführt
hatte. »Wo hast du das denn gekauft, etwa hier auf der
Insel? So etwas muss ich auch haben, unbedingt.«

»Wozu? Da rutscht du doch glatt durch mit deinen
spitzen Gräten.« Theda wickelte sich energisch in ihren
Bademantel und raffte Wäsche, Socken und Jeans zusammen. »Wenn von euch keiner ins Bad will, dann geh ich
eben. Keine Lust, wieder zu spät zur Probe zu kommen.«
Eine Spur lauter als nötig fiel die Badezimmertür hinter
ihr ins Schloss.

»Was die nur wieder hat!« Wiebke rümpfte die Nase.
»Total spießig, die dumme Kuh. Nichts als Schule und
Chor im Kopf. Mit der kannste überhaupt keinen Spaß
haben.« Barfüßig huschte sie in den Flur und musterte
sich im Garderobenspiegel: »Spitze Gräten, pah.«

»Ach, die ist im Stress, da musst du dir nichts bei
denken.« Stephanie war wie immer auf Versöhnung aus,

13

das war so etwas wie Prinzip bei ihr, aber ihre Miene signalisierte deutlich, dass auch sie Theda für reichlich zickig hielt. »Sie will eben unbedingt mit nach Amiland.«

»Ameland? Wieso will die denn auf noch 'ne Insel? Reicht ihr Langeoog etwa noch nicht?« Wiebke hatte ihr Pyjama-Oberteil bis über den Rippenbogen angehoben und war ganz mit der Inspektion ihres hageren Körpers beschäftigt.

»Amerika meine ich natürlich. U-S-A! Die Reise mit dem JBG-Chor über Weihnachten nach Illinois und Oregon, auf Einladung der Nachkommen ausgewanderter Ost-friesen. Schon vergessen?«

»Ach die!« Die Schlafanzugjacke fiel wieder herunter, und es überraschte, dass sie Wiebkes Rippen dabei nicht wie ein Xylophon zum Klingen brachte. »Die hab ich doch längst abgehakt. Da gibt's überhaupt nur vierzig Plätze insgesamt, davon ganze fünfzehn für Sopran. Und wir sind über dreißig Sopranistinnen, wenn du alle mitrechnest, auch die Oberstufe. Wie sollen wir denn da eine Chance haben? So gut sind wir schließlich auch nicht.«

»Theda scheint davon nicht so überzeugt zu sein«, wandte Stephanie ein. »Jedenfalls entwickelt die voll den Ehrgeiz. Letzten Sommer hatte sie doch zu rauchen angefangen, weißt du nicht mehr? Und kaum kam die Nachricht von der Amerika-Fahrt, schon war wieder Schluss damit, von heute auf morgen. Die will mit, das hat die sich echt in den Kopf gesetzt.«

»Wenn das mal kein Hirngespinst ist!« Wiebkes grelle Stimme ging durch Mark und Bein. Inzwischen hatte sie ihre Aufmerksamkeit ihren mausbraunen, strähnigen Haaren zugewandt, raffte sie über dem Schädel zu einer Palme zusammen, um größer zu wirken. »Es gibt doch bestimmt mehr als fünfzehn Soprane in unserem Chor, die besser sind als sie. Das holt Theda in der kurzen Zeit niemals auf. Und erinnerst du dich, was sie sich vorgestern geleistet hat? Diesen fetten Patzer bei unserem Geburtstagsauftritt? Seitdem ist die Kleine bei Heiden doch sowieso unten durch.«

»Aber bei diesem Auftritt waren wir doch alle nicht besonders«, beschwichtigte Stephanie. »Nicht nur Theda. War ja auch eine Schnapsidee vom Heiden, dem Pastor die Zusage zu geben, ohne richtige Probe vorher und alles! Ganz egal, wie bedeutend diese Tante ist, die da achtzig wurde.«

»Bedeutend war«, schrillte Wiebke dazwischen. »Kurz nach unserem Auftritt ist sie gestorben. Heute früh beim Brötchenholen hab ich's gehört. Ist das angesagte Gesprächsthema im Dorf.« Sie grinste breit: »Da siehst du mal, wie schlecht wir waren!«

Theda platzte mitten in ihr Gelächter hinein, einen Handtuchturban auf dem Kopf und eine Dampfwolke im Schlepptau. Mit einem mürrischen Seitenblick verschwand sie in ihrem Schlafzimmer und warf die Tür hinter sich zu.

»Hat die das schon wieder auf sich bezogen?« Stephanie sah besorgt aus. »Die ist aber auch empfindlich!«

»Ist doch scheißegal«, sagte Wiebke und wandte sich dem frei gewordenen Badezimmer zu. Sabrina aber war schneller gewesen und schloss lachend hinter sich ab.

»Blöde Gans«, maulte Wiebke. »Die hält sich auch wohl für was Besseres.«

»Jedenfalls glaubt sie auch, dass sie mitfährt nach Amerika«, sagte Stephanie. »Dabei singt sie auch nicht besser als Theda. Oder als du und ich.«

»Na ja, hör mal.« Wiebke setzte eine überlegene Miene auf. »Bei Sabrina liegen die Dinge doch ein bisschen anders. Wenn die mitfährt, dann hat das ja wohl nichts mit Singen zu tun.«

15

»Womit denn dann?« Stephanies Augen rundeten sich.
Wiebke schnaubte verächtlich: »Na womit wohl, du
Baby.«

4.

Sie sitzen da wie zwei Schüler vor ihrem Lehrer, wenn
es die Noten gibt, schoss es Lüppo Buss durch den Kopf.
Ein ungehöriger Gedanke, gewiss, und er versuchte ihn
auch gleich wieder aus seinem breiten, hochstirnigen Kopf
zu verbannen. Das gehörte sich einfach nicht gegenüber
trauernden Hinterbliebenen, so durfte man nicht denken.
Aber was half's, als Polizist war Lüppo Buss nun einmal
darauf trainiert, Situationen möglichst schnell und treffend einzuschätzen. Und die Janssens saßen eben da wie
erwartungsvolle Musterschüler, die sich nicht ganz sicher
sind, ob es denn auch wirklich für eine Eins gelangt hat.

»Störe ich?«, fragte der Inselpolizist leise und blieb
abwartend unter der Tür stehen. Nicole und Ulfert Janssen schauten stumm zu ihm herüber, überließen Pastor
Rickerts das Antworten, als sei der jetzt hier Hausherr
und nicht sie beide. Den Pastor schien das nicht weiter zu
verwundern, vermutlich war er es gewohnt, in Traueran-
gelegenheiten das Heft in die Hand zu nehmen. Genau
genommen verhielt er sich damit ebenso wie ein leitender
Ermittler der Kriminalpolizei an einem Tatort. Eigentlich
waren sich die geistliche und die weltliche Ordnungs-
macht doch ziemlich ähnlich, stellte der Kommissar fest.

»Komm ruhig rein, Lüppo«, sagte Rickert Rickerts. »Wir
sind auch bald durch mit allem. Nur noch ein paar Sachen

klären fürs Abdanken, dann haben wir's up Stee. Soll ja alles recht flott über die Bühne gehen.« Einladend zog er einen weiteren Stuhl heran: »Setz dich doch.«

»Ich hatte noch gar nicht kondoliert«, sagte Lüppo Buss und durchquerte den weitläufigen Raum. »Hab's gerade erst erfahren.« Er reichte erst Nicole, dann Ulfert die Hand: »Herzliches Beileid zum Verlust eurer Tante.« Dann verbesserte er sich: »Großtante, meine ich natürlich. Ich habe sie ja immer nur Tant' Lüti genannt.«

Nicole Janssens schmale, langknochige Hand fühlte sich kühl und trocken an, Ulferts fleischige dagegen heiß und feucht. Sie waren eben ziemlich verschieden, nicht nur äußerlich, er mit seinen kurzen, dunkelbraunen, krausen Haaren und sie mit ihren langen, glatten blonden. Der Tod der alten Dame schien sie unterschiedlich stark zu berühren. Aber Lütine war ja auch Ulferts Großtante gewesen, väterlicherseits. Verständlich, dass er einen mitgenommeneren Eindruck machte als Nicole.

Lüppo Buss nahm den angebotenen Stuhl und setzte sich an die Schmalseite des gläsernen Esstischs. Durch die transparente Platte hindurch konnte er die Tischbeine sehen. Sie bestanden aus kunstvoll geschmiedetem Eisen, ebenso wie die Stühle, und standen auf glasierten Terrakottafliesen. Eine niedrigere Version des Glastischs stand, wie er von früheren Besuchen wusste, in der Fernsehecke zwischen drei über Eck platzierten Ledersofas. Kalte Pracht, dachte er und strich sich mit dem Zeigefinger die buschigen blonden Augenbrauen glatt. Passt überhaupt nicht in die Landschaft hier, Langeoog ist doch nicht Südfrankreich. Im Sommer mag's ja noch angehen, aber im Winter, da fröstelt es einen doch zwischen Glas, Eisen, Leder, Stein und diesen geweißten, unangenehm rauen Wänden, denen man schon von weitem ansieht, dass sie nicht berührt werden sollen. Kalt und ungemütlich. Da helfen auch Fußbodenheizung und Thermopanefenster nichts.

Früher hatte Tant' Lüti selber dieses herrschaftliche Anwesen bewohnt, ganz allein, damals, als sie ihren Besitz noch persönlich verwaltet hatte. Ehe man ihr das Krankenzimmer direkt neben der guten Stube eingerichtet hatte. Da hatte es hier noch ganz anders ausgesehen, viel ostfriesischer, mit dunklem Holz, dicken Samtdecken und echten Kapitänsbildern an den Wänden, die sturmzerzauste Dreimaster zwischen schaumgekrönten Wogen und bedrohlich dunklen Wolken zeigten. Keineswegs ärmlich, alles andere als das, denn Lütine Janssens Besitz war ansehnlich, weiß Gott. Das wussten alle, auch wenn sie nicht mit ihrem Eigentum geprahlt hatte.

Geerbt hatte sie, natürlich, denn so ohne weiteres war ja an derart viel Grund und Boden auf dieser Insel nicht heranzukommen. Aber sie hatte durch viel Arbeit und eine Menge Geschick mit ihrem Pfund gewuchert. Früh verwitwet und kinderlos, hatte sie all ihre Energie in die Geschäfte gesteckt. Aus Ferienhäuschen hatte sie Pensionen gemacht, aus Pensionen Hotels, aus Hotels Kurkliniken. Ihre Betriebe liefen ausgezeichnet, auch jetzt noch, da die kapitalistische Marktwirtschaft unverhüllter und brutaler regierte und die Leute ihre Euros fester als früher zusammenhielten. Tant' Lüti hatte es eben verstanden, zur rechten Zeit Stammgäste an sich zu binden, deren Finanzlage krisenunabhängig war. Leute, die gerne etwas mehr ausgaben, solange es um das eigene Wohl ging. So war nicht nur ihr Vermögen, sondern auch ihr Einfluss stetig weiter gewachsen. Kaum ein Projekt, zu dem sie nicht vorher gehört, kaum eine Entscheidung, die gegen ihren Willen gefällt worden wäre. Tja, Lütine Janssen war jemand auf Langeoog.

Gewesen. Denn jetzt war sie ja tot. Lüppo Buss hatte sich noch gar nicht an diesen Gedanken gewöhnt.

Selbst im Tode hatte Tant' Lüti bewiesen, wie eng sie den Prinzipien der Insel und des Lebens für den Tourismus verbunden gewesen war: Ein echter Langeooger nämlich starb einfach nicht während der Hauptsaison, wenn niemand Zeit für solche Dinge hatte. Insulaner starben im Herbst und Winter, frühestens im Oktober, zu Zeiten also, da so etwas die Geschäfte nicht nachhaltig störte. Auch Lütine Janssen hatte bis Oktober durchgehalten. Allein damit hatte sie sich den Respekt ihrer Mitmenschen verdient.

Nicole Janssen stellte ihm eine Teetasse hin. Seine Haut prickelte, als er ihren schlanken, hochgewachsenen Körper wenige Zentimeter hinter seiner muskulösen Schulter spürte. Als ob ihre Aura die seine gestreift hätte. Verstohlen und ein wenig schuldbewusst genoss er das Gefühl.

Hart klapperte die Untertasse mit dem traditionellen Rosenmotiv auf der gläsernen Tischplatte, metallisch klirrte der reich verzierte kleine Silberlöffel, laut knallte der Kluntje in die zarte Porzellanschale. Lüppo war sich nicht sicher, ob er Nicole wirklich willkommen war. Das wusste man bei ihr ja nie.

Aber Ulferts Frau musste ein größeres Herz haben, als man vermutete, wenn man ihr gegenüberstand und ihr in die Augen blickte, die aussahen wie aus graublauem Porzellan. Schließlich hatte sie Lütine Janssen mehr als vier Jahre lang gepflegt. Ob »aufopferungsvoll«, der Ausdruck, mit dem der Pastor gerade Nicoles Tätigkeit umschrieb, der richtige dafür war? Egal, Ulfert nickte jedenfalls eifrig, und sicher war, dass seine Frau eine Menge Arbeit geleistet hatte. Eine Menge harter Arbeit, denn Tant' Lütis Krebserkrankung war schwer und von der unangenehmen Sorte gewesen. Kein Zuckerlecken für Nicole, der die Pflegerinnenrolle ganz selbstverständlich zufiel, obwohl sie mit Lütine Janssen gar nicht leiblich verwandt war. Aber sie war schließlich eine Frau. Nein, wahrlich kein Zuckerlecken.

Nicht einmal mit einem ansehnlichen Erbe vor Augen.

»Na, dann haben wir wohl alles geklärt.« Rickert Rickerts klatschte in die schaufelartigen Hände, blickte noch einmal von einem seiner Schäfchen zum anderen, sicherheitshalber auch zu Lüppo Buss; ebenso sicherheitshalber schloss der sich dem allgemeinen Nicken an. Er wollte lieber nicht vom Pastor in ein weiteres »klärendes Gespräch« verwickelt werden, schließlich hatte er heute noch etwas vor. Schnell senkte er seine Nase in die Teetasse.

»Ist doch nett, dass der Leeraner Chor auch morgen auf der Beerdigung singen wird, nicht wahr? Wird sich gut machen in der schönen Kapelle«, sagte Pastor Rickerts.

»Morgen schon?« Lüppo Buss machte keinen Versuch, seine Überraschung zu verbergen. »So schnell? Aber sie ist doch gerade erst … Ich meine …« Weil ihm die Worte fehlten, breitete er die Arme aus.

»Stimmt schon.« Rickerts nickte. »Aber Ulfert und Nicole hier wollen es eben hinter sich bringen. Kann man ja auch verstehen.«

»Tant' Lüti hätte das auch so gewollt«, versicherte Ulfert Janssen. »Ihr wisst doch, sie hat nie etwas davon gehalten, lange rumzutüdeln. Anpacken statt schnacken, das hat sie doch immer gesagt, nicht wahr?«

»Klar, hat sie. Weiß ich doch.« Rickerts tätschelte väterlich Ulferts Hand. »Auf Langeoog ist es ja außerdem kein Problem, alles rechtzeitig zu organisieren und dafür zu sorgen, dass auch jeder Bescheid kriegt. Ist ja alles hübsch überschaubar.«

»Schon geschehen«, bestätigte Ulfert Janssen.

»Na siehst du«, sagte Rickerts. »Und weil die Beerdigung bereits am Freitag ist, haben wir eben auch den

Leeraner Chor dabei. Weil die doch am Sonnabend schon wieder nach Hause fahren. Der Chorleiter, Herr Heiden, hat sofort zugesagt, als ich ihn fragte. Na, wir kennen uns ja auch schon eine ganze Weile. Mir schlägt er so leicht nichts ab. Nur zu einer Namensänderung konnte ich ihn noch nicht bekehren.«

Gegen Witzchen in einem Trauerhaus schien Rickerts keinerlei Vorbehalte zu haben. Laut lachend stemmte er seine Pranken auf die Glasplatte und hievte seinen athletischen, wenn auch etwas aus den Fugen geratenen Körper aus dem Stuhlpolster. Lüppo Buss erhob sich ebenfalls, mit erheblich weniger Kraft- und Lärmaufwand als der Geistliche, dafür eleganter und in der halben Zeit.

Rickerts' Hand fühlte sich so rau und massiv an wie die eines Landarbeiters. Ulferts Hand war immer noch warm und schwitzig, Nicoles immer noch kühl und distanziert. Wirklich ein ungleiches Paar.

Im Hinausgehen ließ Lüppo Buss seinen Blick gewohnheitsgemäß durch den Raum schweifen. Ein paar Grafiken schienen neu zu sein, ebenfalls zwei schmiedeeiserne Plastiken, vermutlich teuer, allesamt. Und der gläserne Couchtisch war durch einen hölzernen ersetzt worden. Na sieh mal an, dachte der Inselpolizist, vielleicht kommen die Janssens ja doch noch zur Vernunft.

5.

Von draußen war es Leopold Heiden so vorgekommen, als summte es im Haus der Insel wie in einem Bienenstock. Als er jedoch die Tür zum Kleinen Konzertsaal aufstieß, schlugen ihm Lärmwogen entgegen wie sonst nur in der Pausenhalle des Jann-Berghaus-Gymnasiums. Sänger oder nicht, fünfundsechzig Schüler waren und blieben eben vor allem fünfundsechzig Schüler. Also in erster Linie laut.

Oberstudienrätin Margit Taudien stürzte ihm entgegen, das runde Gesicht strahlend wie die Morgensonne, ein Bündel Notenblätter mit beiden Armen gegen die Brust gepresst. »Einen wunderschönen guten Morgen, großer Meister«, rief sie wie jeden Tag mit lautem, etwas schrillem Diskant.

Heidens Reaktion bestand aus einem fingierten Zusammenzucken und einem entsagungsvollen Blick zur Saaldecke. Für den demonstrativen Eifer seiner Kollegin hatte er nichts als Verachtung übrig, die er mal mehr, mal weniger zu verbergen suchte. Heute verbarg er sie gar nicht. Sie würde das ignorieren, tapfer wie immer. Das wusste er, und das war gut so, denn er brauchte sie. Seine Verachtung aber wurde dadurch nur noch gesteigert.

»Gott zum Gruße, meine Beste«, gab er zurück. »Haben Sie Töne?«

»Wie bitte?« Margit Taudien stutzte, riss die Augen weit auf und blickte hilfesuchend in die Runde, ehe sie einen ihrer rundlichen Arme aus der Notenklammer löste und sich die Hand zum Zeichen einsetzenden Begreifens gegen die Stirn schlug: »Ach, so meinen Sie das!« All diese Gesten vollführte sie mit slapstickartiger Überakzentuierung, als befinde sie sich nicht zur Probe im Kleinen Konzertsaal, sondern im Großen Bühnensaal zur Aufführung. Absolut stummfilmreif, fand Heiden. Jetzt fehlte nur noch …

Da begannen sich auch schon die Notenblätter aus ihrer nur noch halbfesten Armklammer zu lösen und in einer gischtenden Papierkaskade zu Boden zu pladdern. Sofort sprangen mehrere Jungen und Mädchen hinzu, um ihrer Lehrerin beim Aufsammeln behilflich zu sein und damit vor ihrem Chorleiter einen guten Eindruck zu machen, kamen einander dabei zwangsläufig in die Quere und rempelten sich gegenseitig um. Slapstick in Reinkultur, Heiden hatte es ja gleich gewusst.

Jetzt aber genug damit. Er ignorierte seine Kollegin, die anscheinend noch etwas sagen wollte, und klatschte dreimal kräftig in die Hände. »Guten Morgen allerseits!«, donnerte er mit wohltrainierter, voluminöser Stimme, die durch das allgemeine Getöse fuhr wie ein Panzerkreuzer durch eine Horde Windsurfer. »Es wird ernst! Silentium und Aufstellung.«

Mehr als sechzig Jungen und Mädchen stoben nur so aus- und durcheinander, um sich gleich darauf in hundertfach geübter Weise wieder zu formieren. Aus lauter Individuen wurde in Sekundenschnelle eine Gemeinschaft, aus einem strukturlosen Gewimmel ein massiver Block. Heiden liebte diesen Anblick. Fast noch mehr aber liebte er die gespannte Aufmerksamkeit, mit der alles an seinen Lippen hing. Alle fieberten sie der Entscheidung entgegen, die einzig und allein er fällen und verkünden konnte. Himmel, das war Macht, und sie fühlte sich gut an.

»Die Auswahl ist getroffen«, verkündete er überflüssigerweise, schließlich hatten alle seit Wochen auf diesen Termin hingearbeitet. »Zu neunundneunzig Prozent wird sich daran nichts mehr ändern. Da müsste schon etwas ganz Außergewöhnliches passieren.« Er blickte kurz hoch und in die Runde, suchte ein ganz bestimmtes Gesicht, fand es und lächelte dünn. Seine Wimpern senkten sich wieder.

»Ich beginne mit den Herren der Schöpfung.« Umständlich nestelte er ein Bündel Notizzettel aus der Hosentasche. Das Papier knisterte unnatürlich laut in der atemlosen Stille. Nicht, dass Heiden seine Aufzeichnungen benötigt hätte; die Namen hatte er längst im Kopf, jeden einzelnen, jederzeit abrufbar. Aber warum sollte er die Spannung nicht noch etwas steigern, den gewissen Moment nicht noch ein klein wenig hinauszögern? Ihm gefiel das.

»Der Bass.« Der Chorleiter blätterte ein bisschen, als läge der betreffende Zettel nicht sowieso obenauf. »Henning Voss, Theodor Zenker, Martin Eden …« Heiden stellte fest, dass die Jungen recht gelassen blieben. Kein Wunder, beim Bass war die Sache relativ klar, ebenso wie beim Bariton. Die Leistungsunterschiede waren deutlich, und fast alle Sänger wussten längst, ob sie dabei sein würden oder nicht. Ein wenig anders sah es beim Tenor aus, da würde es gleich wohl zwei lange Gesichter geben.

Aber das war ganz gewiss nichts im Vergleich zu den Tränenfluten, die bei den Mädchen zu erwarten waren. Vor allem im Sopran. Nirgendwo war die Anzahl der Auszusondernden so groß, waren die Leistungsunterschiede insbesondere in der Grauzone zwischen brillant und bieder so gering wie dort. Von den insgesamt fünfundzwanzig Sängerinnen und Sängern, die hier und heute erfuhren, dass sie sich die Hoffnung auf eine kostenlose USA-Reise abschminken konnten, gehörten allein fünfzehn zum Sopran.

»… und Klaus Töbken. So, das war's, meine Herren. Alle Aufgerufenen dürfen sich gratulieren, den anderen danke ich für ihr strebendes, wenn auch nicht vom erträumten Erfolg gekröntes Bemühen. And now upon the Ladies.«

Die Jungs trugen es allesamt mit Fassung, stellte Heiden fest. Auch die Aussortierten blieben betont cool, einige rangen sich sogar ein pflichtschuldiges Lachen über den alten Heinrich-Lübke-Witz ab. Ein paar der Mädchen lachten ebenfalls. Klar, die Favoritinnen, denen das Flugticket nicht zu nehmen war. Die anderen blieben stumm, standen bleich und starr, wie in Alabaster gemeißelt. Hopp oder topp – jetzt gleich würden sie es erfahren, aus seinem Munde. Heiden verspürte ein wohliges Kribbeln im Bauch, während er die Namen der Altistinnen verlas.

Dann war es so weit. »Sopran.« Kurze Raschelpause. »Maren Gödeke, Elisabeth Heeren, die drei Tanjas …« Gleichmäßig, wie nach dem Metronom, las er die Namen der Gesetzten herunter, deren Erwähnung niemanden überraschte, am allerwenigsten sie selbst. Dann aber hatte Heiden die Sektion erreicht, die er selber »die Grauzone« nannte; lauter Mädchen, die passabel, aber nicht überragend sangen, die man durchaus mitnehmen konnte, aber nicht musste. Fußballtrainer nannten so etwas »Ergänzungsspieler«.

Jetzt kam Bewegung in die Reihen des Chors, und auch die Stille war nicht mehr absolut. Name für Name rief ein heftiges Keuchen, ein unterdrücktes Juchzen, ein halblautes »Ja!« hervor. Da gehen Wunschträume in Erfüllung, dachte er, und sein Lächeln vertiefte sich. Träume, ja. Zwei Namen noch, dann werden wir hören, wie Träume zerbrechen.

»Sabrina Tinnekens.« Der vorletzte Name, das eine Gesicht. Sein Blick fing es ein. Sie lächelte, klar, aber keineswegs so, wie er erwartet hatte, nämlich dankbar und selig wie ein beschenktes Kind unterm Weihnachtsbaum. Oh nein. Dieses Lächeln fiel reichlich selbstsicher aus.

So, als habe sich diese Person ihren Platz auf der Liste redlich verdient. Womit auch immer. Was die sich wohl einbildete! Heidens Hochstimmung war dahin.

»Und Hilke Smit. So, meine Damen, das war's.« Er stopfte die Zettel zurück in seine Hosentasche.

Seufzer, gleich reihenweise, wie erwartet. Und ein Schluchzer, der sich Bahn brach, obwohl sich Theda Schoon beide Hände vor den Mund gepresst hatte. Ach ja, die kleine Theda. Sicherlich hätte er sie mitnehmen können. Aber eben nicht müssen. Einen zwingenden Grund hatte sie ihm nicht geliefert. Obwohl er ihr die Möglichkeit geboten hatte. Tja, Chance verpasst, so war das nun einmal.

Dabei fiel ihm auf, dass er Hilke Smit gar nicht hatte jubeln hören. Und als er den wohlvertrauten Sopranblock ins Visier nahm, stellte er fest, dass er sie auch nicht sah.

Er winkte die Taudien heran: »Haben Sie denn die Anwesenheit gar nicht kontrolliert?«

»Aber selbstverständlich«, erwiderte die Oberstudienrätin entrüstet. »Hilke Smit ist heute früh nicht erschienen, das ist mir bekannt. Ich hatte nur noch keine Gelegenheit, es Ihnen …«

»Schon gut, schon gut«, winkte er ab: »Und? Wo steckt sie?«

Margit Taudien breitete die Arme aus: »Ihre Mitbewohnerinnen wissen es nicht. Angeblich hat sie gestern am frühen Abend noch einmal die Ferienwohnung verlassen, und als die anderen Mädchen heute Morgen in ihrem Zimmer nachschauten, war ihr Bett unberührt.«

Heiden runzelte die Stirn; Hilke war nicht gerade für ein ausschweifendes Nacht- und Liebesleben bekannt. Andernfalls hätte er es gewusst. Im Chor wurde grundsätzlich über alles getratscht, und auf solche Dinge achtete er.

»Haben Sie es schon über Handy versucht?«, fragte er.

Margit Taudien nickte beflissen: »Habe ich, selbstverständlich. Aber da meldet sich nur die Mailbox. Anscheinend hat Hilke ihr Gerät ausgeschaltet.«

Heiden wurde sich plötzlich wieder bewusst, dass fünfundsechzig Augenpaare auf ihn gerichtet waren, das von Kollegin Taudien mitgerechnet. Die Jugendlichen hatten ihr Geschnatter eingestellt; offenbar hatten sie gemerkt, dass ihr Leiter-Duo ungewöhnlich lange abgelenkt war, und waren vor Neugierde verstummt. Besser, er machte jetzt erst einmal weiter wie gewohnt. Bloß nicht die Pferde scheu machen.

»Fragen Sie zur Sicherheit mal bei der Polizei nach, ob die etwas wissen«, zischte er der Taudien zu. »Hier gibt es doch eine Polizei, soweit ich mich erinnere, oder? Wenn schon keine Autos.«

Die rundliche Frau nickte. »Ist gut«, sagte sie leise und entfernte sich, sorgsam darauf bedacht, keine auffällige Hast an den Tag zu legen.

Sehr schön, dachte Heiden, froh, sich nicht selber kümmern zu müssen. Auch wenn er um einen Besuch bei der Polizei wohl nicht herumkommen würde.

Er klatschte laut in die Hände. »So, genug getrödelt, frisch ans Werk! Uns steht noch eine Menge Arbeit bevor.«

6.

Das Meer kam auf ihn zu. Merkwürdig. Aber eindeutig.

Nicht nur Welle um Welle, klar, das auch. Nach wie vor brandete Woge auf Woge heran, kräftig und lautstark, obwohl der Wind im Moment ziemlich sanft wehte, wie er fand. Aber woher wollte er das wissen? Hatte er denn einen Vergleich?

Wie auch immer, dachte der dicke Mann, das Meer kommt auf mich zu. Seit Stunden fixierte er nun schon den Spülsaum, jene Zone, in der sich die schaumigen Ausläufer der gebrochenen Brandungswellen im nassen Sand verliefen und eine Markierung aus Treibholzstücken, Möwenfedern, Pflanzenresten, Plastikflaschen und sonstigem Unrat zurückließen. Keine Welle war wie die andere, und so war auch der Verlauf des Spülsaums ständigen Veränderungen unterworfen.

Nur eins war unübersehbar: Er kam auf ihn zu.

»Flut«, krächzte der dicke Mann leise vor sich hin. Seit Stunden das erste Wort, das er gesprochen hatte. Flut, natürlich, Ebbe und Flut. Sechs Stunden und ein bisschen, jeweils. Zweimal am Tag kam und ging das Wasser. Na also, da war ja doch noch etwas, dort oben unter seiner geschwollenen Schädeldecke, die nicht mehr ganz so wütend pochte wie heute früh. Wie viel mochte da noch sein?

Aber vorerst wartete er vergebens. Die erhoffte Erinnerungsflut wollte nicht einsetzen.

Der Spülsaum näherte sich nicht nur, er schwankte auch. Vor und zurück, vor und zurück, ebenso wie der blaue Himmel und die Schäfchenwolken über dem stahlgrau schimmernden Meeresspiegel. Das verwunderte ihn, bis er feststellte, dass es sein eigener dicker Körper war, der da schwankte. Vor und zurück, vor und zurück, die Arme oberhalb des halbkugeligen Bauches um die füllige Brust geschlungen. Selbsthypnotisch. Wie nannte man das noch, wenn jemand so vor sich hin wackelte – Autismus? Nein, Hospitalismus, das war es. Wieder ein Fundstückchen Erinnerung. Leider wiederum keins, das ihm weiterhalf.

Immerhin war ihm nicht mehr so kalt wie am frühen Morgen. Seit Stunden saß er nun schon hier am Strand, auf ein und demselben Fleck, wie gefangen in seinem egozentrischen Gewackel und seiner Erinnerungslosigkeit, und wartete. Auf sich selbst, genau genommen. Bisher aber war die erhoffte Offenbarung ausgeblieben. Er war sich selber immer noch so fremd wie heute früh, war nichts weiter als ein dicker Mann in Unterwäsche. Mit einer schmerzenden Beule am Kopf. Und Blutkrusten an den Händen.

»Hast du denn kein Handtuch?«

Der dicke Mann erstarrte. Natürlich, in den vergangenen Stunden, in denen er sich darauf beschränkt hatte, seinen Körper rhythmisch vor und zurück zu wiegen und dabei vielleicht ein weiteres verschüttetes Stückchen Erinnerung an die Oberfläche seines Bewusstseins zu schütteln, war nicht nur das Meer ein wenig auf ihn zugekommen und die Sonne ein Stückchen höher in den Himmel geklettert. Der Strand rund um ihn her hatte sich auch belebt, Menschen hatten ihre Decken und Badelaken ausgebreitet, sich zuerst zögernd und dann immer freimütiger bis aufs Schwimmzeug entblößt und ihre nussbraunen, madenweißen oder himbeerrosa Körper den wechselseitigen Blicken und den Sonnenstrahlen dargeboten. Längst war das Fleckchen Sandstrand, auf dem er am Morgen noch mutterseelenallein gehockt hatte, von anderen Badegästen umgeben, umringt, umzingelt. Förmlich eingekesselt. Nicht, dass er das nicht wahrgenommen hätte, nur hatte er es irgendwie ausgeblendet. Bis jetzt.

»Und hast du denn auch keine Badehose?«

Ein Schwall Sand prickelte über seinen rechten Oberschenkel. Langsam drehte er seinen Kopf auf dem dicken, kurzen Hals, peilte misstrauisch aus den Augenwinkeln.

»Was machst du denn eigentlich hier, wenn du kein Handtuch und keine Badehose hast?«

Die Kleine mochte sechs Jahre sein, vielleicht acht, älter auf keinen Fall. Dafür reichlich altklug. Wie sie da stand, das rundliche Kinn vorgestreckt, die Ellbogen angewinkelt, beide Fäuste in die babyspeckigen Hüften gestemmt, hätte sie gut und gerne eine amtlich bestallte Strandaufseherin sein können. Vielmehr die Karikatur einer solchen, angefertigt für die tägliche Kinderseite der Badezeitung.

»Klar hab ich Badesachen«, sagte der dicke Mann, einfach um etwas zu sagen.

»Und wo sind die?« Die Kleine erwies sich als hartnäckig. »Warum hast du deine Badehose denn nicht an? Warum sitzt du einfach so im Sand, wenn du ein Handtuch hast oder ein Badelaken? Und wo hast du das alles denn überhaupt?«

»Da drüben«, log er und wedelte mit der linken Hand vage nach links, zur anderen Seite des Strandgetümmels. »Hab mich noch nicht umgezogen. Wollte erst mal gucken.«

Der Kleinen schien das einzuleuchten. Sie nickte ernsthaft, wobei ihr das blendend weiße Sonnenhütchen tief in die Stirn rutschte. »Bist du denn ganz allein hier?«

Der dicke Mann seufzte leise. »Ich glaube schon«, antwortete er. »Jedenfalls habe ich noch keinen gesehen, der zu mir gehört.«

Wieder nickte das Mädchen. Offenbar hatte der dicke Mann genau den richtigen Ton getroffen. Das erstaunte ihn, denn er war nicht davon ausgegangen, besonders viel Erfahrung im Umgang mit Kindern zu haben. Aber was wusste er schon über sich?

Die Kleine trug tatsächlich einen Bikini. Das mintgrüne Höschen war ebenso mit einer gewellten Blümchenborte verziert wie das gleichfarbige Oberteil, das nichts anderes zu halten hatte als sich selbst. Eigentlich Blödsinn, Kinder in diesem Alter derart aufzuzäumen. Aber vermutlich konnten manche Eltern ihre Töchter gar nicht früh genug ins Rollenschema pressen.

Die Kleine musterte ihn weitaus unverhohlener als er sie. Anscheinend war sie mit dem Resultat ihrer Betrachtung zufrieden, denn sie fragte: »Kommst du mit ins Wasser? Mami und Papi haben noch keine Lust, und alleine traue ich mich nicht.«

»Aber ich habe doch meine Badehose noch gar nicht an«, versuchte er sich halbherzig herauszureden. Ein Fehler, wie ihm sofort klar wurde, denn mit Halbherzigkeiten war bei der kleinen Bikiniträgerin nicht durchzukommen.

»Die kannst du dir doch holen«, schlug das Mädchen vor, sichtlich froh, dass er nicht sofort und prinzipiell abgelehnt hatte. Ihr pummeliges Händchen wedelte vor seiner Nase herum, wies auf die andere Strandseite: »Von da hinten, wo du gesagt hast. Und dein Badelaken auch. Dann tust du dir dein Laken um und ziehst dir deine Badehose an, und dann gehen wir schwimmen.« Sie musterte ihn mit gekraustem Näschen: »Du hast doch ein Laken, das um dich rum passt, oder?«

»Gute Frage«, brummte er. Da hatte er sich ja in eine verteufelte Lage hineinmanövriert! Wo er doch weder Badehose noch Laken besaß, jedenfalls nicht jetzt und hier.

Andererseits …

Ewig hier sitzen bleiben und mit dem Oberkörper wackeln konnte er sowieso nicht. Irgendetwas musste er unternehmen. Er musste hier weg, und solange er nicht wusste, was von ihm selbst, der Beule an seinem Kopf und den Krusten an seinen Händen zu halten war, tat er bestimmt gut daran, möglichst wenig Aufsehen zu erregen. Und ein dicker Mann in Badehose und mit einem Badelaken über der Schulter fiel hier am Strand mit Sicherheit weniger auf als einer in Unterwäsche. Ein von der textilen Seite her betrachtet kleiner, aber feiner Unterschied.

Und mit einem kleinen Mädchen im geblümten Mintbikini an seiner Seite konnte er sogar von einer perfekten Tarnung sprechen.

»Na gut, überredet«, sagte er und wuchtete sich mühsam aus der Kuhle, die sein Hintern in Stunden des Wiegens in den Sand gedrückt hatte. Eine wahrlich imposante Vertiefung. »Komm, wir holen meine Sachen. Da hinten müssen sie irgendwo liegen.«

Die Kleine klatschte begeistert in die Hände, dass die Sandkörnchen nur so stoben, und tanzte ausgelassen um ihn herum. Als er sich in Bewegung setzte, nach links, weg vom mutmaßlichen Lagerort des schwimmunwilligen Elternpaares, angelte das Mädchen nach seiner Hand und packte, da sie sich als zu dick erwies, energisch Mittel- und Zeigefinger. Jetzt wurde ihm doch etwas mulmig, aber für einen Rückzug war es zu spät.

»Wie heißt du eigentlich?«, fragte er. Und biss sich auf die Lippen.

Sie aber schien die Frage dem derzeitigen Stand ihrer Beziehung angemessen zu finden. »Binki«, antwortete sie. »Von Bianca. Aber Bianca finde ich doof, Binki ist besser. Und du?«

Na klar. Das hatte ja kommen müssen. Er zögerte nur einen Augenblick, dann sagte er fest: »Kurt. Ich heiße Kurt.« Und wenn er auch niemals so geheißen hatte, jetzt jedenfalls hieß er so.

Wie einen Radarstrahl schwenkte er seinen Blick suchend über den Strandsektor in ihrer Gehrichtung hin und her. Was er jetzt brauchte, war ein verlassenes Badelaken, und zwar eins, auf dem eine Herrenbadehose in ausreichender Größe lag. Wie groß mochte die Wahrscheinlichkeit sein, auf genau diese Konstellation zu stoßen? Gar nicht einmal so klein, entschied er. Schließlich dominierten um diese Jahreszeit die etwas älteren Kurgäste, und die älteren waren statistisch gesehen doch auch etwas kräftiger um die Körpermitte. Außerdem standen ältere Menschen in der Regel zeitig auf, gingen früher als andere an den Strand, schwammen früher und entledigten sich demzufolge auch früher ihrer nassen Badekleidung, um sich keine im Alter empfindlicher werdenden Körperteile zu verkühlen. Und weil Bewegung an frischer Luft und im kühlen Nordseewasser hungrig und durstig macht, war die Wahrscheinlichkeit, dass besagte ältere Menschen mal eben den nächsten Kiosk, einen Imbiss oder das Klohäuschen aufsuchten und zwar nicht ihre Wertsachen, wohl aber Laken und nasse Hosen ein paar Minuten unbeaufsichtigt ließen, durchaus …

Na bitte! Schon war er fündig geworden. Von einem gelb-rot-blau gestreiften Laken leuchtete ihn eine orangefarbene Badehose in großzügigem Bermudaschnitt geradezu an. Direkt daneben lag ein zerknülltes dunkellila T-Shirt, ebenfalls feucht. Mit etwas Glück bescherte ihm beides zusammen ein gesellschaftsfähiges Strand-Outfit.

Verstohlen sicherte er nach beiden Seiten: Niemand schien sich um das verwaiste Laken zu kümmern, keiner im näheren Umkreis strebte erkennbar darauf zu. »Hier, Binki«, sagte er. »Das sind meine Sachen.«

»Fein«, jubelte das Mädchen. »Dann beeil dich mit dem Umziehen.«

Mit unguten Gefühlen bückte er sich, jeden Augenblick

damit rechnend, ein »Was machen Sie denn da?« oder, noch schlimmer, ein »Haltet den Dieb!« in die Ohren geknallt zu bekommen. Aber nichts geschah, als er nach der grellfarbenen Badehose griff und sie prüfend mit den Fingern auseinander spreizte. Na, groß genug schien sie jedenfalls zu sein. Also los.

Er warf sich das lila T-Shirt über die Schulter, ergriff das Badelaken und schlang es sich um die ausgebeulte Taille. Kleiner hätte das Tuch wahrhaftig nicht sein dürfen; nur mit Mühe bekam er die Enden verknotet. Vorsichtig begann er, im Sichtschutz des Lakens seine Unterhose abzustreifen, was sich als gar nicht so einfach erwies. Endlich aber hatte er das Ding bis zu den Knöcheln hinabgerollt. Er kickte es weg, balancierte auf einem Bein und schickte sich an, den rechten Fuß in die Badehose einzufädeln.

»Binkiii!«

Der Schrei hätte ihn fast aus dem Gleichgewicht gebracht, auch wenn er ganz anders klang als befürchtet. Kein kräftiger, erboster Mann war es, der da schrie, weil sich jemand an seinem Eigentum vergriffen hatte. Sondern eine Frau. Eine Mutter in höchster Panik.

»Binki, was macht der Mann da mit dir?!«

Erschrocken stieß er seinen rechten Fuß in den Badehosenbund, wechselte das Standbein, schob den linken Fuß hinterher, tastete mit dem großen Zeh nach dem richtigen Hosenbein. Und verhedderte sich. Verbissen um seine Balance kämpfend, hopste er im weichen Sand hin und her. Endlich waren beide Beine richtig positioniert, endlich, endlich konnte er die Hose hochziehen und sich aus seiner misslichen Selbstfesselung befreien. Schon …

Da löste sich der Knoten, der das Badelaken mehr schlecht als recht zusammengehalten hatte, und das bunte Tuch sank in den Sand.

Das Gebrüll schwoll zu ohrenbetäubender Lautstärke

an. »Sie gemeiner Schweinekerl!«, kreischte die Frau. »Gehen Sie weg von meinem Kind!«

Panisch riss er an der Badehose, deren feuchter Innenslip sich einfach nicht über seine stämmigen Oberschenkel ziehen lassen wollte, und sprang von einem Bein auf das andere, während sich eine leuchtend rote, laut schreiende Gestalt in sein Blickfeld drängte. Sein Geschlecht begann munter zu pendeln. Jetzt brüllte auch Bikini-Binki, und um sie und ihn herum wurden die fragenden und verärgerten Ausrufe zahlreicher.

Endlich war die Hose oben. Der Mann, der sich Kurt nannte, raffte Laken und T-Shirt zusammen und rannte los, so schnell es der tiefe Sand und sein schwerer Körper eben zuließen, in Richtung Dünen, bloß weg von dem fürchterlichen Geschrei.

»Polizei« war eines der letzten Worte, die er noch deutlich verstehen konnte, ehe die allgegenwärtige Brandung alles verschluckte und mit ihrem gleichförmigen Rauschen überdeckte. Zwar keuchte er schon bedenklich, dieses Wort aber verlieh ihm die zweite Luft. Bloß das nicht, bloß keine Polizei. Das fehlte noch, als Sittenstrolch gepackt zu werden, ohne zu wissen, ob … Und was das mit dem Blut an seinen Händen auf sich hatte und mit allem anderen.

Seine Unterhose, die er im Sand hatte liegen lassen, fiel ihm erst einige Zeit später wieder ein.

7.

»Wie sieht sie denn aus?«, fragte Lüppo Buss.

Leopold Heiden warf beide Arme in die Luft. »Mein Gott, wie die Mädchen eben aussehen heutzutage, nicht? Dünngehungert ohne Ende, die Haare gefärbt, etwa so rosa wie eine Packung Aldi-Lachs, und natürlich so eine Krampe in der Nase. Piercing, Sie verstehen. Ein Wunder, dass die damit noch halbwegs singen konnte.« Der Chorleiter stutzte und verbesserte sich: »Kann, meine ich natürlich.«

Der Inselpolizist runzelte die Stirn. Dieser eingebildete Hampel mit seinem theatralischen Gefuchtel und seiner zur Schau getragenen Scheißegalhaltung gegenüber einem seiner Schützlinge machte ihn ärgerlich. Seine blonden, raupenartig borstigen Augenbrauen krochen bedrohlich aufeinander zu. Schön, noch wurde diese Hilke Smit erst seit ein paar Stunden vermisst, das musste nichts heißen, Teenager blieben nun einmal gelegentlich über Nacht weg. Aber so erbärmlich brauchte man sich als Verantwortlicher nun auch nicht anzustellen.

»Ihre Haare sind dunkelblond, mit pinkfarbenen Strähnchen«, meldete sich Heidens Kollegin zu Wort. »Sie ist sechzehn Jahre alt, wirkt aber eher jünger. Etwa einszweiundsechzig groß und schlank, beinahe noch kindlich. Das Piercing hat sie im linken Nasenflügel. Sie trägt eine Brille mit rotem Kunststoffgestell, das heißt, die sollte sie eigentlich tragen, denn sie ist ziemlich kurzsichtig, aber meistens trägt sie sie nicht.«

Lüppo Buss nickte und machte sich Notizen. Gott sei Dank war mit dieser Frau Taudien mehr anzufangen als mit ihrem Kollegen. Oder Chef? Schon auf dem Anrufbeantworter hatte die Stimme der Oberstudienrätin sehr kompetent geklungen. Wäre sicher besser gewesen, mit ihr allein zu sprechen, denn Heidens Gegenwart schien diese Frau doch sehr zu verunsichern. Aber heute am frühen Vormittag, als sie anrief, war Lüppo ja unterwegs gewesen, und inzwischen war die Chorprobe beendet, leider, so dass er jetzt beide am Hals hatte.

Typisch, dass ihm gerade jetzt solch eine Sache serviert wurde, da er alleine auf der Insel Dienst tat. Gewöhnlich waren sie zu zweit, er und sein jüngerer Kollege Bodo Jürgens. Mit zwei Mann ließ sich all das, was die Insulaner und ihre Gäste außerhalb der Hochsaison anstellen konnten, ganz gut bewältigen. Und während des Sommers bekamen sie ohnehin regelmäßig Verstärkung. Jetzt aber war Lüppo Buss ganz auf sich gestellt, denn Bodo Jürgens war gestern Abend in aller Eile aufs Festland geschafft worden. Mit dem Rettungshubschrauber. Und das aus gutem Grund, denn im Krankenhaus hatte man einen akuten Blinddarmdurchbruch festgestellt und sofort operiert. Lüppo Buss, der gerade zwei freie Tage in Esens abgebummelt hatte, wo er eine winzige Zweitwohnung unterm Dach eines schmucklosen Mehrfamilienhauses unterhielt, war sofort benachrichtigt worden und eilends nach Langeoog zurückgekehrt. Und jetzt saß er hier mit diesem Mist.

»Was wissen Sie denn sonst noch über das Mädchen?«, fragte er, den Blick betont fest auf Frau Taudien gerichtet. »Hat sie Sorgen? Irgendwelche Probleme, die sie bedrücken?« Aus den Augenwinkeln konnte er erkennen, wie Heiden, seine Nichtbeachtung augenblicklich registrierend, die Arme fest vor der Brust verknotete und beleidigt die Schallschluckplatten an der Bürodecke fixierte. Bestens, sollte er ruhig, solange er die Klappe hielt.

»Sie meinen …?« Die Lehrerin überlegte, wobei sie heftig mit den Augen rollte und die vollen Lippen nach vorne stülpte. »Nun ja«, sagte sie dann, »ich glaube schon. Sie fühlte sich wohl nicht richtig akzeptiert, nicht zugehörig, verstehen Sie? So etwas geht ja sehr schnell.«

Der Polizist nickte bedächtig. »Falsche Kleidermarke, uncooler Musikgeschmack, zu gute Schulnoten, etwas in der Richtung?«

»Nein, das nicht.« Die Oberstudienrätin schwenkte energisch den Zeigefinger. »Leistungsorientiert sind viele im Chor, deswegen wird man nicht gemobbt. Sonst schon, aber nicht bei uns. Und in Sachen Musik sind wir alle sehr flexibel, das liegt ja irgendwie in der Natur der Sache. Was die Mode angeht, so gibt sich Hilke alle Mühe, keinen angesagten Trend zu verpassen. Das ist es also nicht. Eher schon … ihre allgemeine Erscheinung, verstehen Sie.«

»Nein«, sagte Lüppo Buss. »Klären Sie mich auf.«

»Na ja.« Margit Taudien zuckte die Achseln. »Sie haben es ja selber notiert. Einszweiundsechzig, Figur eher knabenhaft, jünger aussehend. Wissen Sie, was das für eine Sechzehnjährige bedeuten kann? In dem Alter sind die Mädels doch alle stark verunsichert, haben mental keinen festen Boden unter den Füßen. Darum machen die alle so verzweifelt auf erwachsen. Was glauben Sie denn, warum sich manche von denen so herausputzen? Weil sie mit aller Gewalt etwas darstellen wollen, von dem sie überhaupt nicht wissen, ob sie es denn wirklich schon sind. Nämlich Frauen. Und wenn man dann so wie Hilke das Pech hat, dass die eigene körperliche Entwicklung das einfach noch nicht hergibt, dann kann das schon zum Verzweifeln sein.« Erschrocken schlug sie sich die Hand vor den Mund: »Oh Gott, das will ich jetzt aber wirklich nicht annehmen, dass ihr das dermaßen nahe gegangen ist, dass sie sich womöglich …«

»… etwas angetan hat?« Lüppo Buss schüttelte sanft das breite Haupt. »Vom Schlimmsten müssen wir ja nicht gleich ausgehen.«

»Sie wissen offenbar nicht, wie rücksichtslos Jugendliche in diesem Alter sind.« Die Lehrerin schien nicht geneigt, sich beschwichtigen zu lassen. »Geradezu brutal. Sagt Ihnen der Ausdruck ›Zickenterror‹ etwas? Da könnte ich Ihnen Geschichten erzählen! Also, wenn die Hilke von irgendeiner Clique, womöglich von ihrer eigenen, so richtig in die Zange genommen worden ist, dann garantiere ich für gar nichts.«

Lautes Klopfen an der Tür enthob Lüppo Buss einer Antwort. Ehe er noch »Moment bitte!« rufen konnte, wurde die Tür aufgerissen, und ein Schwall aufgeregt plappernder Menschen brach über ihn und die beiden Leeraner Lehrer herein. Allen voran eine Frau im erdbeerroten Badeanzug mit kupferrot gefärbten Haaren, zartrosa getönter Haut und krebsrot angelaufenem Gesicht. Mit der einen Hand schob sie ein kleines Mädchen mit weißem Sonnenhut und mintgrünem Blümchenbikini vor sich her, in der anderen schwenkte sie ein undefinierbares, allem Anschein nach recht voluminöses blauweiß gestreiftes Kleidungsstück, als sei es eine erbeutete Kriegsflagge.

»Ich bitte Sie, können Sie nicht …« Kommissar Buss schickte sich an, die ganze Autorität seines Amtes in die Waagschale zu werfen, um den Ablauf der Dinge in geordneten Bahnen zu halten. Aber er hatte keine Chance.

»Ein Sittlichkeitsverbrecher!«, rief die rote Dame. »Ein Kinderschänder! Da draußen am Strand, da läuft er herum, am helllichten Tag! Hier, meine Tochter hat er belästigt, hat sich schamlos vor ihr entblößt, und wer weiß, was er ihr noch alles angetan hätte, wenn ich nicht rechtzeitig zur Stelle gewesen wäre! Da, gucken Sie mal!« Sie klatschte das undefinierbare Kleidungsstück vor Lüppo Buss auf den Schreibtisch. Sandfontänen spritzten nach allen Seiten, Körnchen prickelten auf der polierten Tischplatte.

39

»Das sind seine Boxershorts«, erläuterte die rote Dame ihr Beutestück. »Die hat er vor meiner Tochter ausgezogen, und die Kleine musste ihm dabei zugucken. Was für ein Dreckskerl!« Die Frau rang nach Atem. »Als ob ich es geahnt hätte. Ich habe zu meinem Mann gesagt, Hermann, habe ich gesagt, ich sehe Bianca nicht, seit ein paar Minuten schon, wo ist Bianca, das macht mich ganz unruhig, habe ich gesagt. Also bin ich losgegangen und habe sie gesucht, und was soll ich sagen …«

Die rote Dame hielt erneut inne, um Luft zu holen. Eine Gelegenheit, auf die der Trupp, der sich in ihrem Schlepptau in das Polizeibüro an der Kaapdüne gedrängt hatte, nur gewartet zu haben schien. Offenbar waren sie allesamt Augenzeugen des soeben angezeigten Vorfalls geworden, und das taten sie jetzt mit gebührender Empörung und Lautstärke kund. Nur der Mann, der direkt neben der roten Dame und ihrer mitgrünen Bikinitochter stand, stimmte nicht in die Kakophonie der Entrüstung ein. Vermutlich Hermann, dachte Lüppo Buss.

Der Kommissar ließ als guter Therapeut dem aufgestauten Mitteilungsdrang der Tatzeugen erst einmal freien Lauf. Dann erhob er sich langsam aus seinem Drehstuhl, breitete die kräftigen Arme aus, blähte seinen Brustkorb auf und fixierte die Gruppe aus eisgrauen Augen. Eine Pose, die vollkommen ausreichte, um alle Anwesenden augenblicklich zum Schweigen zu bringen.

»Also gut«, sagte er leise. »Darf ich Sie alle jetzt bitten, einer nach dem anderen und ganz in Ruhe Ihre Aussage …«

Schon wieder entstand Tumult. Mist, dachte Lüppo Buss. Das hatte doch bis hierhin so gut geklappt. Wer machte denn da alles wieder zunichte? Wütend funkelte er den schmächtigen älteren Herrn an, der sich gerade durch die Reihen nach vorne drängelte. »Was wollen Sie denn jetzt?!«

»Entschuldigen Sie bitte.« Der kleine Mann schien unter

den finsteren Blicken des Inselkommissars noch weiter zu schrumpfen. »Ich gehöre gar nicht zu den Herrschaften hier, wollte nur etwas abgeben, und da dachte ich, ich lege Ihnen das mal einfach auf den Schreibtisch. Hier, zwei Fundsachen.«

Der kleine Mann machte seine Ankündigung wahr. Wieder rieselte feuchter, salziger Sand über Lüppo Buss' glänzenden Schreibtisch, und auf der Stirn des Polizeibeamten vereinigten sich zwei blonde, borstige Augenbrauenraupen zu einer einzigen. Abermals holte der Kommissar tief Luft.

Der Schrei aber kam von Margit Taudien. »Oh nein, Hilke!« Die Lehrerin griff nach den beiden Gegenständen, die der kleine Mann abgelegt hatte, zuckte jedoch davor zurück wie vor einem Skorpionpärchen und schlug stattdessen die Hände vor ihr Gesicht.

Lüppo Buss trieb die Raupen auf seiner Stirn auseinander und richtete seinen Blick abwärts. Das eine der beiden Fundstücke war ein Handy, ein relativ neues Modell, mit Fotofunktion und allerlei sonstigem Schnickschnack. Nicht billig, aber kein Grund, in Panik zu geraten.

Das andere Fundstück war eine Brille. Schmal, eckig, mit rotem Kunststoffgestell.

»Oh nein«, wiederholte Margit Taudien. »Das arme Kind. Was hat er bloß mit ihr gemacht!«

Alle Anwesenden starrten sie verständnislos an. Selbst Heiden, dessen Gedanken in den letzten Minuten ganz andere Wege gegangen waren. Nur Lüppo Buss wusste genau, was die Lehrerin meinte. Und er musste zugeben, dass der Zusammenhang mehr als offenkundig war. Ein junges Mädchen verschwunden, ein Sittlichkeitsverbrecher aufgetaucht, zwei eindeutig zuzuordnende Fundstücke in der Nähe des Ortes entdeckt, wo der Täter sein Unwesen trieb.

Kalter Schweiß brach ihm aus.

Wieder öffnete er den Mund. Wieder kam er nicht zu Wort, denn erneut entstand Unruhe. Sehr heftige diesmal, denn der Mann, der sich jetzt seinen Weg von der Tür her durch das inzwischen zum Bersten vollgepfropfte Büro bahnte, war alles andere als klein und schmächtig. Vielmehr war er groß und dick, beinahe ein Koloss, spärlich bekleidet mit Badelatschen, dunklen Shorts und weißem Unterhemd, und er schien keinerlei Scheu vor dem Einsatz seiner Ellbogen zu haben.

Die rote Dame schrie auf: »Das ist er, das ist er! Der Lustmörder! Hilfe, zu Hilfe, so haltet ihn doch fest!«

Der Mann jedoch, der neben ihr stand und in dem Lüppo Buss ihren Ehemann Hermann vermutete, schüttelte nachdrücklich den Kopf und legte ihr die Hand auf die sonnenverbrannte, rosa schimmernde Schulter. Ein Schmerzensschrei stoppte ihr entsetztes Gezeter.

»Das ist er nicht«, sagte der mutmaßliche Hermann. »Ganz bestimmt nicht. Er sieht nur so ähnlich aus.«

Der große, dicke Mann hatte sich inzwischen bis zum Schreibtisch durchgetankt. Die rote Dame streifte er nur mit einem skeptischen Blick, dann wandte er sich Lüppo Buss zu. »Was ist das eigentlich für eine Insel hier?«, herrschte er ihn an. »Was ist das für ein Strand? Wissen Sie überhaupt, wie oft ich in Italien Badeurlaub gemacht habe? Und in Südfrankreich? Und nie, niemals hat mich dort jemand beklaut. Aber hier, auf Langeoog, im ach so friedlichen Ostfriesland! Da dreht man sich nur einmal kurz um, und was ist?«

Genau in diesem Augenblick platzte Lüppo Buss der Kragen. »Ja, und was ist? Was ist!?«, brüllte er los, den Kopf in den Nacken gelegt, um dem dicken Kerl in die wasserblauen Augen starren zu können. »Was glauben Sie wohl, wie gespannt ich darauf warte, dass Sie mir sagen, was hier ist! Na und, was ist nun?! Jetzt will ich es aber wissen. Und das eine sage ich Ihnen, wenn Sie mich hier wegen nichts und wieder nichts von meinen dringenden Dienstgeschäften abhalten, dann machen Sie sich bloß auf was gefasst!«

Die ganze kompakte Masse Mensch im Langeooger Polizeibüro hielt den Atem an. Selbst Leopold Heiden zeigte plötzlich wieder Interesse, entfaltete seine Arme und lehnte sich auf seinem Stuhl zurück, froh, die kommende Auseinandersetzung als Zuschauer in der ersten Reihe miterleben zu dürfen.

Der dicke Neuankömmling aber brüllte nicht zurück. Vielmehr sagte er in ruhigem Ton: »Sorry, das konnte ich ja nicht ahnen. Tut mir leid, ich kann warten. Geht ja um nichts Wichtiges, nur um ein paar Klamotten, die mir am Strand gestohlen worden sind. T-Shirt, Badehose und Laken, so etwas eben.«

»Eine orange Badehose?« Das war das kleine Mädchen, Bianca hieß sie wohl. »So 'ne ganz große?«

»Ja«, sagte der Mann und schaute ungläubig auf das Mädchen hinab. »Ich meine, orange war sie. Hast du etwa … ?«

»Stopp«, sagte Lüppo Buss laut, und er sagte es mit Nachdruck. Augenblicklich trat Schweigen ein. »Ab jetzt redet nur noch, wer gefragt wird, klar? Und zwar von mir. Keiner verlässt mein Büro, ehe ich nicht haarklein weiß, was hier läuft und was womit zusammenhängt. Und mit Ihnen hier fange ich an. Wer sind Sie eigentlich?«

»Ich?« Der dicke Mann klopfte seine Brustregion ab, wo aber nur Feinripp zu ertasten war, dann die Rückseite seiner kurzen Hose, und brachte ein dunkles Etui zum Vorschein. Wieder rieselte Sand auf den Schreibtisch, als er die Plastikhülle aufklappte und einen Ausweis zeigte. »Mein Name ist Stahnke. Kriminalhauptkommissar. Wenn ich Ihnen irgendwie helfen kann … ?«

Er stutzte, weil sein Blick auf die blauweiß gestreiften Boxershorts gefallen war, die zusammengeknüllt vor ihm auf dem Schreibtisch lagen. »Was ist denn das?«, murmelte er, klappte seinen Ausweis zusammen und schob die Plastikhülle unter den Bund des Kleidungsstücks, um es prüfend anzuheben. Ein dunkler Fleck, bisher von den Falten fast verborgen, wurde sichtbar.

»Schon gesehen?«, wandte sich der Dicke wieder an Lüppo Buss. »Da ist Blut dran.«

8.

»Ach Mensch, ich kann mich immer so schlecht entscheiden.« Wiebke Meyers knochiger Zeigefinger zuckte zwischen den bunten Abbildungen der Eiskarte hin und her wie der Mouse-Cursor in einem Computerspiel. »Bananensplit? Spaghettieis? Oder hier, Amarettobecher, vielleicht mal was mit Alk?« Sie kicherte ungehemmt.

Stephanie Venema kicherte mit. »Nimm doch einfach alles zusammen, das kannst du dir doch locker leisten.«

»Jetzt fang du doch nicht auch noch an«, maulte Wiebke. »Bei mir setzt nun mal nichts an, da kann ich essen, so viel ich will. Kenne viele, die mich darum beneiden. Aber zu dürr bin ich doch nicht, oder?« Sie visierte Stephanie aus zusammengekniffenen Äuglein an: »Oder wie? Hä? Hä?!«

»Nein, natürlich nicht. Du bist nur ganz toll schlank«, bestätigte Stephanie friedfertig und wie gewünscht.

»He, du hast eine Sekunde zu lange gezögert. Das hab ich genau gemerkt. Also findest du mich doch zu dürr, ja? Gib's nur zu, lügen ist zwecklos. Dürr und hässlich. Sag doch gleich, dass ich nie einen Kerl abkriege! Dann kann ich ja auch ins Wasser gehen. Oder mich vor den nächsten Zug werfen.«

Ihr Gesicht verzog sich zu einer faltigen Leidensmiene, die Mundwinkel sanken tief herab, und die hochgewölbte Unterlippe pendelte im Luftzug ihrer hechelnden Atemzüge vor und zurück. Etwa drei Sekunden lang, dann prustete Wiebke los.

Auch Stephanie wieherte. »Selbstmord wegen Untergewicht! Ausgerechnet Hilke! So was Bescheuertes, da können auch nur Lehrer drauf kommen. Etwas Angesagteres als mager zu sein gibt es doch gar nicht.«

»Außerdem haben die hier überhaupt keine richtigen Züge. Nur die Inselbahn.«

»Und die ist so langsam, da kannste dich nicht davor werfen. Höchstens wegschmeißen!«

Der italienische Ober erschien und lächelte milde auf die beiden giggelnden Teenager herab. Wiebke entschied sich nach einigem weiteren Zieren doch für einen Bananensplit; Stephanie bestellte, wohl unter dem Eindruck ihrer eigenen kalorienbezogenen Worte, nur einen Milchkaffee.

Dann fragte sie, nun wieder ganz ernst: »Aber was ist denn nun wirklich mit Hilke Smit? Hast du vielleicht 'ne Ahnung, wo sie stecken könnte?«

Wiebke zuckte die schmalen Schultern. »Wer weiß. Sie wollte doch so gerne ins Watt, weißt du nicht mehr? Eine Wattwanderung machen, nur mal eben ein paar Kilometer raus, hat sie gesagt. Das war noch auf der Fähre, du weißt doch, Langeoog III, das Ding, das so elegant aussieht wie ein zertretener Schuhkarton. Ich erinnere mich genau. So ein Ausflug ins Watt soll ja nicht ungefährlich sein, wenn man sich nicht auskennt, wegen der Flut, die kommt nämlich schneller als man denkt, und weil man die Entfernungen so schlecht abschätzen kann. Außerdem gibt es da diese Dinger, in denen man ersaufen kann, wie heißen die noch? Spülies?«

»Priele«, korrigierte Stephanie. Wieder prusteten beide gleichzeitig los.

Der Ober trat an ihren Tisch und servierte das Bestellte, lächelte nachsichtig über die sich immer noch kringelnde Wiebke, während sein Blick deutlich länger und auch wohlgefälliger auf Stephanies aparter Erscheinung ruhte. Das hellhäutige Mädchen errötete schlagartig, als habe ihr jemand mit Schwung einen Eimer Farbe ins Gesicht gekippt.

Kaum hatte sich der Kellner entfernt, beugte sich Wiebke so weit nach vorn, wie es die Sonnenschirmchen in ihrer Eisschale zuließen, und zischelte: »Hast du das gesehen? Der Typ ist scharf auf dich! Scharf wie 'ne Rasierklinge. Halt dich bloß ran, bei dem hast du echte Chancen.«

»Blödsinn.« Stephanie blinzelte schamhaft in ihren Kaffee, während ihre erhitzte Gesichtshaut tiefrot zu leuchten begann.

»Ich meine ja nur«, sagte Wiebke achselzuckend und schob sich einen gehäuften Löffel Eis mit Fruchtfleisch und Sahne in den Mund. »Was das sparen würde! So oft wie wir hier sitzen. Wäre doch nicht zu verachten.«

Wieder lachten beide gleichzeitig los, und hätte sich Wiebke nicht gerade noch rechtzeitig die Hand vor den Mund gehalten, wäre das für Stephanies paillettenbesticktes gelbes T-Shirt das vorläufige Ende gewesen.

»Was hältst du eigentlich von dieser Geschichte mit dem Triebtäter, der hier angeblich unterwegs sein soll?«, fragte Stephanie dann unvermittelt ernst. »Meinst du, da ist etwas dran?«

Wiebke nickte. »Gehört habe ich auch davon. Wieso,

gibt es da einen Zusammenhang? Ich dachte, das ist so einer, der sein Ding kleinen Kindern und alten Weibern zeigt. Mir zeigt ja nie einer so was. Solche Typen sollen doch ganz harmlos sein, ich meine, die vergewaltigen niemanden und bringen keinen um. Eigentlich ganz arme Willis.« Wieder begann sie zu grinsen: »Ha, genau, armer Willy! Wird immer nur vorgezeigt.«

Diesmal jedoch ließ sich Stephanie von Wiebkes Albernheit nicht anstecken. »Ja, genauso habe ich es auch gehört. Aber eben das macht mich ja so stutzig.«

Wiebke hielt in dem Versuch, den Boden aus ihrer Eisschale herauszuschaben, inne: »Wieso?«

»Na, weil das so betont wird! Dass das Auftauchen dieses Kerls absolut nichts mit dem Verschwinden von Hilke zu tun haben soll.« Sie fuhr sich mit beiden Händen durch ihre blonden Haarkaskaden. Zwei Tische weiter klirrten Flaschen; offenbar war der Kellner nicht ganz bei der Sache. Die beiden Mädchen achteten nicht darauf.

»Wer hat das betont?«, hakte Wiebke nach.

»Na, die Taudien! Als sie uns heute Mittag aufgefordert hat, die Augen offen zu halten und darauf zu achten, ob wir irgendwo Hilke sehen oder irgendetwas, das darauf hindeutet, wo sie sein könnte. Weißt du nicht mehr?«

»Da muss ich wohl geistig nicht so ganz präsent gewesen sein«, sagte Wiebke. »Außerdem, so viel wie die Frau redet, wenn der Tag lang ist, wer will denn das alles wissen? Frag mich doch mal.«

Stephanie ließ sich nicht beirren. »Da hat sie doch auch von diesem Typen gesprochen. So 'n dicker Kerl, ganz alt schon, der sich am Strand vor einem Kind ausgezogen hat. Wir sollen doch auch aufpassen, ob wir so einen irgendwo sehen. Und dann hat die Taudien extra dreimal betont, dass die beiden Sachen nun aber auch überhaupt nichts miteinander zu tun haben. Auffällig, oder?«

47

»Weiß nicht.« Wiebke warf den Löffel auf den Tisch und verschränkte die Finger unter ihrem spitz zulaufenden Kinn. »Ich meine, sich am Strand auszuziehen, wer tut das denn nicht? Wenn man da gleich jeden verhaften wollte …«

»Eben!« Wie beschwörend streckte Stephanie beide Handflächen vor. »Darum glaube ich ja auch, dass da ganz etwas anderes dahinter steckt. Dieser Kerl ist bestimmt nicht bloß so ein Exi, wie heißt das noch, Expoinquisitor oder was. Und der hat bestimmt etwas ganz anderes auf dem Kerbholz als nur Hose runterlassen. Das wollen die uns nur nicht sagen, damit es keine Panik gibt.« Sie senkte ihre Stimme zu einem Raunen, das auf der anderen Seite des Tisches gerade noch zu vernehmen war: »Dabei sollen sogar schon Blutspuren gefunden worden sein!«

»Aber dann …« Wiebke runzelte die Stirn. »Dann könnte es ja sein, dass Hilke tatsächlich … Ich meine, dass es ein Verbrechen …« Trotz mehrerer Anläufe brachte sie das Wort nicht über die Lippen. All ihre Kaltschnäuzigkeit schien sie von einem Augenblick auf den anderen verlassen zu haben.

»Dass sie umgebracht wurde.« Stephanie schien diesen Gedanken schon länger zu wälzen und brachte ihn glatt heraus. »Hilke Smit tot! Kannst du dir das vorstellen?«

»Oh Gott.« Wiebke klang ehrlich erschüttert. »Und dieser Kerl läuft hier immer noch rum, alle halten ihn bloß für einen Exhibitionisten, und keiner sagt unsereinem, wie gefährlich der wirklich ist! Das ist ja …«

»Unverantwortlich. Genau.« Stephanie nickte nachdrücklich. »Wenn der Typ eine wie Hilke umgebracht hat, dann sucht der sich doch wahrscheinlich in diesem Moment schon ein neues Opfer. Jede von uns kann als Nächste dran sein. Und keiner warnt uns vor der Gefahr, in der wir schweben. Die lassen uns doch glatt mit offenen

Augen dem Täter in die Arme laufen! Unmöglich, so was.«

»Aber jetzt wissen wir ja Bescheid«, sagte Wiebke und winkte dem Ober. »Jetzt können wir es ja übernehmen, alle zu warnen. Das ist schließlich nichts anderes als unsere verdammte Pflicht.«

»Genau. Lieber spät als nie.«

Während der Kellner umständlich nach dem Wechselgeld kramte, sagte Wiebke: »Mal gespannt, wer jetzt Hilkes Platz im Sopran kriegt. Das wird nun ja noch mal richtig eng.«

»Also hör mal! Noch wissen wir doch gar nicht, ob – und überhaupt. Glaubst du denn, dass die nicht wenigstens so lange warten, bis Hilke gefunden worden ist? Ich meine, bis sie wieder auftaucht?«

»Da kennst du aber Heiden schlecht.« Wiebke lachte schrill. »Wenn Hilke heute gefehlt hat, ohne dass ein ernster Grund vorlag, schmeißt der sie doch achtkantig raus. Wegen Unzuverlässigkeit. Na, und wenn es einen ernsten Grund gab …« Sie hob die Augenbrauen, bis sie unter ihrem fransigen Pony verschwanden.

»Du hast recht.« Eifrig nickend schüttelte Stephanie ihre Mähne. »So oder so, Theda hat vielleicht doch noch eine Chance.«

9.

»Natürlich ist Urlaubszeit! Glauben Sie, ich weiß nicht, dass Urlaubszeit ist? Wissen Sie eigentlich, von wo ich anrufe?« Lüppo staunte selber, wie unbeherrscht er in den Telefonhörer brüllte. Mit seinen Nerven stand es offenbar nicht zum Besten. Und das schon nach nicht einmal einem halben Tag Stress.

Die Antwort ließ nicht lange auf sich warten. Sie lautete »klick«.

Seufzend legte er den Hörer an seinen Ruheplatz. Wenigstens kein Anschiss wegen seiner Unbeherrschtheit. Zuweilen musste man ja mit wenig zufrieden sein.

»Und?«, fragte der Mann, der sich an der gegenüberliegenden Seite seines Schreibtisches breit gemacht hatte. Was ihn nicht viel Mühe kostete, denn breit war er ohnehin. Ziemlich groß, mit ausladendem Kreuz und absolut kompatibler Wampe, einem stoppelhaarigen Rundschädel und kräftigen Armen und Händen. Stahnke. So sah der also aus.

Merkwürdige Augen hat er, fand Lüppo Buss. Rund, hellblau, etwas wässrig, auf den ersten Blick absolut harmlos. Aber sie hafteten wie Saugnäpfe. Wenn der die Leute nur lange genug anschaute, saugte er mit diesen Augen bestimmt allerhand aus ihnen heraus.

»Verstärkung kommt«, sagte der Inselkommissar. »Zwei Leute. Morgen. Mit der Fähre.«

»Zwei?«, fragte Stahnke ungläubig. »Morgen?«

Lüppo Buss lachte bitter. »Genau. Und das, obwohl wir hier gerade auf fünfzig Prozent der Sollstärke reduziert sind, sozusagen! Wittmund sagt, es gehe nicht anders, es sei Urlaubszeit. Tolle Neuigkeit für uns Insulaner.«

Stahnke nickte versonnen. »Tja, das erklärt dann ja

auch, warum ich hier bin. Urlaub machen. Komisch, dass ich trotzdem wieder in einem Polizeibüro sitze, was?«

Lüppo Buss zeigte keine Reaktion.

Der massige Mann ihm gegenüber fühlte sich alles andere als willkommen. Ist ja auch klar, dachte Stahnke. Wie würde ich mich denn fühlen, wenn plötzlich ein Kollege von auswärts bei mir reinschneien würde, und zwar just dann, wenn ich in der Klemme sitze? Noch dazu ein höherrangiger, einer, dessen Foto man aus der Zeitung kennt? Bescheiden, äußerst bescheiden würde ich mich fühlen, und mehr als das. Aber wenn ich seine Hilfe brauchen könnte, würde ich ihn nicht wegschicken, sonst wäre ich ja ganz schön blöd. Und blöd sieht dieser Lüppo Buss eigentlich nicht aus.

»Da sieht man mal, was beim Plänemachen rauskommt«, erwiderte der Inselkommissar mit Verspätung.

Stahnke entschied, dies als Einladung zur Mitarbeit zu betrachten. »Packst du nix an, dann schleit di nix fehl, pflegte mein Vater immer zu sagen«, erwiderte er. »Oder mit anderen Worten: Wer keine Pläne macht, der hat auch nichts zum Ändern.«

Lüppo Buss grinste. »Stimmt. In meinem Fall heißt das, dass ich meinen Plan, die ganze Insel sowohl nach dem vermissten Mädchen als auch nach diesem verdächtigen Individuum zu durchkämmen, in die Tonne treten kann. Ohne eine Hundertschaft vom Festland ist das nicht zu machen. Am besten bräuchte ich dazu ein paar Züge Bereitschaftspolizei aus Oldenburg.«

»Und die können Sie nicht anfordern, weil Sie Ihre vorgesetzte Stelle in Wittmund nicht übergehen dürfen.« Stahnke nickte. Befehls- und Zuständigkeitsstrukturen waren ihm gleichermaßen bekannt wie verhasst. »Aber die Blutuntersuchung machen die schon noch für Sie, oder?«

Lüppo Buss nickte. »Die Unnerbüx ist schon unterwegs. Per Lufttaxi.«

»Haben wir auch eine Vergleichsprobe für die Gen-analyse?«

»Ja«, bestätigte Buss. »Hilke Smits Waschzeug mit Haarbürste. Habe ich gleich dazugepackt.« Er rieb sich nachdenklich das Gesicht und strich sich danach sorgfältig über die dichten blonden Augenbrauen, ohne an deren raupenartiger Borstigkeit etwas ändern zu können. »In ihrem Zimmer fehlt nichts, sagen Hilkes Mitbewohne-rinnen. Gepackt hat sie nicht.«

»Sieht nicht gut aus«, murmelte Stahnke.

»Morgen schicken sie mir also ein Ermittlerteam.« Der Ärger über die Kompetenzlage ließ Lüppo Buss offenbar so schnell nicht los. »Eins! Ich hatte drei angefordert, aber wer bin ich schon?« Hatte seine Stimme zuvor schon bitter geklungen, so wurde sie jetzt ätzend. »Hauptkommissar Dedo de Beer und eine Mitarbeiterin. De Beer wird die Sache an sich reißen, ist ja klar. Ich bin ja gerade gut genug für den Kleinscheiß. Fahrraddiebstähle, Ladendiebstähle, vielleicht mal 'n kleiner Einbruch. Oder hier, heute Mor-gen reingekommen, ein Bootsdiebstahl im Yachthafen! Aber wehe, es kommt mal dicker. Dann muss natürlich ein Hauptkommissar vom Festland ran.« Er schaute Stahnke an, als hätte er dessen Existenz zwischenzeitlich ausgeblendet: »Nichts für ungut, Herr Hauptkommissar.«

»Klar.« Stahnke räusperte sich. »Sagen Sie, sind Sie denn nicht gerne hier auf Langeoog? Ich meine, wenn Sie sich beruflich verändern wollen, mal andere Schwerpunkte setzen, andere Tapeten begucken, dann haben Sie natür-lich auf dem Festland ganz andere Möglichkeiten als hier.«

»Um Gottes Willen, nein!« Lüppo Buss hob abwehrend die Hände. »Ich lebe furchtbar gerne hier. Bin auch hier geboren. Nicht, dass ich nicht schon mal was anderes ge-sehen hätte; während meiner Ausbildung bin ich ziemlich rumgekommen. Emden, Oldenburg, sogar Hannover.

Habe mich durchaus schon ein bisschen orientiert. Gerade deshalb lebe ich ja so gerne hier.« Er beugte sich vor und pochte mit seinem rechten Zeigefinger auf die Tischplatte: »Aber dann soll das hier auch mein Beritt sein, bitteschön, verstehen Sie? Meiner und der von Bodo, meinem Kollegen. Dann will ich nicht den Eindruck haben, dass ich nur der Platzhalter bin, solange hier nichts läuft, was einen kompetenten Fachmann verlangt! Quasi als Trachtenfuzzi, der den Sessel warm hält, bis echte Polizisten kommen! Können Sie das nachvollziehen?«

»Kein Problem, kann ich«, entgegnete Stahnke, ohne eine Miene zu verziehen. »Aber dass das eine ziemlich blauäugige Einstellung ist, wissen Sie schon, oder? Keiner von uns hat Anspruch auf Revierabgrenzungen und so etwas in der Art. Wir sind schließlich Beamte, keine Sheriffs. Oder Kopfgeldjäger. ‚Mein Beritt' oder ‚mein Fall' – das gibt es offiziell nicht.«

»Weiß ich doch«, sagte Buss. »Offiziell. Aber man ist doch auch Mensch. Ich jedenfalls. Sie wohl auch, oder? Emotional funktioniert eben vieles anders als offiziell. Und emotional mag ich mir meine Motivation nicht gerne kaputttrampeln lassen. Meine Motivation ist nämlich sehr hoch, und sie ist für mich ein sehr hohes Gut. Ich betrachte es geradezu als Dienstpflicht, sie zu erhalten.«

»Gute Einstellung«, sagte Stahnke.

Lüppo Buss schmunzelte. »Sehen Sie«, meinte er dann, »das hätte Kollege de Beer niemals gesagt.«

»Aha, so ist das.« Stahnke richtete sich auf. »Dann lassen Sie uns doch mal überlegen, was wir bis morgen früh tun können. Auch ohne Hundertschaft. Solange die Motivation noch hoch ist.«

»Klinken putzen«, entgegnete Lüppo Buss prompt. »Restaurants, Kneipen, Cafés. Bilder von dem vermissten Mädchen habe ich ja bekommen. Vor allem die Läden abklappern, wo Jugendliche verkehren. *Oase, Dwars-looper, Düne 13* und wie die alle heißen. Und dann die Hotels und Pensionen. Nachfragen, ob irgendwo ein Mann abgestiegen ist, auf den die Beschreibung passt.« Er grinste wieder: »Letzteres machen Sie am besten. Dann sparen wir uns das Phantombild. Die Ähnlichkeit zwischen Ihnen und dem Sittenstrolch scheint ja doch frappierend zu sein.«

Stahnke grinste müde zurück: »Was glauben Sie, mit was für Gangstern ich schon verwechselt worden bin! Da könnte ich Ihnen Storys erzählen. Na, vielleicht ein anderes Mal.« Er schickte sich an aufzustehen, hielt aber inne: »Was ist eigentlich mit den Eltern des Mädchens? Sind die schon informiert?«

»Habe ich versucht«, sagte Lüppo Buss. »Es geht aber keiner ans Telefon. Die Lehrerin, diese Frau Taudien, glaubt sich zu erinnern, dass das Ehepaar Smit die Gelegenheit genutzt hat, ohne ihre Tochter in Urlaub zu fahren. Südsee oder noch weiter weg. Anschrift oder Telefonnummer liegen nicht vor. Wenigstens wusste die Lehrerin die Blutgruppe des Mädchens.«

»Man fragt sich, wozu sich manche Leute eigentlich Kinder anschaffen, wenn sie dann doch nur ihre Ruhe vor ihnen haben wollen«, sagte Stahnke. »Erst werden die Kleinen verhätschelt bis zum Gehtnichtmehr, und dann heißt es: ›Hier ist dein Computer, da dein Fernseher, da hast du dein fettes Taschengeld – aber nun lass mich gefälligst auch in Frieden!‹ Und wir wundern uns dann über unsere Klienten.«

»Haben Sie Kinder?«, fragte Lüppo Buss.

»Ich? Nein, wieso?« Stahnke hieb sich beide Handflächen auf die Oberschenkel: »So, an die Arbeit! Wir haben noch den halben Nachmittag vor uns. Und den ganzen Abend.«

»Von der Nacht ganz zu schweigen«, ergänzte Lüppo Buss. Fasziniert blickte er seinem Kollegen nach, der sein mächtiges Kreuz schon zur Tür hinauswuchtete.

Macht einen durchaus zufriedenen Eindruck, überlegte er. Als sei er froh, endlich wieder etwas zu tun zu haben. Offenbar ist Urlaubmachen doch nicht jedermanns Sache.

10.

Sie wartete in der Nähe des Wasserturms auf ihn, nicht weit von dem neuen Lale-Andersen-Standbild, wie abgesprochen, und tat so, als studierte sie die Auslagen der Inselbuchhandlung. Ohne ein Zeichen des Erkennens wandte sie sich ab, kaum dass sie Blickkontakt aufgenommen hatten, und spazierte den breiten, befestigten Weg entlang in Richtung Strand. Er folgte ihr in gebührendem Abstand.

Das Wetter war immer noch ausnehmend schön, und die Sonne schien mit einer für diese Jahreszeit erstaunlichen Kraft. Zahlreiche Badegäste waren unterwegs, überwiegend ältere Leute, aber auch Ehepaare mit kleinen Kindern. Kaum jemand achtete auf das Mädchen mit den langen dunkelblonden Haaren, dem bunten Wickelrock, der hellgelb gestreiften Strandtasche und dem nachlässig geknöpften Herrenoberhemd, dessen untere Zipfel von gelegentlichen Windböen hochgeweht wurden und dabei kurze Blicke auf straffe, zimtbraune Haut ermöglichten. Und niemand achtete auf den schlanken, ebenfalls sommerlich gekleideten Herrn in mittleren bis vorgerückten Jahren, den es offenbar ebenfalls zu einem nachmittäglichen Sonnenbad an den Strand zog.

An der Dünenpromenade wandte sie sich nach links, vorbei an niedrigen, dicht bewachsenen und vom Weg aus gut einsehbaren Dünen, die für ihre Zwecke ungeeignet waren. Weiter voraus aber lag das nächste Dünenschart, eine der Stellen, wo der hohe Randdünengürtel, der die Insel auf ihrer der Nordsee zugewandten Seite schützend umgab, durchquert werden konnte. Dort führte ein Weg durch die Randdünen zum Strand. Diesen Punkt steuerte sie an.

Das Pflaster des Weges ging in schrundige, verwitterte hölzerne Planken über, die teilweise von puderfeinem Sand bedeckt waren wie von niedrigen Schneewehen. Heiden liebte diese Bohlenwege, die so eindringlich das Gefühl von Urwüchsigkeit und Abgeschiedenheit vermittelten. Einen Augenblick lang fühlte er sich versucht, anzuhalten und Schuhe und Strümpfe auszuziehen, um das raue Holz und den weichen Sand ganz unmittelbar auf der Haut zu spüren. Er verzichtete jedoch darauf, um nicht das Risiko einzugehen, die junge Frau aus den Augen zu verlieren.

Zu Recht, denn die verließ soeben den Bohlenweg, stieg seitlich über den niedrigen Drahtzaun, obwohl zahlreiche Hinweistafeln das Betreten des Schutzbereichs verboten, und bog in die Randdünen ab. Einige Urlauber schüttelten die Köpfe, die meisten aber kümmerten sich nicht darum, und schon gar keiner machte den Versuch, sie aufzuhalten. Abstecher in die geschützten Dünen galten als Kavaliersdelikt, solange man sich dort gesittet verhielt und keine Lagerfeuer entzündete oder wilde Partys feierte.

Heiden passierte die Stelle, an der das Mädchen abgebogen war, und schlenderte weiter, ohne sie auch nur eines Seitenblicks zu würdigen. Ein paar Dutzend Schritte weiter hockte er sich hin, um sich nun doch seiner Leinenschuhe und der hellgrauen Socken zu entledigen. Im Aufstehen blickte er sich wie von ungefähr um, stellte fest, dass sich gerade niemand in seiner Nähe befand, und bog ebenfalls in die Dünen ab.

Der weiche Sand schien an seinen Füßen zu saugen, während er energisch voranstapfte. Trotz des schweren Geläufs kam er flott voran. Wenig später war der Strandweg bereits außer Sicht.

Er hielt sich zwischen den knapp zwanzig Meter hohen, mit Quecke, Strandhafer und Sanddornsträuchern bewachsenen Sandhügeln, um kraftraubende Anstiege zu vermeiden und seine Deckung nicht zu gefährden. Wo sich eine Düne direkt vor ihm aufbaute, hielt er sich links. So müsste es klappen, schließlich war das Verfahren erprobt.

Und richtig, da war sie. Wie hingegossen lag sie auf einem blauen Badelaken, das sie am Fuß einer Düne ausgebreitet hatte. Wickelrock und Hemd hatte sie ausgezogen. Der hellrosa Bikini schien neu zu sein, jedenfalls kannte er ihn noch nicht. Das Oberteil war im Nacken geschnürt und formte ein atemberaubendes Dekolleté, und das Höschen war ziemlich knapp. Leise pfiff er durch die Zähne. Diese Sabrina verstand es wirklich, ihre körperlichen Vorzüge zu vermarkten.

Heiden ließ sich neben seine Schülerin auf das Badelaken sinken, sorgsam darauf bedacht, dass seine Gelenke nicht knackten, und beugte sich über sie. Ohne alle Umstände schlang sie ihre weichen Arme um seinen Nacken, zog ihn ganz zu sich heran und küsste ihn. Auch davon verstand sie etwas. Als sie wieder von ihm abließ, rang Heiden nach Atem.

Sie strahlte ihn an. »Klasse!«, sagte sie. »Ich freu mich so.«

Heiden lächelte geschmeichelt. »Ach, das war doch

noch gar nichts«, erwiderte er, während seine langen Finger Sabrinas anmutig geschwungene Taille und Hüfte entlangfuhren. Er liebte es, diese zarte, elastische Haut mit den winzigen Flaumhärchen zu berühren, die golden vor dem zimtbraunen Untergrund flirrten. Bloß gut, dass die Tinnekens nicht diesem modischen Magerkeitswahn huldigte wie so viele ihrer Schulkameradinnen. Ihr Körper war trotzdem schlank und straff, dabei aber kein bisschen knochig, sondern griffig und geschmeidig, genau so, wie er es liebte.

Das Mädchen schaute ihn einen Augenblick lang verständnislos an. Dann warf sie den Kopf in den Nacken und lachte. »Nein, doch nicht der Kuss! Das habe ich doch nicht gemeint. Von der Amerikareise habe ich gesprochen!«

Pikiert richtete Heiden sich auf, stützte sich auf den linken Ellbogen und zog seine rechte Hand zurück. »Ja, klar. Die Reise. Habe ich doch gerne für dich getan.«

Ihr Lachen brach ab. »Du bist ja wohl nicht der Einzige, der etwas dafür getan hat«, sagte sie in scharfem Ton.

Heiden zuckte noch ein Stückchen weiter zurück. Da war er wieder, dieser selbstzufriedene Gesichtsausdruck, der ihm schon heute Vormittag im Haus der Insel aufgefallen war. Diesmal noch deutlicher, verstärkt durch einen Schuss Ärger über seine offenbar als Anmaßung empfundenen Worte. Ja, war denn dieses Mädchen, diese kindsköpfige junge Frau wirklich und wahrhaftig der Ansicht, ihr Chorleiter habe angesichts ihrer überragenden Leistungen gar nicht anders gekonnt, als sie mit Kusshand ins Amerika-Aufgebot zu berufen?

Dann dämmerte es ihm. Himmel, dachte er, wie blind war ich eigentlich. Dabei lagen die Fakten doch klar auf der Hand. An denen war nichts zu deuteln, die standen so fest wie die Noten einer Partitur. Der feine und entscheidende Unterschied aber lag in der Interpretation. Wie so oft. Und eben nicht nur in der Musik. Frühreifes, unerfahrenes junges Mädchen erliegt dem betörenden Charme eines erfahrenen Gentleman, lernt durch ihn die Liebe kennen und wird für ihre Hingabe mit einer schönen Reise belohnt – so hatte er die Sache gesehen. Jetzt sah er die Dinge mit Sabrinas Augen, und diese Perspektive trieb ihm trotz der wärmenden Herbstsonne kalte Schauer über den Rücken. Clevere, durchtriebene junge Frau will unbedingt ihren Ehrgeiz befriedigen, und weil die Sangeskunst allein dafür nicht ausreicht, setzt sie bedenkenlos auch ihren Körper ein. Und der geile alte Bock von Chorleiter ist eitel genug, sich darauf einzulassen und mit ihr in die Kiste zu steigen. Bums, schon ist die Amerikareise gebucht. Kein Wunder, dass das Früchtchen mit sich zufrieden war.

Er biss sich auf die Lippen. Na schön, dachte er, dann machen wir mal gute Miene und spielen das böse Spielchen auch zu Ende.

»Du hast recht«, sagte er in versöhnlichem Ton. »Hast dich mächtig ins Zeug gelegt. Respekt, meine Liebe. Deine Steigerung in den letzten Wochen war unverkennbar.«

»Wie meinst du das?« Misstrauisch kniff sie die Augen zusammen. »In welcher Hinsicht gesteigert? Beim Singen oder …«

Diesmal zog er sie zu sich heran, strich ihr mit beiden Händen über Nacken und Wirbelsäule, so wie sie es gerne hatte, und küsste sie. Schließlich verstand auch er einiges davon, und der Zorn, den er auf Sabrina empfand, tat seiner Lust auf ihre jungen, weichen Lippen keinen Abbruch.

»Wo denkst du hin«, sagte er, als sie beide wieder Luft holen konnten. »Beim Singen natürlich. Was das andere angeht, wie willst du dich da steigern? Du bist doch ein absolutes Naturtalent!«

Sie lachte geschmeichelt und dockte ihren Mund erneut an seinem an.

Unglaublich, dachte er, was man diesen jungen Dingern so auftischen kann. Drei Nummern gröber geschmeichelt als die absolute Schmalzgrenze – ganz egal, die glauben einfach alles. Gierig ließ er seine Hände über ihre Haut wandern.

Sie löste ihr Gesicht von seinem, fragte atemlos: »Willst du? Hier, mitten in den Dünen?«

Wäre ja nicht das erste Mal, schoss es ihm durch den Kopf. Laut aber sagte er: »Lust hätte ich schon, aber ich weiß nicht, ob wir hier wirklich ungestört sind. Um uns tagsüber zu treffen, sind die Dünen ja ideal, da sind unsere Leute entweder am Strand oder im Ort, aber für alles andere … zu riskant. Lieber heute Abend. Ich habe uns wieder ein Zimmer besorgt. Wollen wir uns so gegen halb zehn treffen? Beim Dünenfriedhof, wie immer?«

»Ist gut«, sagte sie und ließ von ihm ab. Sie kramte in ihrer Strandtasche, förderte eine Plastikflasche Mineralwasser zu Tage und trank durstig. Dann hielt sie ihm die Flasche hin.

Früher hätte ich die Flasche zuerst bekommen, dachte Heiden grimmig. Aber er sagte nichts, sondern griff zu und lächelte dankend.

»Sag mal«, fragte Sabrina, während sie ihr Hemd wieder überstreifte, »was wird jetzt eigentlich mit Hilkes Platz im Chor? Du hast doch bestimmt schon einen Ersatz für sie im Auge, ganz egal, ob ihr nun etwas zugestoßen ist oder nicht. Ist doch so, oder?«

»Tja.« Er zögerte. »Von den Leistungen her wäre Theda Schoon wohl dran. Trotz ihres Patzers neulich.«

»Nee, nicht?« Sabrina richtete sich im Sitzen steil auf, ein einziges Stück Ablehnung. »Auf keinen Fall Theda! Jede andere, aber nicht die.«

»Na sag mal!«, fuhr Heiden auf. »Wie kommst du denn dazu, so etwas zu sagen? Ich kann doch wohl besser beurteilen, wer hier am ehesten die Leistung bringt, die wir …«

»Und ich kann wohl am ehesten beurteilen, auf wen du scharf bist!« Sabrinas Stimme wurde schneidend. »Glaubst du, ich merke nicht, wie die sich an dich ranschmeißt? Dir schöne Augen macht? Ich weiß ja, dass dir so etwas gefällt. Aber das kommt nicht in Frage. Auf gar keinen Fall.«

»Und was, wenn doch?« Der Chorleiter war jetzt richtig sauer. »Willst du dann vielleicht vor lauter Wut deine Teilnahme an der Amerikareise absagen? Glaubst du etwa, du bist unersetzlich?«

»Frag nicht so dämlich«, sagte sie leise. »Dann gehe ich zur Taudien. Ich bin zwar schon über sechzehn, aber noch bin ich Schülerin. Und zwar deine. Von Unzucht mit Abhängigen hast du ja wohl schon gehört.«

Zum zweitenmal innerhalb weniger Minuten fragte sich Heiden, wie blind er denn gewesen war. Natürlich war er sich des Risikos bewusst gewesen – eines theoretischen Risikos, gewiss, aber keiner wirklichen Gefahr. Ihn, den Verehrungswürdigen, schwärzte man doch nicht an! Seine Gunstbeweise waren schließlich Geschenke, die heiß ersehnt und dankbar akzeptiert wurden …

Ja, Scheiße. Angeschmiert war er, und zwar nicht zu knapp. Diese miese kleine Göre hatte ihn jetzt in der Hand, und er musste nach ihrer Pfeife tanzen. Jedenfalls für ein Weilchen. Trotzdem, schlimm genug.

Er entschied sich einzulenken. »Wahrscheinlich hast du recht. Es muss auch nicht Theda sein. Da gibt es ja noch andere, die nicht viel schlechter sind. Wie wäre es denn …« Er ließ die Riege der Kandidatinnen vor seinem geistigen Auge Revue passieren. Wirklich hässlich war keine von ihnen, stellte er fest; in einem gewissen Alter schienen alle Mädchen reizvoll zu sein. Jedenfalls für ihn.

Dann hatte er es. »Wie wäre es mit Wiebke Meyer?«

Sabrina nickte. »Wiebke ist in Ordnung«, sagte sie gönnerhaft. »Die ist noch voll das Kind. Total unreif.«

Sie erhob sich, schlang sich den Wickelrock um die Hüften und zerrte an ihrem Badelaken: »Steh mal auf!«

Gehorsam rappelte er sich hoch. »Dann sehen wir uns heute Abend?«

»Halb zehn, alles klar«, erwiderte Sabrina, ohne ihn anzusehen, und packte ihre Tasche fertig.

Sie hat die Zügel nicht nur fest in der Hand, sie hat sich auch schon an diesen Zustand gewöhnt, stellte Heiden fest. Eine unangenehme Situation.

Nachdenklich stapfte er durch den weichen Sand zurück in Richtung Wasserturm.

11.

»Das wurde aber auch Zeit!« Schnaufend erhob sich der dicke Mann aus der Sandkuhle, die sein Leib in den Dünenkamm gedrückt hatte. »Hätte gerade noch gefehlt, dass der geile Bock anfängt, seine Mieze hier zu rammeln.« Ganz kurz blitzte hinter seiner Stirn die Frage auf, ob es dem Mann, der er mal gewesen war, nicht vielleicht sogar gefallen hätte, bei derartiger Live-Action den Zaungast zu spielen. Bisschen zugucken, bisschen spannen – war er vielleicht so einer?

Ärgerlich wischte er die Idee als Zumutung beiseite. Erstens war das eine Riesenschweinerei, was dieser alte Sack sich mit dem jungen Ding erlaubte, und zweitens hatte der Mann, der er jetzt war, gerade völlig andere Sorgen.

Eine davon war das Blut, das er am Morgen an seinen Händen gefunden hatte. Immer noch konnte er sich keinen Reim darauf machen, wo das wohl herkam. Ob es einen Zusammenhang gab zwischen seinen Spanner-Gedanken und diesem Blut? Und falls ja – wer oder was war er dann wirklich?

»Quatsch«, grunzte er leise vor sich hin. »Nie im Leben.« Jedenfalls nicht in diesem.

Kleine Sandlawinen gingen ab, während er sich von der schneeweißen, struppigen Düne hinunter arbeitete. Genau das hatte er befürchtet und sich deshalb nicht von der Stelle gerührt, solange das merkwürdige Tête-à-Tête des ungleichen Paares andauerte. Dass er die Unterhaltung der beiden größtenteils mitgehört hatte, empfand er als eher unerwünschten Nebeneffekt. Er fühlte sich überhaupt nicht dazu in der Lage, sich in anderer Leute Angelegenheiten einzumischen. Schon seine eigenen drohten ihn zu überfordern.

Zum Beispiel die Frage, wo er etwas Anständiges zum Anziehen herbekam. Badehose und T-Shirt mochten ja für den Strand recht geeignet sein, nach seiner Flucht vor der wütenden Meute jedoch wollte er sich in den schreiend orangen Badeshorts lieber nirgendwo mehr blicken lassen. Außerdem schritt der Nachmittag unaufhaltsam fort, die Sonne sank, und es wurde bereits merklich kühler. Er hatte keine Lust, sich in der bevorstehenden Nacht den Tod zu holen. Denn an eine feste Unterkunft wagte er gar nicht zu denken. Möglich, dass er eine besaß – aber solange er sich nicht daran erinnern konnte, wo die war, nützte sie ihm nicht die Bohne.

Das dumpfe, schleifende Geräusch von Schritten im Sand ließ ihn zusammenzucken. Schnell ging er wieder in Deckung, immer noch am Dünenhang, aber durch eine dichte und hohe Grasinsel recht gut vor Blicken geschützt.

Ein Mann in Straßenkleidung kam in Sicht. Jeans, blaues Hemd, Windjacke, Halbschuhe – merkwürdige Kluft für einen Dünenspaziergang. Der Mann war relativ jung, Mitte dreißig vielleicht, ein wenig über mittelgroß und kräftig. Dunkelbraune, kurz gestutzte Locken. Er ging langsam in die Richtung, die auch das ungleiche Paar eingeschlagen hatte, sich dabei immer wieder nach allen Seiten umblickend.

Ein Verfolger? Hier? Wer konnte ein Interesse haben …

Dem dicken Mann fielen verschiedene Möglichkeiten ein: Vielleicht ein Privatdetektiv, engagiert von der Ehefrau des scharfen Lehrers. Oder ein weiterer Verehrer der jungen Nymphe, die ganz den Eindruck gemacht hatte, als sei der reife Sugardaddy durchaus nicht ihr erster Lover gewesen. Oder vielleicht der Vater dieses kleinen Früchtchens? Nun ja, ein recht junger Vater, aber möglich wäre es. Vielleicht aber war das auch der Spanner, der er selbst nicht sein wollte – jedenfalls nicht im Augenblick.

Alles war möglich, nichts war gewiss. Und außerdem konnte ihm das auch herzlich egal sein. Für ihn war nur wichtig, dass dieser Typ endlich verschwand, damit er sich um Dringenderes kümmern konnte. Nämlich um warme Kleidung.

Der lockige Mann ging nicht nur langsam, er hinkte auch. Falls das ein Privatdetektiv war, würde er auf Dauer aber Probleme bekommen, so schlecht wie der zu Fuß war.

Und noch etwas fiel dem dicken Mann auf: Der Typ kam ihm bekannt vor. Natürlich wusste er nicht, warum oder gar woher, wie ja überhaupt fast alle Erinnerungen, die jemals auf der Tafel seines Hirns angeschrieben gestanden hatten, ausgewischt worden waren. Keine Fakten verfügbar, tut uns leid, ausverkauft, vielleicht ein anderes Mal. Nur so ein Gefühl war da. Das Gefühl, dass er diesem Mann nicht zum ersten Mal begegnete.

Und dass es besser war, in Deckung zu bleiben.

Na toll, maulte er sein Gefühl an, so schlau bin ich auch. Hätte ich sowieso gemacht. Aber warum? Siehste, das kannst du mir auch nicht sagen.

Aber der Gedanke, dass dieser Typ da, der jetzt endlich außer Sichtweite gehumpelt war, etwas mit ihm und womöglich auch mit seiner vertrackten Situation zu tun hatte, wollte ihm nicht mehr aus dem Kopf.

12.

Wiebke drehte den Schlüssel und öffnete die Tür zur gemeinsamen Ferienwohnung. Schon im Windfang blieb sie stehen, so abrupt, dass Stephanie in sie hineinlief.

»Aua! Mensch, du bist vielleicht knochig.«

»Pssst!« Wiebke legte den Zeigefinger auf ihre Lippen und die ganze rechte Hand auf Stephanies untere Gesichtshälfte. »Hörst du das auch?«

»Tschk – tschk – tschk – tschk«, tönte es aus dem Nebenraum. Kurze Pause, dann wieder: »Tschk – tschk – tschk.«

»Unglaublich«, wisperte Stephanie, von Wiebkes dünnen Fingern nur unzureichend geknebelt. »Die japanische Fischfabrik! Wieso macht denn die …«

Die abgehackten Töne von nebenan brachen ab. Im nächsten Augenblick erhob sich ein sirenenartiges Jaulen, das auf- und abschwellend immer lauter und schriller wurde. »Ooohuuuhaaaheeehiii!«, grellte es, und wieder: »Ooohuuuhaaaheeehiiih!« Das Heulen weckte Erinnerungen an die Blütezeit der Folterkunst, an Streckbänke und Daumenschrauben, an spanische Stiefel, eisern und von

65

sadistischen Inquisitoren vor der Anprobe zum Glühen gebracht.

Wiebke nahm ihre rechte Hand von Stephanies Mund, aber nur, um sich damit schwungvoll an die eigene Stirn zu tippen: »Jetzt übt die auch noch den Vokalkreis! Die hat sie ja wohl nicht mehr alle.«

»Na ja«, wandte Stephanie schüchtern ein, »der Heiden hat uns aber doch aufgetragen, dass wir alle zu Hause …«

»Ja, klar«, unterbrach Wiebke sie in abfälligem Ton. »Hat er, weiß ich doch. Aber wer macht denn schon so was Bescheuertes? Noch dazu in seiner Freizeit! Keiner.« Sie korrigierte sich: »Jedenfalls keiner, der sie noch alle beisammen hat. Also keiner außer Theda. Da siehst du mal, wie bekloppt die ist.«

»Würde ich nicht sagen«, widersprach Stephanie.

Erstaunt riss Wiebke die Augen auf. Widerworte von Stephanie gab es nicht alle Tage. Dann aber klickte es fast hörbar hinter ihrer Stirn. »Ach ja, logo. Natürlich ist der auch klar, dass für Hilke jemand nachrücken muss. Härtetraining auf den letzten Drücker! Na dann, meinen Segen hat sie.«

Das Jaulen und Heulen brach ab. Gespannt warteten die beiden Mädchen, welches Geräusch als nächstes ertönen und auf welche Stimmbildungsübung es schließen lassen würde. Ihre Geduld aber wurde auf die Probe gestellt, denn es blieb still.

Stephanie kam als Erste drauf. Sie schnippte mit den Fingern: »Körperspannung! Jetzt macht sie die Nummer mit dem Lagerfeuer.« Zur Veranschaulichung ging sie in die Knie, ohne sich jedoch auf ihre Fersen zu hocken, hielt den Oberkörper straff aufrecht und legte die rechte Hand hinter ihr Ohr: »Ich höre etwas – da kommt doch jemand!?« Langsam spannte sie Bein- und Rumpfmuskeln und drückte die Knie durch, bis sie sich wieder zu ihrer vollen Länge aufgerichtet hatte. Dabei legte sie die Hand wie einen Schirm über ihren Augen an die Stirn: »Ach nein, doch keiner zu sehen.« Zentimeterweise sank sie in die Hockstellung zurück. »Und von vorne: Ich höre etwas – da kommt doch jemand!?«

Wiebke krümmte sich, während sie sich vorstellte, wie Theda im selben Moment jenseits der Tür dasselbe Schauspiel vollführte, und riss ihre Knie abwechselnd bis an die Brust hoch – keine Körperspannungsübung, sondern nur der Versuch, ein lautes Lachen zu unterdrücken. »Nein, echt! Ich schick ein Video von dir an TV total. Dafür kriegst du glatt den ‚Raab der Woche‘!«

»Untersteh dich.« Stephanie gönnte sich einen kurzen Blick in den Spiegel, fuhr sich schnell und routiniert mit beiden Händen durch ihre blonde Haarpracht und stieß die Tür zum Gemeinschaftsraum auf. »Huhuu, Theda, wir sind wieder da!«

Theda empfing sie in der Pose einer Kung-Fu-Kämpferin: Beine leicht gespreizt, Körper gestrafft, Oberarme und Ellbogen an die Seiten gepresst, Unterarme vorgestreckt, Handflächen senkrecht, Finger lang. Ehrgeiz schien ihr aus jeder einzelnen Pore zu dampfen. »Tschk – tschk – tschk!«, fauchte sie ihre beiden Mitbewohnerinnen an. Bei jedem Laut fuhren ihre Hände nach unten, als hacke sie gerade einer endlosen Reihe von Fischen Kopf und Schwanz gleichzeitig ab.

Wiebke, nunmehr der Notwendigkeit zur Selbstbeherrschung enthoben, kreischte los. »Die Fischfabrik! Oh nein! Theda, weißt du nicht, dass man davon Schuppen kriegt?«

Stephanie verzog den Mund, aber nicht vor Lachen. Manchmal fand sie Wiebke einfach nur blöd. Klar, Theda übertrieb zuweilen ein bisschen, vor allem, wenn sie sich etwas in den Kopf gesetzt hatte. Und ob sie nun so gut

67

beraten war, ausgerechnet im Singen etwas erreichen zu wollen, war auch zweifelhaft. Aber wie auch immer, ohne Fleiß kein Preis, und wenn sich jemand anstrengte und dadurch besser wurde, dann hatte sie es nicht verdient, dass man sich über sie lustig machte. So jedenfalls dachte Stephanie. Zu sagen traute sie sich das meistens nicht, denn diese Haltung war absolut nicht angesagt. Nicht draufzuhauen und nachzutreten, wo immer sich die Gelegenheit bot, galt als uncool, und als Uncoole war man ganz schnell abgemeldet. Diese Vorstellung schüchterte Stephanie doch zu sehr ein.

»Aber wahrscheinlich stellst du dir vor, dass das gar keine Fische sind, sondern lauter Heidens, was? Hack, hack, ab den Kopf! Und hack, hack, ab den Schwanz! Oder nee, das wäre ja auch nicht gut. Dann hast du ja endgültig keine Chance mehr!«

Es klatschte. Einmal, zweimal. Dann ein lauter Knall. Zwei schallende Ohrfeigen, dermaßen schnell abgefeuert, dass es Wiebke war, die keine Chance mehr hatte. Nämlich auszuweichen. Auch Stephanie hatte die fast ansatzlosen Schläge nicht kommen sehen. Der Knall stammte, wieder einmal, von Thedas Zimmertür.

»Aua.« Wiebkes Ausruf klang mehr nach Überraschung als nach Schmerz. »Ich glaube, es hackt! Die wird ja richtig gewalttätig. Jetzt ist bei der im Kopf endgültig etwas durchgeschmort.«

»Manchmal bist du aber auch ganz schön …« Stephanie hielt inne, ganz erschrocken darüber, wie viel Oppositionsgeist heute in ihr zu wohnen schien.

»Ganz schön was?«, keifte Wiebke, die Arme auf die Hüftknochen gestemmt. »Bist du jetzt etwa auf ihrer Seite?«

Stephanie kam um eine Antwort herum, denn die Tür des Appartements öffnete sich erneut, und Sabrina erschien in ihrem Strandoutfit, sonnendurchglüht und anscheinend bestens gelaunt. »Hey, Empfangskomitee!«, sagte sie grinsend. »Was steht ihr denn hier rum? Wisst ihr mit eurer Zeit überhaupt nichts anzufangen?«

Wiebke schnappte nach Luft. »Na hör mal«, fauchte sie, »glaub ja nicht, dass wir uns ohne dich nicht vor die Tür trauen! Gerade waren wir im Dorf« – sie stockte kurz, verwarf den Gedanken, vom Eisessen zu berichten, und verkündete stattdessen: »Typen abchecken.«

»So, so. Typen abchecken.« Sabrina musterte die beiden abschätzig. »Was du nicht sagst. Da bin ich ja beeindruckt.«

Während Wiebke den Blick trotzig erwiderte, rötete sich Stephanies milchweiße Haut erneut so schlagartig, als hätte jemand drei Esslöffel Instantpulver der Geschmacksrichtung Erdbeer untergerührt. Der italienische Kellner fiel ihr ein, und sie nickte unnatürlich schnell und abgehackt, als sei ihr Gesicht ein Cocktailshaker. Die Rötung verstärkte sich.

»Nur zu, Baby«, sagte Sabrina gönnerhaft. »Irgendwann musst du ja mal anfangen. Aber du, Wiebke, solltest lieber schön zu Hause bleiben und deine Stimmbildungs- und Körperspannungsübungen machen. Das wirst du nämlich bald nötig haben.«

»Hää?« Wiebke war perplex und sprachlos. Das passierte ihr selten.

»Wieso das denn?«, erkundigte sich Stephanie an ihrer Stelle.

Stolz ob ihres Wissensvorsprungs warf sich Sabrina in die Brust: »Weil Wiebke mit nach Amerika fährt!« Sorgfältig achtete sie darauf, dass ihre Worte laut genug ausfielen, um auch jenseits der Schlafzimmertüren verstanden zu werden. »Heiden hat sich schon entschieden. Wiebke rückt für Hilke nach, ganz egal, ob der nun etwas passiert ist oder nicht. Er wird es sicher heute Abend oder morgen verkünden. Aber ich weiß es jetzt schon.«

Thedas Zimmertür flog auf. »Du lügst!« Bebend vor Zorn, die Fäuste geballt, baute sich das kleinere Mädchen vor Sabrina auf. »Das kannst du doch gar nicht wissen!« Tränen liefen ihr übers Gesicht.

»Pass bloß auf, Sabrina, unsere Theda ist jetzt völlig durchgeknallt«, höhnte Wiebke. »Die neigt heute zu Gewalttätigkeiten.«

Sabrina ignorierte den Einwurf. »Ach, kann ich nicht?«, zischte sie Theda an. »Wie kommst du darauf? Glaubst du denn, wir sind alle so prüde und verklemmt wie du? Wenn du nicht weißt, was gut für dich ist, dann ist das deine Sache. Aber so blöde bin ich nicht. Und deshalb habe ich meine Angelegenheiten auch im Griff. Im Gegensatz zu dir, du Heulsuse.«

»Du – du – du Nutte!«, brüllte Theda mit überschnappender Stimme.

Sabrina antwortete mit einem spöttischen Lachen. »Neidhammel!«

Wie ähnlich sich die beiden doch sind, fiel Stephanie auf. Theda war etwas kleiner als Sabrina, und ihre brünetten Haare hatten nur einen leichten Messington. Aber ansonsten – von Frisur, Gesichtsschnitt und Körperbau her gehörten beide Mädchen eindeutig zum gleichen Typus. Genau genommen war Theda nichts anderes als eine etwas kleinere und jüngere Ausgabe von Sabrina.

Plötzlich glaubte Stephanie Sabrinas Andeutungen zu verstehen. Hatte Heiden etwa auch Theda Avancen gemacht? Und hatte er, als die darauf nicht eingegangen war, erst anschließend Sabrina angebaggert?

Wie auch immer: Fair war das nicht, was hier ablief. Und das ging Stephanie mächtig gegen den Strich. Das ganze Auswahlverfahren für die Chorfahrt kam ihr plötzlich durch und durch schmutzig vor. Eklig, dass sie selber daran beteiligt war!

Theda brachte kein weiteres Wort hervor. Sie schluchzte noch einmal, dann machte sie auf dem Absatz kehrt und verschwand erneut in ihrem Zimmer.

Stephanie fragte sich, zum wievielten Male die Tür jetzt schon hinter ihrer Mitschülerin ins Schloss krachte.

Sie schaute Wiebke an: »Findest du das in Ordnung?«

»Wen interessiert das?«, versetzte Wiebke schnippisch. »Eigentlich nicht, wenn du es unbedingt wissen willst. Und vielleicht hätte ich ja auch verzichtet, weil mir die Fahrt nicht wirklich wichtig ist. Außerdem singt Theda tatsächlich ein kleines bisschen besser als ich. Aber jetzt nicht mehr! Ich denke ja gar nicht daran, dieser blöden Kuh einen Gefallen zu tun. Selber schuld, hätte mich ja nicht ohrfeigen müssen.«

Sabrina lächelte befriedigt. »Richtig so«, lobte sie. Dann verschwand sie im Bad.

»Glückwunsch«, sagte Stephanie leise.

»Danke«, erwiderte Wiebke. »Du meinst doch zur Reise nach Amerika, oder?«

»Das auch«, meinte Stephanie trocken. »Und zu deiner neuen Freundin.«

13.

»Sie wünschen?«

»Pils.«

Stahnke war genervt, schwer genervt sogar, und überhaupt nicht geneigt, daraus einen Hehl zu machen. Die Bedienung, dem Akzent nach eine Polin, schaute den kräftigen, beleibten Mann mit dem sonnenverbrannten Stiernacken irritiert an und entschied dann, jegliche Nachfrage hinsichtlich gewünschter Glasgröße und bevorzugter Marke lieber zu unterlassen. Ein Großes vom Fass, kalt, das war es ganz offensichtlich, was hier gewünscht wurde.

Draußen wurde es nach und nach kühler. Die bereits tief stehende Sonne schien sich darauf besonnen zu haben, dass von ihr in diesen Zeiten und Breiten kein hochsommerliches Gebaren mehr erwartet wurde, und hatte die tagsüber so erstaunliche Kraft ihrer Emissionen tüchtig gedrosselt. Kühler Seewind begann die Touristen von den Terrassen zu pusten.

Die sinkenden Temperaturen aber waren nicht der eigentliche Grund, warum Stahnke das schummerige Innere des *Utkiek* aufgesucht hatte, das mit seinen dunklen Wandpaneelen an die langgestreckte Kajüte eines Windjammers erinnerte. Er hatte einfach für heute genug von der Insel und wollte sie nicht mehr sehen.

Nicht, dass Langeoog etwas dafür konnte. Keineswegs. Nein, die Insel war klasse, fand Stahnke, und das sogar ohne den üblichen sarkastischen Hintersinn. Immerhin kannte er sie alle, die ostfriesischen Inseln, vom städtisch anmutenden Borkum über das niedliche Baltrum und das mondäne Juist bis hin zu den Idyllen Spiekeroog und Wangerooge. Alle hatten sie etwas für sich, selbst das von marodierenden Fußball- und Kegelklubs heimgesuchte Norderney. Langeoog aber gefiel ihm am besten. Das war in etwa so einfach zu erklären wie die Passform eines Paars Schuhe. Nämlich eigentlich gar nicht. Wie das eben so war mit subjektiven Urteilen.

Wahrscheinlich hing das nicht zuletzt mit dem unkalkulierbaren Zufall des ersten Eindrucks zusammen. Langeoog hatte ihn mit strahlendem Sonnenschein, mäßigem bis frischem Nordwest und donnernder Brandung empfangen, mit einem interessant bevölkerten, aber nicht überfüllten Strand, mit ausgedehnten, abenteuerlich struppigen Dünenlandschaften und mit schmucken, herausgeputzten Häuschen in einem Ort, der überschaubar und trotzdem groß genug war, um nicht bedrückend zu wirken. Selbst einige offenbar unvermeidliche Bausünden, gezeugt von einem Übermaß an Geld und Beton und einem bestürzenden Mangel an Geschmack, vermochten den Eindruck nicht zu trüben. Sogar ein potthässlicher Kasten wie der *Seekrug* kam gegen die stimmige Umgebung und die grandiose Landschaft nicht an.

Natürlich besaß auch die vielbeschworene Autofreiheit ihren Reiz. Fahrräder, Elektrokarren, Pferdekutschen, Bollerwagen und Fußgänger bestimmten das Straßenbild und zwangen zu demonstrativer Gelassenheit. Ein heilsamer Zwang, gerade für einen ständig Getriebenen wie Stahnke. Der genoss die Entdeckung der Langsamkeit. Auch wenn ihm gleich an seinem ersten Inseltag der bollernde Dieselmotor eines Traktors der Kurverwaltung klargemacht hatte, dass es nichts Absolutes gab. Nirgendwo.

Die polnische Bedienung tauchte neben seinem Tisch auf, stellte ein schaumgekröntes Bierglas ab, hauchte ein »Wohl bekomm's« und verschwand wieder. Stahnke musste an sein gestriges Mittagessen in der Barkhausenstraße denken, der Langeooger Ausgabe eines Prachtboulevards mit der größten denkbaren Dichte an Speiselokalen. Im *In't Dörp* war er diesmal gewesen, Fischsuppe vorweg und Fischplatte hinterher, ausgezeichnetes Essen. Die Speisekarte war auf Plattdeutsch gewesen, die Bedienung aber hatte einen südlichen Akzent gehabt. Wirklich original war hier wohl kaum noch etwas, da brauchte man sich nichts vorzumachen. Tourismus war eine Großindustrie und die Erholung anderer Leute harte Arbeit, die man gerne an diejenigen abtrat, die am wenigsten dafür verlangten. Aber war das anderswo etwa anders?

Alles in allem waren es bisher schöne Urlaubstage gewesen, mal abgesehen davon, dass er sie alleine verbracht hatte. Trotzdem hatte die Ruhe, die er anfangs so genossen hatte, nicht lange vorgehalten. Jedenfalls nicht in seinem Inneren. Er war eben nicht der Typ, der alltäglicher Geruhsamkeit auf Dauer etwas abgewinnen konnte. Unterdrückter Tatendrang ließ seine Nervenenden vibrieren und seine Haut prickeln. Da war ihm die Sache mit der geklauten Badehose und allem, was darauf folgte, gerade recht gekommen. Einem Langeooger Kollegen bei einer schwierigen Ermittlung helfen zu können – wenn das nicht der Höhepunkt eines echten Stahnke-Urlaubs war!

Blöd nur, dass er mit seiner Hilfe bisher noch überhaupt nichts erreicht hatte. Mit seinen Sprüchen aus der beruflichen Prinzipienkiste hatte er dem offenkundig verunsicherten Lüppo Buss bestimmt nicht weitergeholfen. Und seine völlig richtungslose Vermieter-Umfrage war bisher ein Schlag ins Wasser gewesen.

Er nahm einen tiefen Zug aus seinem Bierglas. Und verschluckte sich, weil ihm plötzlich etwas einfiel. Ein Schwall Bier schäumte in den Henkelkrug zurück, ein paar Spritzer durchdrangen kühlend den Stoff seines

Hemdes, dort, wo es von seinem Bauch ausgebeult wurde. Was, zum Teufel, trieb er hier eigentlich? Zum Ausspannen, zum Erholen, zum Luftschöpfen hatte er diesen Urlaub angetreten. Den er dringend nötig gehabt hatte, um nach den schaurigen Erlebnissen in diesem Kellerverlies in Oldenburg, in das ihn seine letzte Ermittlung geführt hatte, wieder etwas Abstand zu gewinnen. Wieder einmal ruhig schlafen zu können, ohne vom Lebendigbegrabensein zu träumen. Freien, offenen Himmel über sich und lachende Kinder um sich herum zu haben. Und was war? Jetzt suchte er schon wieder nach einem verschwundenen Mädchen und einem mutmaßlichen Kinderschänder. Und statt den hohen blauen Himmel über Langeoog zu genießen, hockte er hier in dieser dunklen Kneipe. Tja, so viel zum Thema Planung.

Missmutig nahm er noch einen Schluck. Das Bier schmeckte deutlich schaler als zuvor. Recycling-Bier, ha! Er hatte wirklich ein seltsames Talent, sich immer wieder selbst ins Vergnügen zu spucken.

Die Sache mit den Hotels und Pensionen war alleine nicht zu schaffen, nicht auf dieser Insel, auf der sich buchstäblich alles um den Fremdenverkehr drehte. Das war ihm vorher klar gewesen, doch um der Chance willen, einen Glückstreffer zu landen, hatte er sich trotzdem der Sache angenommen. Erzielt aber hatte er diesen erhofften Treffer nicht. Weder beim Fremdenverkehrsverein noch bei den Hotels und den größeren Pensionen war er fündig geworden. Vielen Befragten hatte er deutlich angemerkt, dass sie seine Erkundigungen als Zumutung empfanden, hatten sie doch trotz der oft beschworenen »familiären Atmosphäre« auf Langeoog mit dermaßen vielen Menschen zu tun, dass es einfach nicht möglich war, sich an ein einzelnes Gesicht zu erinnern. Und seine Personenbeschreibung – »Er soll so ähnlich aussehen wie

75

ich, nur etwas älter« – hatte mehr als einmal mitleidiges Lächeln hervorgerufen. »Wie viel älter denn?«, hatte sich eine jugendliche Empfangsdame erkundigt. Und dabei durchblicken lassen, dass das wohl schon ein biologisches Wunder sein müsste. Ohne ein Wort hatte er sich abgewandt. Jeder hatte seine Schmerzgrenze, auch er.

Ob Kollege Buss bei seiner Tour durch die angesagten Jugendkneipen mehr Erfolg gehabt hatte? Seine Hand zuckte zum Handy in seiner Hosentasche, aber er zügelte seine Neugier. Schließlich wollte er dem Inselpolizisten helfen und ihm nicht auf die Nerven fallen.

Das Schlimmste an der Polizeiarbeit war für Stahnke das Stochern im Nebel. Die Phase, in der sich ein Fall noch nicht richtig offenbart hatte, in der es noch nicht gelungen war, ihn einzugrenzen und damit überschaubar zu machen. Die Phase, in der noch alles möglich war, nur keine wirklich zielgerichtete Aktion. Was wir jetzt brauchen, ist etwas Konkretes, dachte er. Und hasste sich sogleich für diesen Gedanken, denn etwas Konkretes konnte in diesem Fall eigentlich nur heißen: eine Leiche.

Wo mochte sie sein, die kleine Hilke Smit? Die Sechzehnjährige, die mitten drin steckte in der Pubertätshölle, an die Stahnke auch nach Jahrzehnten noch die schlimmsten Erinnerungen hatte, dick eingekapselt und tief in seinem Innersten eingelagert, aber doch eine ständige Bedrohung, da jede noch so kleine Assoziation genügte, um all die verdrängten Peinlichkeiten wieder an die Oberfläche des Bewusstseins zu spülen. Auch aus großer zeitlicher Distanz und von der Höhe einer insgesamt doch erfolgreich verlaufenen Entwicklung seiner selbst aus betrachtet waren die Katastrophen und Niederlagen, die bloßstellenden Schwächen und die eklige Häme vermeintlicher Freunde jener Lebensphase noch immer geeignet, ihm Gänsehaut und Hitzeschauer über den Körper zu treiben. Wie schlimm musste es erst sein, solchen Anfechtungen ganz unmittelbar und dünnhäutig ausgesetzt zu sein?

Schon möglich, dass sie sich etwas angetan hat, sinnierte Stahnke. Andererseits war da dieser unheimliche Kerl, von dem er bisher nur gehört, den er aber noch nicht zu Gesicht bekommen hatte. Nicht jeder sexuell Abartige war deswegen auch gleich ein Mörder, und wer Spaß daran hatte, sich vor kleinen Kindern zu entblößen, war vielleicht viel zu feige, um sich an sechzehnjährige Mädchen heranzumachen. Auszuschließen aber war gar nichts, und ebenso gut konnte es sein, dass sie es hier mit einem gewalttätigen Pädophilen zu tun hatten, der sich im Alter seines Opfers verschätzt und dann vor lauter Angst zugeschlagen hatte. Oder zugedrückt. Oder was auch immer. Also mussten sie diesen Typen finden, unbedingt, daran ging kein Weg vorbei.

Die Bedienung kam erneut an seinem Tisch vorbei und schaute ihn vorsichtig fragend an. Er nickte bestätigend, trank sein Glas aus und schob es von sich. Ein Bier konnte er sich noch erlauben, dann musste es weitergehen. Die Zeit lief ihm sowieso davon, und ans Fertigwerden war überhaupt nicht zu denken. Wenn sie nur mehr Unterstützung hätten! Vielleicht konnte Lüppo Buss ja Feuerwehr, THW, Jäger und so weiter mobilisieren, um wenigstens die ortsnahen Dünengebiete zu durchkämmen. Obwohl, heute würde das wohl nichts mehr werden.

Der Chor fiel ihm ein. Wie viele Sänger mochten das sein, fünfzig, sechzig oder gar noch mehr? Ob man die vielleicht zum Suchen einsetzen konnte?

Aber er verwarf den Gedanken ebenso schnell wieder, wie er ihm durch den Kopf gezuckt war. Hier handelte es sich um Jugendliche, und denen war es wohl kaum zuzumuten, womöglich mit der Leiche einer Schulkameradin konfrontiert zu werden. Von diesem mysteriösen dicken Mann mal ganz zu schweigen. Nicht auszudenken, was da passieren konnte. Allein diese Vorstellung ließ ihn von der Idee Abstand nehmen. Es half wohl nichts, sie mussten auf die Kollegen aus Wittmund warten. Sein Verständnis für Lüppo Buss' Verärgerung wuchs.

Sein leeres Glas war gegen ein volles ausgetauscht worden, und neben dem Strich am Bierdeckelrand war ein zweiter erschienen, ohne dass er seine Entstehung bemerkt hätte. Er griff nach dem Henkel und trank. Dabei fiel ihm auf, dass er nicht nur durstig, sondern auch hungrig war. Ob er sich einen kleinen Imbiss zeitlich leisten konnte?

Irgendjemand hatte die Musik angestellt. Freddy Quinns tiefes Organ dröhnte durch die Kneipe: »*Hundert Mann und ein Befehl. Und ein Weg, den keiner will.*« Schlagartig war ihm der Appetit vergangen. Hastig trank er aus, zahlte an der Theke und verließ fast fluchtartig das Lokal, einem Befehl folgend, den er sich selbst erteilt hatte. Ohne die ersehnten hundert Mann Unterstützung.

14.

Seine Hände waren so rot und rau wie die einer Waschfrau, aber einer ohne Maschinenhilfe und Weichspüler. Stundenlang – so kam es ihm jedenfalls vor – hatte er seine Pratzen bearbeitet, erst mit Salzwasser, dann mit feinem, gut scheuerndem Dünensand. Längst war von den Blutkrusten, die ihn am Morgen so entsetzt hatten, keine Spur mehr zu sehen. Das Entsetzen aber war geblieben.

Und je mehr dieser Tag sich seinem Ende zuneigte, je klarer dem dicken Mann wurde, in welch auswegloser Situation er sich befand, desto größer wurde dieses Entsetzen. Vor sich selbst und davor, was er getan hatte. Die Tatsache, dass er nach wie vor nicht die geringste Ahnung hatte, was das war, machte die Sache noch schlimmer, so wie sich ja auch ein Kind in einem dunklen Keller mehr fürchtete als in einem hell erleuchteten.

Fast war er froh, dass sich die kleineren Probleme immer wieder in den Vordergrund drängten und nach Lösungen verlangten. Lange hatte er Hunger und Durst ignoriert, dann hatte er sich unter ihrem Druck wieder an den Strand gepirscht. Dabei hatte er sich Richtung Süden gehalten, um den belebteren Regionen rund um den Ort nicht zu nahe zu kommen. Zunächst schien sich das als schlechte Idee zu erweisen, denn dort, wo er den Badestrand schließlich zu Gesicht bekam, tummelten sich Hunde und ihre Besitzer. Die Vorstellung, die geklaute, potthässliche orangefarbene Badehose durch scharfe Fänge vom Hintern gefetzt zu bekommen, hatte ihm einen schnellen Rückzug nahegelegt. Dann aber war ihm aufgefallen, dass ein Hundestrand für einen Mundräuber wie ihn auch Vorteile bot. Denn Hundebesitzer pflegten viel mit ihren Vierbeinern zu spielen und zu tollen, Stöckchen zu werfen, um die Wette zu rennen und gemeinsam in der Brandung zu planschen. Decken und Strandtaschen blieben derweil unbeaufsichtigt zurück.

So war er denn doch noch zu seiner Beute gekommen. Süße, labbrige, lauwarme Limoreste aus stibitzten Anderthalbliterflaschen hatten ihm zwar nicht gemundet, aber seinen Durst doch fürs Erste gestillt. Der Nahrungsfang allerdings war nicht so üppig ausgefallen. Offenbar nahmen die wenigsten Leute nachmittags dicke Wurststullen oder ähnlich deftige Kost mit an den Strand; so musste er sich mit einer halben Packung Butterkekse begnügen. Für seinen Hunger nur ein flüchtiges Intermezzo, das spürte er bereits. Den Fasan, der ihm vorhin über den Weg gelaufen war, hatte er mit solch unverhohlener Gier angestarrt, dass der Vogel erschrocken das Weite gesucht hatte. Wie bastelte man eigentlich Fallen? McGyver hätte so etwas gewusst. Der Gedanke war ebenso absurd wie die antiquierte Fernsehserie dieses Namens, das wusste er genau, trotzdem bekam er ihn kaum noch aus dem Kopf.

Immerhin hatte er das Bekleidungsproblem vorläufig gelöst. Einer der Hundebesitzer, die ihre Decken so nahe an den Windschatten spendenden Dünen ausgebreitet hatten, dass er sich ihnen zu nähern wagte, musste ein wahrer Hüne sein. Sein Trainingsanzug war zwar ebenso geschmacklos wie die geklaute Badehose – lila Kunststoff mit schwarz-rot-goldenen Applikationen – aber wenigstens hatte sich das Oberteil über seinen Bauch ziehen lassen. Die Ärmel hatte er mehrmals umkrempeln müssen. Immerhin besaß das Ding ein wärmendes Innenfutter. So sah er der bevorstehenden Nacht halbwegs zuversichtlich entgegen.

Etwas schwieriger war es mit der Hose gewesen. Nicht nur, dass er auch die Hosenbeine hatte umkrempeln müssen. Dieser Hundehalter nämlich war offenbar mächtig groß, aber keineswegs dick; womöglich handelte es sich um den Kerl aus dem Werbespot, in dem Hunde als hocheffiziente Trainingsgeräte mit Fettverbrennungsgarantie angepriesen wurden. Jedenfalls hatte er den Hosenbund um keinen Preis über seine Wampe gezerrt bekommen. So musste er sich schließlich mit einem Kunstgriff behelfen. Mit dem Schweizer Taschenmesser, das sich in einer der Hosentaschen angefunden hatte, durchtrennte er den Hosenbund, zog sich die vorne klaffend offenstehende Hose über den Wanst und knotete sie dort mit der Kordel, die in den Hosenbund eingelassen und zum Glück lang genug war, fest. Da ihm das Oberteil des Trainingsanzugs bis über den Hintern hing, konnte er sich jetzt bewegen, ohne sich erneut schamverletzend bloßzustellen. Und genau darum ging es ja.

Er rekapitulierte zum mindestens hundertsten Mal, während er langsam durch den tiefen Sand tapste: Dies hier war eine Insel, und er lebte nicht ständig darauf – so viel war ihm klar, warum auch immer. Trotzdem musste er hier irgendwo eine Unterkunft haben, denn dass er als Tagestourist hierher gekommen war und am Strand genächtigt hatte, kam ihm einfach zu unwahrscheinlich vor.

Obwohl, klar, denkbar war alles. Vielleicht hatte ihn jemand, der noch verzweifelter war als er jetzt, niedergeschlagen und ausgeraubt, und zwar buchstäblich bis aufs Hemd, um – ja, warum? Blödsinn.

Viel wahrscheinlicher schien ihm, dass er sich hier irgendwo ein Zimmer gemietet hatte, vielleicht in einem Hotel, vielleicht in einer Pension, vielleicht auch privat. Auf jeden Fall eines, in dem ein Koffer auf ihn wartete, voll mit frischer Wäsche, passender Kleidung, persönlichen Dingen und Papieren. Voll mit seiner eigenen Geschichte und Gegenwart. Diesen Koffer, dieses Zimmer musste er finden. Und da er sich nicht daran erinnern konnte, wo es sich befand, egal wie intensiv er auch gegrübelt hatte, musste er sich wohl oder übel auf die Suche machen. Allzu groß konnte der Ort, der da jenseits der Dünen lag, ja nicht sein.

Und dann, im Augenblick des Wiedersehens und Erkennens, würde in seinem Kopf etwas passieren. Eine Sperre würde sich lösen, eine Mauer einstürzen, und er würde es wissen: Hier, genau hier ist mein Zimmer, dort ist mein Koffer, und das bin ich. So musste es einfach ablaufen. Unbedingt.

Weil, wenn nicht …

Er schüttelte heftig den Kopf. Es musste klappen. Und dafür musste er auch das Risiko eingehen, sich unter Menschen zu wagen und womöglich erkannt zu werden. Hauptsache, ihm blieb Zeit genug, zu seinem Koffer und damit zu sich selbst zu finden. Wenn das erst einmal geschafft war, würde sich alles andere schon ergeben, und alle peinlichen Fragen würden geklärt werden. Ganz bestimmt.

Dass die mögliche Existenz eines Zimmers und eines Koffers nicht die dicke Beule am Kopf erklärte, war ihm bewusst. Auch nicht die Tatsache, dass er in Unterwäsche am Strand zu sich gekommen war. Und das Blut an seinen Händen schon gar nicht. Um dessen Erklärung war es ihm vor allem zu tun. Auch wenn er davor die größte Angst hatte.

Er zuckte zusammen, als er Stimmen hörte. Einem Impuls folgend, wollte er sich hinter die nächsten Strandhaferbüschel werfen, beherrschte sich jedoch und stapfte unbeirrt weiter. Erstaunlich, dachte er, wie schnell man solche Urinstinkte aus den Tiefen des Stammhirns hervorholen und mobilisieren kann. Wenige Stunden als Flüchtling reichten völlig aus.

Rechts von ihm tauchte das rote Dach des markanten, achteckigen weißen Wasserturms auf, vor ihm der Bohlenweg. Jetzt galt es. Bedächtig schritt er aus, hob erst das eine bloßfüßige Bein über den niedrigen Drahtzaun, der die Dünen mehr symbolhaft denn effizient als geschütztes Gebiet auswies, dann das andere, sorgsam darauf bedacht, dass die fragile Sicherung seines Hosenbundes weder sichtbar wurde noch ins Rutschen geriet.

Die Anstrengung, wie ein Müßiggänger zu schlendern und wie ein bereits halbwegs erholter Kurgast zu gucken, trieb ihm den Schweiß in hellen Perlen auf die Stirn.

Je mehr er sich dem Wasserturm näherte, desto heißer wurde ihm. In seiner geklauten Kluft fühlte er sich wie ein prall aufgepumpter Werbezeppelin, über und über besetzt mit blinkenden Reklameleuchten. Die Blicke der Spaziergänger um ihn herum schienen sämtlich voll brennender Neugier auf ihn gerichtet zu sein und Löcher in seine Bekleidung, ja in seine Haut zu sengen. Das Gefühl, sehenden Auges in eine Falle zu laufen, drohte ihn zu übermannen. In seinem Kopf begannen Alarmsirenen zu kreischen, und eine befehlsgewohnte innere Stimme herrschte ihn an: »Kehr um, ehe es zu spät ist!«

Er war drauf und dran, auf dem Hacken kehrt zu machen und zurück in den Geborgenheit verheißenden Randdünengürtel zu sprinten, so schnell es die notdürftig vertäute Kunststoffkutte des deutschnationalen Hünen zuließ. Im allerletzten Moment erst fiel ihm auf, dass nicht ein einziger Spaziergänger auf ihn achtete, dass keiner der bummelnden Touristen mehr als nur einen flüchtigen Blick für ihn übrig hatte. Und dass das gar nicht anders sein konnte, denn bauschige Trainingsanzüge, bloße Füße, Halbglatzen mit grauen Haarkränzen und imposante Bäuche waren hier alles andere als selten. So sehr er sich auch von jedem einzelnen Passanten unterscheiden mochte, in der Menge der hier präsenten Merkmale gingen die seinen auf wie eine Handvoll Buchstabennudeln im Suppentopf einer Betriebskantine.

Im langen Schatten des Wasserturms verharrte er einen Moment, wischte sich verstohlen die Stirn und zwang seinen Atem in einen ruhigeren Rhythmus. Sein Sieg über die aufkeimende Panik hatte ihm Mut gemacht. Weiter jetzt. Irgendwo musste es ja sein, das Zimmer mit dem Koffer drin.

15.

Kommissar Lüppo Buss stopfte seine Dienstmütze in den Gepäckkorb seines Fahrrads, holte Schwung und hob das rechte Bein elegant über den Sattel. Seinen Drahtesel hielt er in Ehren und in Schuss, ohne ihn wäre er auf dieser ebenso autofreien wie weitläufigen Insel aufgeschmissen gewesen.

Eigentlich war der abwertende Begriff »Drahtesel« völlig unpassend für die hochentwickelte Fahrmaschine mit der Shimano-Zwölfgangschaltung und den Grobstollenreifen, die er sich voriges Jahr in einem Anfall von Verschwendungssucht geleistet hatte; Bergziege, Gemse oder Wüstenschiff wären angesichts der Steigfähigkeit und Dünentauglichkeit dieses Rades treffendere Bezeichnungen gewesen. Da Lüppo Buss sich zwar häufig tiefe Gedanken, aber selten große Worte und schon gar keinen Wirbel um seine Person zu machen pflegte, blieb er jedoch bei Drahtesel. Etwas Understatement konnte nicht schaden, das war seine feste Überzeugung. Auch wenn ihm beim besten Willen nicht einfallen wollte, was es nützen sollte.

Trotz seiner großen Qualitäten und seines hohen Preises war auch das Fahrrad letztlich ein Ausdruck dieser Grundhaltung. Ein leicht auf- und rückwärts gebogener, sehr ergonomischer Lenker, ein bequemer Schwingsattel und besagter Gepäckkorb veränderten die Optik des Mountainbikes von der ursprünglichen sportlichen Aggressivität bis zur vollständigen Harmlosigkeit. Der Händler auf dem Festland hatte nur widerwillig ins Zubehörregal gegriffen und anhaltend den Kopf geschüttelt. Seine Frage, ob er denn auch einen Ferrari mit einer Anhängerkupplung versehen lassen würde, hatte Lüppo Buss ignoriert.

Lenker und Sattel dienten seiner Bequemlichkeit, die ihm weit wichtiger war als sein Image. Und der Korb auf dem Gepäckträger war einfach ein Muss. Als Kind hatte Lüppo einmal einen Polizisten hinter seiner vom Kopf gewehten und flott davonrollenden Dienstmütze herrennen sehen; den Anblick hatte er ebenso wenig vergessen wie die Reaktionen der Gaffer. Was da in Sekunden an Autorität verschütt gegangen war, konnte nur in Jahren neu erkämpft werden. Das musste ein Lüppo Buss sich nicht zumuten. Ab Windstärke drei verschwand die Mütze im Korb, solange er mit dem Rad unterwegs war, punktum. Sollte doch quaken, wer wollte.

Zwei, drei Tritte, und das Rad sauste scheinbar schwerelos über das Klinkerpflaster, das seine Reifen zum Surren brachte. Lüppo Buss lauschte dem leisen Klickern der Gangschaltung im Leerlauf und bildete sich ein, die Sauberkeit der Zahnräder und das hochwertige Öl an den Kettengliedern heraushören zu können. Sekundenlang war er zufrieden mit sich, seinem Rad und der Inselwelt um ihn herum. Dann hatte ihn die Realität wieder, die da hieß: immer noch nichts erreicht. Und keine Ahnung, was ihn weiterbringen konnte.

Mit den Kneipen, die bevorzugt von Jugendlichen aufgesucht wurden, war er durch; niemand konnte sich dort an Hilke Smit erinnern, niemand aber auch konnte wirklich ausschließen, das Mädchen gesehen zu haben. Tourismus war eben ein Geschäft mit Menschen, mit vielen Menschen, da musste schon einiges zusammenkommen, um auf ein Individuum aufmerksam zu werden. Und Hilke Smit schien nichts an sich zu haben, was wirklich auffällig war. Trotz pinkfarbener Strähnchen und Nasenpiercing. Oder gerade deswegen.

Ob das ihr wahres Problem war?

Oder ob es das gewesen war?

Lüppo Buss ließ das leichtgängige Rad weiter vorwärts rollen, ohne zu treten. Er war ein Mensch, der viel auf seine Gefühle gab. Ein Bauchmensch, trotz seiner schlanken, durchtrainierten Figur. Aber diesmal waren seine Gefühle höchst uneinheitlich, undurchsichtig, einfach nicht zu deuten. Weder war er davon überzeugt, dass das Mädchen noch am Leben war, noch vom Gegenteil. Es war, als gäbe es dieses Mädchen gar nicht. Oder nicht mehr. Weggeweht wie die Mütze dieses namenlosen Kollegen aus Kindertagen. Und er, Lüppo Buss, hechelte hinterher, hilflos und ohne Aussicht auf Erfolg.

Ein mieses Gefühl.

Vor ihm tauchte das Haus der Janssens auf. Immer wieder ein ehrfurchtgebietender Anblick. Lüppo Buss neigte nicht zu Neidgefühlen, trotzdem keimte angesichts dieses herrschaftlichen Gebäudes immer wieder der Wunsch auf, zumindest bei der Erbfolge in Ulfert Janssens Haut zu stecken. Himmel, was konnte man mit solch einer Villa nicht alles anstellen! Von Tant' Lütis sonstigen Besitztümern ganz zu schweigen.

Der Gedanke an Nicole brachte ein Flämmchen des Begehrens zum Flackern. Ulfert Janssens Frau war hübsch, sehr hübsch sogar. Fast widerwillig gestand sich Lüppo Buss ein, wie reizvoll er Nicole fand. Wenn er Ulfert Janssen tatsächlich beneidete, dann auf keinen Fall um sein materielles Erbe. Das war so klar, dass es ihm Schuldgefühle verursachte, denn so dachte man schließlich nicht an eine verheiratete Frau.

Mit seiner Einstellung zu der hochgewachsenen Blonden aber stand der Inselkommissar allein. Ulfert Janssens Frau war auf Langeoog allgemein unbeliebt. Hochnäsig, raffgierig, zickig – um nur eine kleine Auswahl der Injurien herauszugreifen, mit denen die einschlägigen Straßenecken- und Stammtischgespräche der »echten« Insulaner gespickt waren. Eine »Zugereiste« hatte es immer schwer in solch einer engen Gemeinschaft, die durch eine lange Geschichte, viele gemeinsam durchlebte Gefahren und einträgliche Geschäfte zusammengeschmiedet war bis zur Unzugänglichkeit. Trotzdem, wer sich ernsthaft bemühte, auf der Insel Fuß zu fassen, und nicht gleich jede Regel brach und in jeden Fettnapf latschte, der wurde nach einiger Zeit gewöhnlich auch akzeptiert. Beispiele dafür gab es genug. Bis zur echten Zugehörigkeit war es dann noch ein langer Weg, aber immerhin, es war machbar.

Nicht aber für Nicole Janssen. Fast alle Insulaner waren sich einig in der Ablehnung ihrer Person – so viel Einigkeit kam sonst selten vor. Dabei gab es eigentlich nichts Konkretes, was ihr vorzuwerfen gewesen wäre. Haare auf den Zähnen und den Ehemann unterm Pantoffel hatten andere Insulanerinnen auch, und auf Langeoog oder wenigstens in Ostfriesland geboren waren sie längst nicht alle. Nicole Janssen stammte aus Hessen. Weit weg, sicher, aber nein, daran allein lag es auch nicht. Die öffentliche Inselmeinung über sie war vielmehr ein Mosaik, das, in seine Bestandteile aufgelöst, unkenntlich wurde. Nur die Gemeinsamkeit der Kleinigkeiten ergab das Bild. Und das war eindeutig. Eindeutig negativ.

Obwohl sie andererseits doch Tant' Lüti »zu Tode gepflegt« hatte, wie man das hier so schön ausdrückte. Genau so, wie man es von einer nahen weiblichen Verwandten erwartete. Eigentlich hätte diese Erfüllung des Rollenbildes doch reichen müssen, um Nicole zumindest Akzeptanz, wenn schon nicht Anerkennung unter den Insulanern zu verschaffen. Davon aber war nichts zu spüren. Nein, gerecht war das nicht. Aber es war eben so.

Der Polizist war schon halb am Janssen-Haus vorbei, als er aus den Augenwinkeln Ulfert erspähte, der gerade aus dem seitlich gelegenen Hintereingang trat. Pusselte offenbar gerade ein bisschen herum, jedenfalls schien er irgendetwas zu tragen. Lüppo Buss überlegte kurz, dann zog er die Bremshebel und drückte sein Rad in eine 180-Grad-Kurve. Die Befragung der Vermieter hatte zwar dieser Stahnke übernommen, aber der war damit bestimmt noch nicht durch, angesichts der großen Zahl der Infragekommenden, seiner dicken Wampe und der Tatsache, dass er ohne Fahrrad unterwegs war. Eigentlich hätte ich ihm ruhig den Tipp geben können, sich beim Verleiher eins zu besorgen, dachte der Kommissar. Nicht dran gedacht, Mist. Aber wie auch immer, da konnte er ihm wenigstens Vermieter Ulfert Janssen abnehmen. Vielleicht gab es ja außerdem noch etwas über die bevorstehende Beerdigung zu erfahren.

Mit geschickten, oft geübten Gewichtsverlagerungen ließ er sein Fahrrad über den Bordstein hüpfen, ohne die kostbaren Felgen zu gefährden, und rollte in die gepflasterte Lohne hinein, die sich längs des Janssenschen Anwesens hinzog. Trotz der Länge des Gebäudes dauerte es nur Sekunden, bis er direkt neben Ulfert Janssen zum Stehen kam.

Der hatte den Polizisten nicht kommen sehen und fuhr zusammen, als direkt neben ihm ein Reifenpaar über die Steine radierte. Der Packen Zeitschriften, den er unter dem rechten Arm trug, drohte ihm zu entgleiten; hastig machte er einen Ausfallschritt und fasste nach, das Gesicht vor Anstrengung verzerrt.

»Moin, Ulfert«, grüßte Lüppo Buss. »Musst aber nicht gleich mit Papier schmeißen, nur weil ich komme. Konfettiparade ist nicht nötig, noch haben wir den Kerl leider nicht.«

Ulfert Janssen stützte den Packen auf seine Hüfte und wischte sich die Stirn. »Der Mädchenmörder, was? Na, sieh mal zu, dass du die Sau zu fassen kriegst.« Sein vom

Nordseewind gewöhnlich rosa getöntes Gesicht war dunkel angelaufen. Offenbar hatte er schon kräftig geschuftet.

»Soll wohl«, sagte der Kommissar indifferent. »Tue, was ich kann. Bin aber im Moment ganz alleine, das heißt, bis auf diesen Urlauber, einen Kollegen aus Leer, der mir hilft. Allzu viel ist auf diese Art nicht zu reißen.«

»Der dicke Typ, was? Der so ähnlich aussieht wie der, den ihr sucht?« Ulfert Janssen trat einen Schritt zurück und lehnte sich an das Geländer, das die Stufen zur Hintertür sicherte. Die Zeitschriften hielt er immer noch umklammert. »Ist schon hier gewesen. Mufflig ohne Ende. Ein richtiger Bulle, dieser Klops.«

Lüppo Buss beschloss, die Bemerkung als Kompliment an die eigene Adresse zu verbuchen, und grinste. »Was soll's. Hast du ihm denn helfen können?«

Ulfert Janssen schüttelte den Kopf. »Nee. An so einen kann ich mich nicht erinnern. Was nicht heißen soll, dass der nicht vielleicht doch in einer unserer Wohnungen abgestiegen ist, aber ich selber hatte jedenfalls nicht mit ihm zu tun.« Er sicherte das Altpapier mit dem linken Knie, zog mit seiner freien Hand ein zerknülltes Taschentuch aus seiner ausgebeulten Hosentasche und tupfte sich erneut die rotglänzende Stirn.

Aus dieser Perspektive hatte er das herrschaftliche Haus der Janssens lange nicht mehr gesehen, überlegte Lüppo Buss, der die Schweißpause für einen Routine-Rundblick nutzte. Auch von hinten wirkte das Gebäude eindrucksvoll. Das Drumherum allerdings ließ hier am Achtersteven doch zu wünschen übrig. Eindeutig Ulferts Gerümpeldepot. Rund um den Müllcontainer machte sich nicht nur kniehohes Unkraut breit, auch pralle Plastiksäcke, zerdrückte Pappkartons und mit Bohntjeband verschnürte Zeitungspacken lagen in malerischer Beliebigkeit herum. Dicht am Zaun stand sogar ein alter Farbeimer, aus dem große Glasscherben ragten, offenbar bis zur endgültigen Entsorgung achtlos hier zwischengelagert. Eine richtige Schmuddelecke, fand Lüppo Buss. Tant' Lüti hätte zu ihrer Zeit so etwas jedenfalls nicht geduldet.

Zur ihrer Zeit? So lange war die noch gar nicht her.

Das brachte ihn zurück auf den Anlass seiner Stippvisite. »Sag mal, Ulfert, ist denn schon alles geregelt wegen morgen?«

»Alles geregelt.« Ulfert hatte sein Taschentuch verstaut und nickte eifrig mit nunmehr trockenem, aber immer noch gerötetem Kopf. »Elf Uhr Trauerfeier in der Kapelle am Dünenfriedhof, mit Chor und so. Pastor spricht, Bürgermeister spricht, Kurdirektor auch. Danach zum Grab, kleine Ansprache, tja, und anschließend große Teetafel im Hotel Seeblick. Passen wohl gar nicht alle in den Saal, macht aber nichts, die decken auch im kleinen Salon und im Wintergarten. Jo, so is dat.«

Lüppo Buss nickte im Gleichtakt. Jo, so war das wohl. Teetafel mit Butterkuchen, dem unvermeidlichen »Freud-und-Leid-Kuchen«, das war Standard, das war in Ordnung, ganz egal, ob die Leiche zu Lebzeiten arm oder reich gewesen war. Den gewissen Unterschied musste man nicht eigens betonen, den kannten sowieso alle.

Ulfert hielt mit Nicken inne. Er schien sich der Zeitschriften zu entsinnen, die er eigentlich längst bei ihresgleichen hatte deponieren wollen, und setzte sich in Bewegung. Sofort schoss ihm der Schweiß wieder aus allen Poren. Anscheinend waren die Ereignisse der jüngsten Zeit doch zu viel für ihn gewesen. Ulfert Janssen hatte sich übernommen; jetzt war er fertig, richtiggehend platt. Jedenfalls sah er so aus.

»Komm, gib her«, sagte Lüppo Buss und griff zu. »Ich nehm dir das ab. Da drüben soll's hin, was? Zu dem anderen, äh, Krempel?«

Ulfert nickte fahrig und wedelte unbestimmt mit der Hand in Richtung Container. Er schien froh zu sein, dass er seine Geländerstütze nicht verlassen musste.

Die Zeitschriften waren nur nachlässig zusammengebunden, und Lüppo Buss musste aufpassen, um die Hefte nicht über den Hinterhof zu verteilen. Die glatten Hochglanzmagazine fächerten sich ganz von alleine zwischen seinen Fingern auf. Entblößte Zahnreihen, Schenkel und Bäuche blitzten ihn an.

»Was ist denn das überhaupt, Ulfert?«, grinste er. »Pornos? Ist Nicole dir draufgekommen, dass du heimlich Handarbeiten machst?« Der Inselpolizist feixte: »Gestern noch Coupé, morgen schon Playboy – Kultur ist, wenn man sich's leisten kann.«

»Blödsinn«, widersprach Ulfert Janssen matt.

Tatsächlich, der Anschein trog, stellte Lüppo Buss fest. Keine Softpornos, trotz der vielen halbnackten Miezen, sondern – Automagazine. Oldtimer-Parade, Klassiker-Revue, Die Karossen der Bosse. Da fehlte nichts, was edel und teuer war. Sieh an, dachte der Kommissar, Ulfert muss ja gar nicht erst einen exklusiven und teuren Geschmack entwickeln. Den hat er schon.

»Seit wann interessierst du dich denn für alte Autos?«, fragte er, während er den Papierpacken vorsichtig zwischen den anderen ablegte. »Komisches Hobby für einen Insulaner. Ich wusste nicht mal, dass du einen Führerschein hast.«

»Klar habe ich den Schein.« Ulfert Janssen klang beleidigt. »Schon längst. Kaum dass ich achtzehn war, habe ich den gemacht.«

»Na, das ist ja auch schon ein Weilchen her«, sagte Lüppo Buss. »Fünfzehn, sechzehn Jahre, oder? Kannst du denn überhaupt noch fahren? So etwas verlernt man ja mit der Zeit.«

»Und ob ich Fahrpraxis habe!« Jetzt ging es dem Hausherrn eindeutig gegen die Ehre. »Alle paar Wochen fahre ich. Immer, wenn wir zum Einkaufen auf dem Festland sind. Von Esens nach Wittmund, nach Leer, auch bis nach Oldenburg.« Er reckte den Hals: »Einmal sogar bis nach Hamburg!«

»Ach.« Der Kommissar gab sich beeindruckt. Das glaubte er Ulfert Janssen schuldig zu sein; schließlich hatte er ihn nicht kränken wollen. »Interessant. Und womit fährst du, wenn du fährst?«

»Wie?« Es dauerte einen Moment, bis Ulfert Janssen antwortete: »Ach so. Ich, äh, wir haben – einen Wagen. Einen eigenen. Auf dem Festland natürlich. Haben ja auch eine Wohnung da. In Esens, meine ich. Mit Garage.« Er nickte heftig. »Genau. Garage mit eigenem Wagen.«

Während seines holprigen Monologs hatte sich Ulfert Janssens Gesicht zusehends dunkler gefärbt. So dunkel, dass Lüppo Buss sich ernsthaft Sorgen zu machen begann. Aber er kam nicht dazu, dieser Sorge Ausdruck zu verleihen, denn plötzlich wurde es von der Straße her laut.

Auch Ulfert Janssen merkte auf: »Was ist? Was haben die Leute denn da zu bölken?«

Fußgetrappel ertönte und kam näher. Die Rufe wurden lauter. »Sie haben sie gefunden! Am Strand! Sie haben sie gefunden!«

Eine schrille Stimme fuhr dazwischen: »Polizei! Holt doch die Polizei!«

Lüppo Buss wirbelte sein Fahrrad herum, ließ Ulfert stehen, setzte den linken Fuß aufs Pedal und war mit zwei kräftigen Tritten aus der Lohne heraus. Draußen liefen aufgeregte Menschen durcheinander. Der Inselpolizist stoppte; ein barfüßiger älterer Mann, der in einem prallen, kakelbunten Trainingsanzug aus Kunststoff steckte, rannte ihn fast um. Lüppo Buss riss seine Dienstmütze aus dem Gepäckkorb. »Polizei!«, rief er, so laut er konnte. »Was ist hier los? Bericht!«

Im Nu war er von keuchenden Touristen umringt. »Am Strand«, stieß einer von ihnen hervor. »Da hinten, am Strand, weiter im Osten! Halb von Sand bedeckt.«

»Im Osten also. Und was ist da?«

Der Mann bekam kugelrunde Augen. Sein Schnauzbart bebte. »Sie ist tot, Herr Wachtmeister!«

Sein Nebenmann stieß ihn beiseite: »Wir haben's mit eigenen Augen gesehen. Eine Leiche, ich schwöre!«

»Das Mädchen, das Sie suchen!« Eine dritte Stimme schaltete sich von weiter hinten ein: »Umgebracht!«

Lüppo Buss glaubte zu spüren, wie eine eiskalte Hand nach seinem Magen grabschte, ohne sich darum zu scheren, dass der doch mitten in seinem Körper steckte. Dem Drang, sich zusammenzukrümmen, widerstand er nur mühsam. »Können Sie mir die Stelle zeigen?«, stieß er hervor.

»Ja doch. Kommen Sie mit.«

Eine bunte Karawane setzte sich in Bewegung.

16.

Stephanie stolperte mehr vorwärts, als dass sie lief, tränenblind wie sie war. Sie folgte einfach dem lärmenden Tross, hakte sich bei wildfremden Menschen ein, ließ sich mitziehen und -schieben. Durch die Heerenhusdünen in Richtung Surfstrand, dann ostwärts durchs Pirolatal, der Melhörndüne zu und dem sich immer weiter verdüsternden Himmel darüber. Irgendwo dort, das wusste sie, befand sich die Jugendherberge, noch weiter östlich die Vogelkolonie und ganz am jenseitigen Ende der Insel die Seehund-Beobachtungsplattform. Hoffentlich mussten sie nicht ganz bis dorthin gehen. Das waren etliche Kilometer.

Jedes Mal, wenn sie glatten, ebenen Boden unter den Füßen spürte, schritt sie mit ihren langen Beinen weit aus, um sich nach und nach an die Spitze des Heerzuges der Schaulustigen vorzuarbeiten, obgleich sie der Gedanke an das, was sie dort letztlich vorfinden würde, in blanke Panik versetzte. Hilke tot! Nicht gerade eine Freundin, aber doch eine Bekannte, eine Schulkameradin. Eine Jugendliche wie sie, nur wenig älter!

In diesem Alter hielt man sich für unverwundbar und unsterblich, der Glaube daran war weit verbreitet und felsenfest, er manifestierte sich täglich tausendfach, zum Beispiel im sorglosen Verhalten im Straßenverkehr und im leichtfertigen Umgang mit handelsüblichen Einstiegs- drogen, und es gab wenig, was ihn erschüttern konnte. Wie zum Beispiel der Tod einer Gleichaltrigen.

Stephanies Weltbild wankte.

Zwei ausladende Gesäße gingen direkt vor ihr auf Tuchfühlung und hemmten ihren Vorwärtsdrang. »Keer, hier is wat los! Hasse auch die Kamera mit?«, tönte es in unverfälschtem Ruhrpott-Idiom. »Sonst glaub uns dat ja wieder kein Mensch. Is ja auch 'n Ding, hier auffe Insel, dat die sich sowat trauen!«

»Wat heißt denn trauen«, erwiderte eine nur unwesent- lich tiefere, männliche Stimme. »Lustmörder hasse eben überall, denen is dat doch egal, obse gerade inne City sind oder inne Ruhezone. Wenn denen die Hormone zu Kopp steigen, dann legen die los, dat kannze aber glauben. Na, hier kanner ja wenigstens nich wech, da wernse ihn ja hoffentlich schnell kriegen. Und wir haben zu Hause wat zu erzählen.«

»Genau«, knurrte der etwas weiblichere Bass, »außer du hass die Akkus vonne Videokamera wieder nicht aufgeladen. Hasse oder hasse nich?«

»Wieso ich? Hömma, dat kannze jetzt aber nicht …«

Die männlichere Hälfte des Urlauberpaares ging in Konfrontationsstellung und damit einige Zentimeter auf Distanz. Stephanie nutzte die Chance, trotzte der Gefahr, zwischen zwei klobigen Becken zermalmt zu werden, und zwängte sich mit zwei langen Schritten zwischen dem filmfreudigen Pärchen hindurch. Nur weg hier, dachte das Mädchen, nur weg von diesem schrecklichen Geschwätz. Weiter nach vorne. Auch wenn dort der wahre Schrecken wartete.

Wenigstens brauchte sie hier und jetzt vor dem Lustmörder keine Angst zu haben. Der hatte sein Opfer gefunden, hatte sich abreagiert, da würde ja einige Zeit vergehen, bis er wieder … Wie viel Zeit? Stephanie stellte fest, dass sie keine Ahnung hatte, wie oft und in welchen zeitlichen Abständen Triebtäter von ihren Trieben übermannt wurden. Hatte sie nicht irgendwo gelesen, dass die Abstände von Tat zu Tat immer kürzer wurden? So wie bei Tigern, die sich an einem Menschen vergriffen hatten und dann so süchtig nach dem Geschmack von Menschenfleisch wurden, dass sie immer wieder welche umbrachten, und zwar in immer schnellerer Folge. Stimmte das eigentlich, oder war das nur so ein Ammenmärchen? Wie auch immer, diesem lärmenden Heerzug hier würde sich wohl kein Lustmörder der Welt in einschlägiger Absicht nähern. Für den Moment also hatte sie nichts zu befürchten.

Aber wie lange?

»Nein, nicht Sylt. Langeoog! Lan – ge – oog!! Ja, das ist auch eine Insel in der Nordsee, aber vor Ostfriesland, nicht vor Schleswig-Holstein. Wie? Was? Was kann ich denn dafür, dass Sie Sylt besser kennen?! Der Mädchenmörder ist jedenfalls hier und nicht auf Ihrem dämlichen

Sylt. Also was ist jetzt, zahlen Sie ein Informantenhonorar oder nicht?« Der Mann neben Stephanie nahm für einen Moment sein Handy vom Kopf und rief seinem Nachbarn triumphierend zu: »Na also! Man muss den Brüdern nur zeigen, wo der Hammer hängt. Scheiß Blöd-Zeitung.« Dann presste er sich das winzige Gerät wieder ans Ohr.

Stephanie beschleunigte ihren Schritt noch ein bisschen, um der aufsteigenden Übelkeit zu entkommen. Erst als sie vor sich Lichtflecken über Weg, Strand und Dünen huschen sah, wurde sie wieder ein wenig langsamer. Weiter vorne als hier war nicht möglich, sonst hätte sie die Führung übernehmen müssen. Keine angenehme Vorstellung, zumal sie jetzt den befestigten Weg verlassen hatten und sich durch tiefen Dünensand zum Strand vorarbeiteten.

Bloß gut, dass jemand an Taschenlampen gedacht hatte, denn die Dunkelheit nahm jetzt rapide zu. Stephanie hob das Handgelenk und hielt sich ihre Armbanduhr dicht vor die Augen. Viertel vor neun. Es war eben doch schon Herbst.

Was für Typen waren das, die an Hilkes Tod verdienen wollten? Vermutlich die gleichen, die auf Autobahnen ihre Videokameras auf verblutende Unfallopfer richteten, anstatt Erste Hilfe zu leisten, und den Sanitätern mit ihren Autos die Zufahrt versperrten. Und wohl auch dieselben, die sich mit Begeisterung Fernsehserien anschauten, in denen Menschen hemmungslos vorgeführt, lächerlich gemacht, erniedrigt und bei intimen Handlungen bespitzelt wurden. Ganz gewöhnliche Menschen also. Hatte »gewöhnlich« nicht noch eine zweite Bedeutung?

»So, langsamer jetzt! Mal eben stopp da hinten! Hoppla, junge Frau.« Stephanie hatte den warnenden Ruf des Führenden überhört und war auf den Mann mit der Stablampe aufgelaufen. »Immer langsam mit den jungen Hoppepferdchen.« Der Walrossbart des Mannes bebte im

Bewusstsein seiner momentanen Autorität, seine Hand lag eindeutig zu lange und zu fest auf ihrer Schulter und drohte abwärts zu gleiten. Angewidert schüttelte sie sie ab.

»Zurückbleiben, alle anderen! Keiner geht jetzt noch einen Schritt weiter!« Der Unformierte mit der Mütze stellte das Fahrrad, das er die ganze Zeit über geschoben hatte, quer auf den Weg und kickte den Ständer herunter. »Hier ist die Grenze, kapiert? Und Sie zeigen mir jetzt mal, wo Sie das Mädchen gefunden haben.« Der letzte Satz galt dem Kerl mit der Lampe, der sich sofort eifrig ans Werk machte und den Lichtkegel systematisch über den sandigen Boden streichen ließ. Die Mitläufer machten gehorsam an der Barriere Halt, obwohl der Klappständer bereits in den lockeren Sand eingesunken und das Fahrrad umgefallen war. Der sandwurmartige Konvoi ballte sich zu einem erwartungsvoll tuschelnden Haufen.

Überrascht stellte Stephanie fest, dass der Lampenmann nicht auf der den Dünen zugewandten Seite des Strandes suchte, sondern am Spülsaum, also auf der Wasserseite. Wer würde denn eine Leiche dort ablegen, wo sie doch sofort entdeckt werden musste, statt sie in den Dünen zu verscharren, wo die Chance, dass das Verbrechen für längere Zeit oder sogar für immer unentdeckt blieb, doch weit größer war? Na ja, ein Verrückter vielleicht, entschied die Schülerin. Oder einer, dem daran gelegen war, dass seine Tat bekannt und damit beachtet wurde. Leute, die alles taten, nur um bemerkt und anerkannt zu werden, kannte Stephanie zur Genüge, und die meisten davon galten noch nicht einmal wirklich als bekloppt. Trotzdem kam ihr die Sache merkwürdig vor.

Was, wenn es nun gar nicht der mysteriöse dicke Mann war, der Hilke auf dem Gewissen hatte? Wenn etwas ganz anderes dahinter steckte? Wenn der Mord gar nicht sexuell motiviert war?

Plötzlich wurde ihr klar, dass sich dieser Gedanke schon seit Stunden durch ihr Hirn bohrte. Genau genommen seit ihrer letzten, höchst unerfreulichen Begegnung mit Wiebke, Theda und Sabrina. Natürlich, es gab noch ein anderes Motiv, das hier im Spiel sein konnte. Ein starkes, das sie lange unterschätzt, jetzt aber doch in seiner ganzen Tragweite erkannt hatte. Wie sollte sie es nennen – Eifersucht? Oder Konkurrenzkampf? Vielleicht eine Mischung aus beidem.

Trotzdem kam sie sich blöd vor, so etwas überhaupt zu denken. War es Wiebke denn wirklich zuzutrauen, eine Schulkameradin umzubringen, nur um deren Platz im Sopran, um deren Chor-Ticket nach Amerika zu ergaunern? Wo ihr doch das Singen und die Reise gar nicht so viel bedeuteten?

Tja, das sagte sie jedenfalls. Aber das musste ja nicht unbedingt die Wahrheit sein, überlegte Stephanie. Was, wenn Wiebke ihre Tat schon seit längerem geplant hatte? Dann war es ja nur logisch, nach außen hin den Anschein zu erwecken, als sei sie an dem, was es hier zu erkämpfen und zu gewinnen gab, überhaupt nicht ernsthaft interessiert.

Aber welche Reise, welcher künstlerische Erfolg war denn überhaupt einen Mord wert? Der Gastauftritt eines Schulchors? Blödsinn. Oder – na ja, es sei denn, man fasste ihn als Einstieg auf, als Chance, sich zu beweisen und anzubieten, als erste Stufe einer angepeilten Karriere. Aber strebte Wiebke so eine Karriere wirklich an? Unwahrscheinlich. Und wenn, dann war das wohl eher utopisch.

Und war Wiebke zu solch einer Tat überhaupt in der Lage? Klar, ihrem losen Mundwerk und ihrem unterirdischen Wortschatz nach zu urteilen ... aber gerade das sprach doch eher dagegen. Große Klappe, nichts dahinter – das war eine der Weisheiten, auf die man sich gewöhnlich verlassen konnte.

Insgesamt also keine überzeugende Theorie, fand Stephanie und schüttelte unwillkürlich ihre hellblonde Mähne. Vermutlich handelte es sich wohl doch um die Tat des fetten Lustmörders.

Es sei denn …

Theda!

Stephanie schlug sich mit der flachen Hand an die Stirn. Na klar, na sonnenklar! All das, was auf Wiebke nicht passen wollte, traf doch auf Theda voll und ganz zu. Sie war eine Streberin, vielleicht sogar krankhaft ehrgeizig, sie war auf den Platz im Chor und die Amerikareise mächtig versessen, so sehr, dass sie alles dafür tun würde! Vielleicht hätte sie sogar mit dem alten Heiden gepennt, wenn Sabrina ihr nicht zuvorgekommen wäre.

Und Theda hatte tatsächlich Ambitionen auf eine Karriere als Sängerin, auch wenn ihr Talent nicht gerade ins Auge stach. Oder vielmehr ins Ohr. Jedenfalls wäre ihr das US-Ticket eine ganze Menge wert gewesen. Vielleicht sogar einen Mord. Den Mord an Hilke Smit.

Höllisches Pech, dass ihr das nichts genützt hatte. Dass der freie Platz nicht an sie, sondern an Wiebke gegangen war. Das war wirklich höchst …

Ja, was? Was bedeutete das? Stephanie zwang sich, den Gedanken zu Ende zu denken. Was folgte aus Thedas Misserfolg? Ein Zusammenbruch mit anschließendem Geständnis? Oder – ein zweiter Mord?

»Hier! Hier ist es!« Der Schrei des Mannes mit der Lampe schreckte sie aus ihren finsteren Gedanken auf. »Hier liegt sie!«

Schlagartig war es mit der Zurückhaltung der Gaffer vorbei. Die Masse drängte im Block vorwärts und drohte das Rad des Polizisten in den Sand zu walzen. Der Mann mit der Mütze warf sich dazwischen: »Stopp, verdammt! Stehen bleiben, sonst kriege ich euch wegen Behinderung der Polizeiarbeit dran, und zwar alle!« Behutsam hob er das Rad auf und brachte es hinter seinem Körper in Deckung.

Die Worte taten ihre Wirkung, der sensationslüsterne Tross kam murrend und murmelnd zum Stillstand, und der Beamte konnte sich endlich dem Flecken Sand zuwenden, der da im Lichtkegel der Stablampe mattweiß schimmerte. Eine flache, langgestreckte Kontur war zu erkennen. Eindeutig, dort lag etwas. Die Menge hielt kollektiv den Atem an.

Stephanie nutzte den Moment, da alle Augen nach vorne gerichtet waren, und setzte sich mit langen, leisen Schritten in Richtung Wasser seitlich vom Pulk der Beobachter ab. Jenseits des Spülsaums näherte sie sich geduckt dem Fundort. Anscheinend hatte niemand sie bemerkt, jedenfalls machte keiner Anstalten, ihrem Beispiel zu folgen. Gut so, denn eine Gaffer-Stampede hätte sie auf gar keinen Fall auslösen wollen.

Mit jedem Schritt, den sie näher herankam, konnte sie die Gestalt, die dort ausgestreckt lag, besser erkennen. Hell leuchtete sie im Lampenschein, dünn und schmal, wie gezeichnet. Von Kleidung keine Spur. Der Kopf schien in den Nacken geworfen, die Augen unnatürlich geweitet, der Mund klaffend aufgerissen wie zu einem letzten Schreckensschrei angesichts ihres Mörders. Oh Gott, Hilke! Stephanie schob sich eine Faust zwischen die Zähne und biss auf die Knöchel, um nicht laut loszuschreien.

Der Polizist schrie nicht. Klar, er war ja auch Profi und musste sich mit solchen Anblicken auskennen. Er stemmte nur die Fäuste in die Hüften, wohl aus Gewohnheit, um keine Spuren durch unbedachtes Befingern zu verwischen.

Und – er schüttelte den Kopf. Nanu?

»Hör mal«, sagte der Polizist zum Lampenträger, der ob seiner Entdeckung stolzgeschwellt dastand, »willst du mich verarschen?«

Vor Empörung schien der Mann um ein paar weitere Zentimeter zu wachsen. »Was soll das denn heißen?«, polterte er zurück. »Ich hab gesagt, hier liegt eine Leiche. Und liegt da nun eine Leiche, oder liegt da keine? Hä?«

»Das ist keine Leiche«, erwiderte der Beamte mit ruhiger Stimme, unter deren Klangoberfläche Stephanies gesangsgeschultes Ohr die rumpelnden, mühsam unterdrückten Schwingungen einer sich anbahnenden explosiven Eruption ausmachen konnte. »Das ist ein Skelett.«

Herrje, der Mann hatte recht. Dort, wo ihre Angst und ihre Erwartung ihr Hilkes nackten, entstellten Körper vorgegaukelt hatten, lag in Wahrheit ein Gerippe. Aus der Entfernung und bei unzureichender Beleuchtung hatte man die Knochen durchaus für einen unbekleideten, dünnen Mädchenkörper halten können, aber jetzt, aus der Nähe und ohne von eigener Furcht diktierten Selbstbetrug, war die Sache klar. Gott sei Dank, das konnte also nicht Hilke sein, denn Piranhas gab es hier ja nicht, und die Möwen und das andere Getier, das es hier geben mochte, waren unmöglich dazu in der Lage, innerhalb eines einzigen Tages aus einer Leiche ein sauber poliertes Skelett zu machen. Wer auch immer dieser Bedauernswerte hier sein mochte, Hilke Smit war es auf keinen Fall.

Dem stolzen Finder war das egal. »Was soll das heißen, keine Leiche, sondern ein Skelett«, tönte er. »Tot ist doch tot, oder? Liegt halt schon etwas länger hier. Was kann ich denn dafür, wenn Ihnen das nicht in den Kram passt? Auf jeden Fall ist hier ein Mensch gestorben, und es ist doch wohl Ihre verdammte Pflicht und Aufgabe, sich darum zu kümmern, oder?«

»Schnauze, Blödmann!« Bumm. Da war sie, die Explosion. »Das hier ist kein Mensch. Das war auch niemals einer. Das ist das Skelett eines Seehunds. Wie blind muss man denn sein, um das nicht zu erkennen?!«

Der Mann sackte in sich zusammen wie ein angestochener Kunststofffender. Der Inselpolizist riss ihm die Stablampe aus der Hand und ließ den Lichtkegel der Länge nach über das Gerippe wandern. In der Tat, jetzt war es offenkundig – jetzt, da man es wusste. Keine Beine, keine Arme, dafür eine langgestreckte Wirbelsäule, weit länger als die jedes Menschen, und die Überreste von Brust- und Schwanzflossen. Eindeutig, das musste mal ein Mitglied der großen Robbenfamilie gewesen sein. Der Schädel, halb vom weißen Sand zugeweht, schien sie aus großen, leeren Augenhöhlen vorwurfsvoll anzublicken. Ein anrührender Anblick. Aber eindeutig kein menschlicher.

Die Gaffermeute explodierte förmlich vor Schadenfreude. Lautes Hohngelächter schallte über den Strand und kam von den Dünen als Echo zurück. Es war, als lachte die ganze Insel über den armen Tropf, der einen Seehund nicht von einem Menschen unterscheiden konnte. Stephanie bedauerte den Mann, der seine Hände in die Hosentaschen rammte und sich verkrümelte, ohne auch nur seine Lampe zurückzuverlangen.

Und sie? Beinahe hätte sie sich ebenso unsterblich blamiert wie dieser voreilige Tourist. Bloß gut, dass sie ihren unsinnigen Verdacht noch niemandem hatte erzählen können. Hilke Smit, umgebracht von ihrer eigenen Schulkameradin! Wegen eines Tickets für eine Chorfahrt nach Amerika! Was für ein Schwachsinn. So etwas passierte doch nicht. Für so etwas beging doch keiner ein

Kapitalverbrechen. Nie im Leben. Und vermutlich hatte es ja auch überhaupt keinen Mord gegeben. Jedenfalls …

In ihre Gedanken und die verebbenden Lachsalven der langsam abrückenden Schaulustigen hinein ertönte das Signal eines Handys. Realsound: »Schieb den Wal«, der Refrain des Songs »Walkampf« von den Toten Hosen. Stephanie war überrascht, als sie sah, wie der Polizist sein Mobiltelefon aus der Tasche fingerte und den Annahmeknopf drückte.

»Ja?«

Der Beamte hatte die Lampe ausgeknipst und war gegen die fast schon nachtdunkle Kimm nur noch als schemenhafte Silhouette auszumachen. Standbild im Sand mit Handy am Ohr.

»Oh.« Der Mann lauschte angespannt. Auch Stephanie rührte sich nicht. Irgendetwas gab ihr das Gefühl, dass dies hier sie etwas anging. Mehr als ein Seehundgerippe.

Der Polizist fragte: »Lebt das Mädchen denn noch?«

Da wusste sie, dass ihr Gefühl sie nicht getrogen hatte.

»Schöner Mist«, sagte der Polizist. »Ich komme.«

Mit einer fließenden Bewegung steckte er das Handy ein und lief los, so schnell, dass Stephanie ihm nicht mehr ausweichen konnte.

Der Mann stutzte: »Was machst du denn hier?« Und dann, noch ehe sie eine Antwort stammeln konnte: »Gehörst du etwa auch zu diesem Chor vom Festland?«

Stephanie nickte, eine Geste, die dank ihres mitschwingenden blonden Haarschopfes auch in der Dunkelheit gut zu erkennen war.

»Dann kommst du am besten gleich mit«, sagte der Beamte, ergriff ihren Arm und zog sie mit sich. »Bist du schon mal auf dem Gepäckträger mitgefahren?«

»Natürlich, schon oft«, erwiderte Stephanie, ohne darüber nachzudenken, mit wem sie hier redete.

103

»Gut«, sagte der Polizist, dem es offenbar ganz ähnlich ging. Die Taschenlampe, die er wieder angeknipst hatte, riss das Fahrrad aus der Schwärze der hereinbrechenden Nacht heraus. Den Bruchteil einer Sekunde lang zögerte er, dann entfernte er den Gepäckkorb und warf ihn in den Sand.

»Los, aufsitzen«, kommandierte er, während er sein Bein über den Sattel schwang. »Wir haben keine Zeit zu verlieren.«

17.

Als er die Augen aufschlug, blieb es dunkel um ihn, und sein Rücken war eiskalt und schmerzte. Er wusste nicht, wie spät es war, er wusste nicht, wo er war und er wusste nicht, wer er war. Oh Gott, es ist schon wieder passiert, schoss es ihm durch den Kopf. Aber genau dieser Gedanke war es, der ihn ein wenig beruhigte. Wenigstens daran, dass er sein Gedächtnis verloren hatte, konnte er sich erinnern. Wenn auch nicht an viel mehr.

Er versuchte sich aufzurichten, was ohne Zuhilfenahme der Arme nicht ging, dafür war er einfach zu dick. Seine Schultern schmerzten, als er die Arme nach hinten bog; offenbar war sein ganzer Körper völlig verspannt und verkrampft. Seine Handflächen berührten eine spiegelglatte, kalte Fläche. Eis? Gütiger Gott, wie viel Zeit war denn vergangen, seit er sich zum Schlafen hingelegt hatte?

Nein, kein Eis. Das war Stein, polierter Stein. Kein Wunder, dass sein Rücken so weh tat. Warum zum Henker hatte er sich denn ausgerechnet auf einer Steinplatte hingelegt? Und wo gab es überhaupt polierte Steinplatten, auf denen man sich ausstrecken konnte?

Ächzend stemmte er seinen Oberkörper in die Höhe. Kühler Wind umfächelte die von unterdrückter Panik erhitzte Haut seines Gesichts, und das Rauschen von Wellen und Zweigen, das ihn so beständig umgab, dass er es kaum noch wahrnahm, schwoll ein wenig an. Wo war er hier? Immer noch auf dieser Insel, klar, aber wo genau? Daran wenigstens müsste er sich doch noch erinnern. Oder war ihm etwa schon wieder ein Stückchen Gedächtnis abhanden gekommen? War denn schon wieder etwas passiert?

Der Strand. Das kleine Mädchen. Seine Flucht in die Dünen. Das ungleiche Pärchen und der hinkende Mann. Alles noch da. Und dann? Richtig, der geklaute Trainingsanzug. Er betastete Brust und Beine: Ja, den hatte er noch an. Lila Kunststoff mit schwarz-rot-goldenen Applikationen. Verwundert blinzelte er: Tatsächlich, er konnte etwas sehen. Der Himmel, vorhin noch tiefschwarz, hatte einen schwachen Grauton angenommen. Vermutlich war irgendwo im Verborgenen ein Stückchen Mond aufgegangen.

Dann müsste er doch auch …

Vorsichtig wälzte er sich herum, schob ein Bein über den Rand seiner steinernen Liegefläche, tastete mit der nackten Fußsohle, spürte kühlen Sand und Muschelschalenstückchen, zog das andere Bein nach und erhob sich.

Und erstarrte.

Das, worauf er gelegen und geschlafen hatte, war ein Grab. Eins mit waagerecht liegendem Grabstein – oder war es eine Grabplatte? Der schwarze, glatte Basalt schimmerte geheimnisvoll, goldene Buchstaben blinkten aus gemeißelten Rinnen. Den dicken Mann fröstelte es. Ihm war, als habe der Stein all seine Lebenswärme aus ihm herausgesogen.

Er beugte sich dicht über die Platte, die sich noch immer so kalt anfühlte, als habe sie an seinem bisschen Leben noch lange nicht genug. Ein Männername stand dort in großen Frakturbuchstaben. Und darunter, etwas kleiner, im schwachen Widerschein des Himmels und mit Hilfe seiner tastenden Hände eben noch zu entziffern: »Auf ewig unvergessen«.

Unvergessen. Ewig. Der dicke Mann hörte sich leise, aber herzhaft fluchen und staunte über seinen eigenen Wortschatz. Donnerwetter, ganz schön saftig, was da an verbalem Ausschuss aus seinem Munde quoll. Wo lernte man so etwas? In akkuraten Amtsstuben oder biederen Büros sicher nicht.

Wo kam er bloß her? Wo war er vorher gewesen? Und wie kam er auf diesen gottverdammten Friedhof?

Der Wasserturm fiel ihm wieder ein. Weiß, achteckig, mit Wespentaille unterhalb der ausladenden Brust, obendrauf ein flacher Hut aus roten Dachziegeln und ein kokettes kleines Türmchen. Und ein Kreuz, vielleicht als Blitzableiter, vielleicht als Versicherung gegen ganz andere Mächte gedacht. Insulaner galten nicht gerade als sonderlich gottesfürchtig, aber sie sicherten sich gerne nach allen Seiten ab. Wie alle Pharisäer. Ha! Er hatte keine Ahnung, woher dieser Gedanke nun wieder kam. Hoffentlich aber waren dort noch mehr. Und brauchbarere.

Zum Beispiel dieser: Am Wasserturm hatte er gestanden, weil er ins Dorf wollte. Um zu suchen. Wonach? Nach einem Zimmer. Seinem Zimmer, dem Zimmer mit seinem Koffer drin. Genau, jetzt wusste er es wieder. Er hatte sich ein Herz gefasst und war losmarschiert.

Tja. Und jetzt war er hier. Was aber war dazwischen geschehen? Sein inneres Auge schien in eine Nebelbank zu blicken. Oder auf die grauen Schlieren auf einer flüchtig gewischten Wandtafel.

Halt, da war noch etwas. Flüchtige Bilder: Die Hauptstraße, das Rathaus, die Touristeninformation. Möwenweg, Vormann-Otten-Weg, Am Wall. Backsteinhäuser, neue und alte, mit Schildern davor, Gästezimmer, Pensionen, Wohnanlagen. Auch Häuser ohne Schilder, aber die waren uninteressant gewesen. Er war ja Gast hier auf dieser Insel, darum hatte er nach Häusern mit Schildern davor oder daran gesucht, Häusern mit Namen, mit Zimmern darin. Zimmer für Gäste. Nach dem Zimmer mit seinem Koffer drin. Aber er hatte es nicht gefunden.

Doch, er hatte etwas gefunden. Plötzlich wusste er es wieder. Er hatte Erfolg gehabt. Hatte etwas gesehen, etwas wiedererkannt. Er musste seinem Koffer ganz nahe gewesen sein. Seinem Koffer und damit seinem ganzen früheren Leben. Also sich selbst.

Aber er war nicht herangekommen. Verdammt noch mal, warum denn nicht?

Panik. Er war in Panik geraten. Plötzlich war seine Furcht wieder da gewesen, die Furcht, die er so mühsam unterdrückt hatte, als er sich aus den Dünen hervor ins Dorf gewagt hatte. Irgendetwas hatte sie herausgelassen, ihr Tür und Tor geöffnet, so dass sie ihn hinterrücks anspringen konnte. Was?

Schreie. Gebrüll. Rennende Menschen. Sie kamen auf ihn zu, stürmten auf ihn ein. Und Polizei. Auf einmal war da dieser Polizist gewesen, einer auf einem Fahrrad, und hatte ihn angebrüllt. Da war er gerannt, erfüllt von Panik und der Angst, erkannt worden zu sein.

Die Schreie der Menschenmenge, die in seinem Kopf widerhallten, begannen sich nach und nach voneinander zu lösen wie die Fasern eines alten Taus. Seine zögernd zurückkehrende Erinnerung ribbelte Worte, halbe Sätze aus dem Gewebe des Lärmteppichs heraus. Von einer

Leiche war die Rede gewesen, von einem toten Mädchen, das man gefunden hatte. Ermordet, irgendwo am Strand.

Das Blut. Oh Gott, das Blut an seinen Händen. Befürchtet hatte er es ja schon, aber nicht geglaubt. Also doch.

Er musste gerannt sein wie ein Wahnsinniger. Ein Wunder, dass niemand ihn aufgehalten hatte. Er schien die Richtung zum Ortsrand eingeschlagen zu haben. Zum Dünengürtel auf der anderen Seite. Hierher. Auf den Friedhof. Was für ein Glück.

Hier passte er her. Am besten, er blieb gleich an Ort und Stelle. Wo sollte er auch sonst wohl hin? Und wie sollte er als Mörder überhaupt weiterleben?

Da war ein Geräusch. Hinter ihm hatte es gerade geraschelt. Er verharrte bewegungslos, immer noch leicht nach vorne geneigt, und lauschte angestrengt. Suchten sie noch nach ihm? Hatten sie ihn aufgespürt an diesem makabren Zufluchtsort, wohin man ihn gehetzt hatte und wo er besinnungslos zusammengebrochen war, auf einer Grabplatte, so, als hätte er sich am liebsten darunter verkrochen?

Jetzt war es wieder still, abgesehen vom Rauschen des Meeres und der Bäume und Büsche. Vielleicht hatte er sich ja getäuscht, und es war die ganze Zeit nichts anderes zu hören gewesen als das?

Aber doch, da war etwas, eindeutig. Diesmal allerdings aus einer anderen Richtung. Na wenn schon, wenigstens wusste er jetzt, dass er sich auf seine Sinne noch verlassen konnte. Ein Mörder mochte er ja sein, aber wenigstens war er noch nicht bekloppt.

Irgendwo hatte er mal gelesen, kein Mörder sei wirklich normal. Das sei in der Natur der Sache begründet; spätestens die Tat selbst sei dafür der Beweis. Blöde Klugscheißerei! Typisch, so etwas kam eben raus beim Lesen. Und ausgerechnet diesen Mist, den er jetzt gerade so nötig brauchte wie einen Kropf, musste sein dusseliges Gehirn aufheben! Als ob es nicht tausend Dinge gäbe, die man eher hätte konservieren sollen.

Nicht, dass er hätte sagen können, welche das waren … ja Kruzifix!

Und was, ganz nebenbei, war noch mal ein Kropf?

Mach du nur so weiter, sagte er sich. Mach nur schön so weiter. Dann beantwortet sich die Frage, ob du nun verrückt bist oder nicht, ganz von alleine. Dafür sorgst du schon.

Da war es wieder, das Geräusch. Genau genommen war es eine Ansammlung verschiedener Geräusche, deren Quellen relativ weit entfernt waren. Und sie kamen näher. Er konnte Stimmen unterscheiden, männliche und weibliche, die ungeordnet durcheinander brabbelten, er hörte Schritte, untermalt vom Knirschen des allgegenwärtigen Sandes. Da kamen welche. Eine ganze Menge Leute, so wie sich das anhörte. Und sie kamen auf ihn zu.

Ob das dieselbe Meute war, vor der er aus dem Ort hinaus auf diesen Friedhof hier geflüchtet war? Dann hätte ihn die Horde ja tatsächlich verfolgt und gehetzt, hätte sein Abtauchen auf dem Friedhof nicht bemerkt und wäre weitergelaufen, den Strand entlang bis zum Inselkap. Von dort kehrte sie jetzt zurück, müde und enttäuscht und absolut mieser Laune. Tatsächlich klangen die Stimmen, die immer deutlicher zu ihm herüberwehten, ziemlich missmutig.

Wehe, wenn diese Leute ihn hier erwischten!

Ein neues Geräusch mischte sich in das vorherrschende Trampeln und Brabbeln. Ein Knirschen im Sand, aber nicht von Füßen, sondern gleichmäßiger, wie von … einem Rad? Und es schien bereits viel näher zu sein als der Menschenpulk.

Ein Lichtschein wischte zu ihm herüber, leckte kurz

über sein Gesicht, kippte dann weg und erlosch. Eine Männerstimme fluchte leise, ein Mädchen quiekte unterdrückt. Verflucht, sie hatten ihn schon beinahe erreicht!

Der dicke Mann warf sich herum, setzte zum Sprint an, trat mit bloßen Zehen gegen die steinerne Einfassung des Grabes, auf dem er gelegen hatte, stieß sich den Knöchel und ging aufstöhnend zu Boden. Der rasende Schmerz raubte ihm beinahe die Besinnung, trotzdem hatte er das Gefühl, als sei wenigstens nichts gebrochen. Ein paar Sekunden warten, dann musste der Schmerz abklingen, und er konnte wieder aufstehen. Wichtige Sekunden, in denen die Verfolger näher kamen. Aber es ging nicht anders.

Das Stückchen Mond, das ihm vorhin die Grabinschrift enthüllt hatte, musste inzwischen hinter einer dichten, dunklen Wolke verschwunden sein. Jedenfalls war es stockfinster um ihn herum. Das würde sein Vorwärtskommen nicht eben erleichtern, aber auch seine Verfolger hatten es unter diesen Umständen nicht leicht. Insgesamt war die Finsternis eher ein Vorteil für ihn.

Plötzlich huschte jemand an ihm vorbei, ganz nah, kaum mehr als eine Armeslänge entfernt. Sand und Muschelschalen knirschten, der Erdboden vibrierte leicht, etwas plumpste zu Boden, dann war es vorbei wie ein Spuk. Der dicke Mann rang nach Atem.

War denn der Fahrradfahrer etwa schon hier? Nein, ausgeschlossen, der war auf dem rutschigen Muschelkies zu Boden gegangen, hatte sich und sein Fahrzeug gerade erst wieder aufgerichtet und begann zu schieben, unterstützt von seiner Begleiterin. Das war unüberhörbar. Also musste das jemand anders gewesen sein. Kamen seine Verfolger jetzt schon von allen Seiten?

Aber wie ein Verfolger hatte sich der Huscher nicht benommen. Eher wie ein Verfolgter, selber darauf bedacht, nicht entdeckt zu werden. Merkwürdig. Gab es denn noch jemanden außer ihm, der über die Insel gehetzt wurde und sich auf dem Friedhof versteckte?

Da waren schon wieder Schritte. Hölle, der Kerl kam zurück!

Nein, doch nicht, das registrierte er im selben Moment. Dies waren leichtere Schritte, kürzere, nicht so weit ausholend wie die vorhin. Und auch nicht so regelmäßig. Da stolperte eine kleinere Person zwischen den Gräbern entlang. Nur die Richtung war die gleiche: Weg von dem herannahenden Menschenpulk. Ob das die Richtung zum Dorf war?

Der Schmerz war abgeklungen, der Radfahrer kämpfte immer noch um seine Standfestigkeit, und die Meute war noch nicht entscheidend näher gekommen. Der dicke Mann rappelte sich auf, tastete nach der Grabumrandung und setzte vorsichtig Fuß vor Fuß. Gewöhnlich ging es auf Friedhöfen geordnet zu, jedenfalls baulich gesehen. Gerade und winklig, wie auf einem Schachbrett. Hier aber schienen die Gräberreihen eher in Bögen angelegt zu sein, vermutlich dem natürlichen Verlauf der sie umgebenden Dünen folgend. Aber wenn er erst einmal heraus hatte, wie die Wege verliefen, musste er trotzdem relativ schnell vorwärts kommen können.

Da war etwas unter seiner Fußsohle, etwas Kaltes, Buckliges. Fühlte sich an wie eine Metallröhre. Schnell bückte er sich und griff danach. Tatsächlich, eine Taschenlampe! Die musste der vorbeihuschende Mann verloren haben. Ein Geschenk des Himmels.

Er legte seine breite Pranke über das Lampenglas, betätigte den Schalter und ließ ein wenig Licht zwischen seinen Fingern hindurch auf den Friedhofsboden fallen, gerade genügend, um einen Blick auf das maschenartige Geflecht der Wege zu erhaschen. Dann knipste er die Lampe wieder aus und setzte sich in Bewegung. Eigentlich dürfte keiner das kurze Aufblitzen bemerkt haben, sagte er sich.

Er ging langsam, immer mit der Sohlenkante nach der nächsten Grabeinfassung tastend, kam aber recht gut voran. Vom Fahrradfahrer und seiner Begleitung war nichts mehr zu hören; ihre Geräusche – falls sie gerade welche erzeugten – gingen im aufquellenden Lärmbrei der herannahenden Menschenmeute unter. Er hatte das Gefühl, allmählich eine schützende Distanz zwischen sich und seinen Verfolgern aufzubauen. Ein gutes Gefühl.

Da trat sein sondierender Fuß mit einem Mal in weiche, lockere Erde.

Er stockte. Der Weg schien hier verschüttet zu sein. Was mochte das sein – etwa Pflasterarbeiten?

Eher nicht, da gab es auf einem Friedhof Näherliegendes. Ihn schauderte wieder. Zum Glück neigte er nicht zum Aberglauben, jedenfalls hatte er ein deutliches Gefühl, dass dem so war. Aber ein offenes Grab nachts auf einem unbekannten Friedhof war dennoch eine harte Prüfung.

Er lauschte kurz, legte dann wieder seine Hand um den Lampenkopf und knipste das Licht an. Seine Finger ließen nur einen schmalen Spalt frei, wie bei den verdunkelten Scheinwerfern von Fahrzeugen während der Kriegszeit. Das bisschen Licht, das hindurchfallen konnte, reichte für seine ans Dunkel gewöhnten Augen völlig aus.

Da war ein Erdwall, dessen Ausläufer bis auf den Weg erodiert waren. Weiter rechts ein zweiter Wall, dazwischen das schwarz gähnende Loch einer rechteckigen Grube. Kein Zweifel, hier war ein Grab ausgehoben worden. Ein neues, eins für eine anstehende Beerdigung? Oder hatte man ein älteres Grab geöffnet, um eine Exhumierung vorzunehmen, weil es einen vermeintlich natürlichen Todesfall im Nachhinein zu untersuchen galt?

Begriffe, die ihm etwas zu sagen schienen. Hatte er etwa mit so etwas früher schon zu tun gehabt? War er womöglich Arzt, ein Pathologe vielleicht? Oder gar ein Kriminalist?

Vielleicht auch ein Totengräber.

Eine ebenso undefinierbare wie unbezähmbare Neugier, die stärker war als sein Fluchtinstinkt, trieb ihn näher an die Grube heran. Er scheute sich, in die weiche Erde zu treten, stellte dann aber fest, dass er offenbar nicht der Erste war, der das tat, und verwarf seine Bedenken.

Jenseits des Erdwalls lag eine breite Holzplanke dicht an der Grube, auf der anderen Seite eine zweite. Dort fanden die Sargträger sicheren Halt, wenn es galt, die schwere Holzkiste ihrer Bestimmung zuzuführen. Probeweise betrat er das Brett; vielleicht kam ihm die Berührung ja vertraut vor und weckte Erinnerungen. Aber im selben Augenblick, als er das raue, faserige Holz unter seiner Fußsohle spürte, war ihm klar, wie idiotisch dieser Gedanke war. Wer tapste denn jemals barfuß auf einem Friedhof herum?

Unten in der Grube lag etwas.

Seine erste Reaktion: Licht ausschalten. Dann der zweite Impuls: weglaufen! Überlagert und ausgelöscht vom dritten: Erst nachschauen. Klarheit gewinnen. Er musste wissen, was da unten lag, wenn er jemals erfahren wollte, wer er selber war. Ihm graute davor, aber es half nichts. Diesmal war Weglaufen einfach keine Lösung.

Er beugte sich über die Grube, blendete die Stablampe ab und schaltete das Licht ein.

Ein junges Mädchen lag da unten. Auf dem Rücken, die Beine leicht gespreizt, die Arme neben dem seitlich abgewendeten Kopf. Sie trug Sandalen an den bloßen Füßen, ihr kurzer Rock gab den größten Teil der gebräunten Schenkel frei, ihre Bluse klaffte über dem Bauchnabel offen. Der Körper lag regungslos.

Der dicke Mann knipste die Lampe aus, wühlte sich durch den Erdwall hindurch, erreichte den Friedhofsweg und stapfte davon, dem Ausgang zu. Tränen liefen ihm über die runden Wangen.

Erinnerung, dachte er, ohne Erinnerung kann keiner existieren. Aber wie soll ich nur mit dieser Erinnerung leben?

Er hätte einiges dafür gegeben, das, was er jetzt wusste, vergessen zu können.

18.

Ungeduldig zerrte Stahnke das Handy erneut aus seiner Brusttasche. Das aufleuchtende Display sorgte dafür, dass er wenigstens seine Hand wieder vor Augen sehen konnte. »Wo bleibt denn der Kerl«, knurrte er vor sich hin und drückte die Wahlwiederholungstaste. Eine lange Nummer erschien, der Ruf ging hinaus. Der Hauptkommissar presste sich das Gerät ans Ohr.

Ganz in der Nähe ertönte eine Melodie, die Stahnke erst kürzlich im Radio gehört hatte. Genau, im Autoradio, auf dem Weg nach Bensersiel, zur Fähre. Der Refrain war ihm aus naheliegenden Gründen im Gedächtnis geblieben: »Schieb den Wal zurück ins Meer«. Eigentlich beknackt, aber wenn er so bedachte, wie man sich in seinem Job manchmal fühlte, dann war das doch ein passendes Bild.

»Herrgott nochmal, wer ist denn das schon wieder«, schimpfte eine vertraute Stimme. Allerdings erklang sie nicht dort, wo er sie vermutet hätte, nämlich vor ihm, irgendwo im struppigen Niemandsland der Dünen.

Sondern hinter ihm. Offenbar hatte Lüppo Buss den Dünenfriedhof bereits erreicht.

»Hier, halt mal das Rad«, tönte das Organ des Inselpolizisten durch die Dunkelheit. »Da will wieder jemand was von mir.«

Stahnke erhob die Stimme: »Lassen Sie mal stecken, Herr Kollege. Hier bin ich! Warten Sie, ich komme zu Ihnen rüber.« In Ermangelung anderer Lichtquellen schwenkte er sein Handy über dem Kopf und trabte los.

»Ach, das Glühwürmchen da oben, das sind Sie?« Lüppo Buss klang erleichtert. »Wo sind Sie denn hochgeklettert? Auf das Denkmal? Falls Sie gedacht haben, ich komme mitten durch die Dünen geradelt, dann liegen Sie aber voll daneben. Das würde ich nicht einmal bei Tageslicht versuchen. Schließlich gibt es richtige Wege auf Langeoog.«

Eine kräftige Taschenlampe leuchtete auf, ein Lichtfleck huschte über Muschelsand und Gras und bekam Stahnkes Füße zu fassen, der zwecks besserer Übersicht auf eine der Dünen gestiegen war, die den Friedhof umgaben. Stolpernd und rutschend arbeitete sich der Hauptkommissar wieder von seinem Aussichtsposten herab.

Wenige Augenblicke später standen sich die beiden Polizisten gegenüber. Irritiert blickte Stahnke auf Stephanies blonde Mähne, die sich hinter seinem Kollegen aus der Dunkelheit schälte. »Wer ist das denn?«, fragte er ungehalten. »Und was ist das da hinten für ein Tumult?«

Die zurückflutende Menge von Schaulustigen war inzwischen vom Pirolatalweg in den Norderpad eingebogen und näherte sich der Seenotbeobachtungsstation, fast schon auf Höhe des Friedhofs. Es hatte den Anschein, als habe die Meute beschlossen, gemeinsam in den Ort einzufallen, um dort in irgendeiner Schänke das große Abenteuer angemessen zu begießen. Leiche oder nicht, immerhin hatte man mal etwas erlebt, und das war doch bestimmt eine Reihe von Bierchen wert.

»Gar nicht drum kümmern.« Lüppo Buss wedelte abschätzig mit der Hand. »Am Strand war Fehlalarm. Nur ein paar Seehundsknochen, keine Leiche. Das da sind bloß die selbsternannten Hilfssheriffs.« Er zeigte auf Stephanie: »Und dies hier ist eine Bekannte des echten Opfers. Die kann sie gleich identifizieren, dann haben wir das schon mal hinter uns.«

»Wie – woher …« Stahnke brach seinen Frageversuch ab: »Langeoog ist klein, stimmt's?«

»Manchmal ja, manchmal nein. Wenn man sich abends von einem Fußgänger zu einer Leiche führen lassen muss, die keine ist, kommt einem die Insel ganz schön groß vor.«

»Wahrscheinlich ist deswegen auch der Arzt noch nicht da«, sagte Stahnke. »Vielleicht rufen Sie ihn noch einmal an.«

»Wenn Fredermann gesagt hat, dass er kommt, dann kommt er auch«, gab Lüppo Buss zurück. »Nun zeigen Sie mir lieber erst einmal den Tatort. Hier, nehmen Sie die Lampe. Gehört sowieso nicht mir.«

Stahnke hob erstaunt die Augenbrauen, verzichtete dann aber lieber auf eine Nachfrage und griff nach dem schweren Metallrohr. Ein massives, gummiertes Ding, offenbar ein amerikanisches Fabrikat, so richtig was für Angeber. Lichtstark aber war es immerhin.

Stephanie hatte im Verlauf des Dialogs, der ihr unangemessen flapsig vorkam, immer weichere Knie bekommen. Gerade erst hatte sie sich mit dem Gedanken vertraut gemacht, dass Hilke Smit womöglich doch nicht tot war, dass auf Langeoog kein wahnsinniger Killer sein Unwesen trieb und sie keine ihrer Klassenkameradinnen des Mordes verdächtigen musste, da ging das zarte Gefühl der Erleichterung auch schon wieder in Fetzen. Und nicht nur das – die Konfrontation mit Hilkes Leiche stand unmittelbar bevor. Wieder einmal, diesmal aber wirklich.

Dieser blöde Bulle hatte es nicht einmal für nötig gehalten, sie vorzuwarnen, sondern sie einfach hergekarrt wie ein Gepäckstück. Wut mischte sich in ihre Angst und ihre Trauer. Warum ließ sie diesen – diesen Radfahrer nicht einfach stehen? Sollte er doch zusehen, wie er sein Tatopfer identifiziert bekam.

Aber der Gedanke, hier mutterseelenallein in der Dunkelheit zwischen Gräbern zurückzubleiben, behagte ihr ebenfalls nicht. Also trottete sie hinter den beiden Polizisten her, die dem Lichtschein der Lampe in die Friedhofsanlage hinein folgten.

Sie erreichten den fraglichen Ort schneller, als ihr lieb war. Stahnke, der mit der Stablampe die Führung übernommen hatte, machte abrupt Halt. »He, was ist denn das? Das war doch vorhin noch nicht.«

Stephanie sah vor allem ein offenes Grab, und das machte nicht den Eindruck, als sei es vor einigen Minuten noch nicht dort gewesen. Lag Hilke etwa da drin? War sie womöglich schon … und hatte man sie wieder ausgegraben? Ihr wurde schlecht. Richtig speiübel.

»Was genau meinen Sie?«, fragte Lüppo Buss. »Die Spuren da in der ausgehobenen Erde?«

»Genau die«, erwiderte Stahnke. »Das heißt, vorher waren auch schon welche drin. Habe ich gesehen, als mal kurz der Mond durch die Wolken gekommen ist. Wenn das nicht gewesen wäre, hätte ich wahrscheinlich auch den Körper da unten nicht entdeckt. Aber jetzt – gucken Sie mal, der vordere Wall ist ja richtiggehend zerwühlt. Da ist in der Zwischenzeit jemand durchgelaufen. Und zwar nicht gerade vorsichtig.«

»Vielleicht ist ja einer von den Toten auferstanden«, sagte Lüppo Buss.

Stephanie fasste es nicht. »Wie können Sie nur!«, fauchte sie den Polizisten mit halb erstickter Stimme an. »Mit so etwas macht man doch keine blöden Witze!« Plötzlich klang sie wie ihre eigene Religionslehrerin. Nie und nimmer hatte sie geglaubt, dass sie deren Phrasen jemals selber benutzen würde. Aber wenigstens hatte der Ärger ihre Übelkeit vertrieben.

Auch Stahnke bedachte Lüppo Buss mit einem strafenden Blick: »Von tot hat doch keiner was gesagt. Ich jedenfalls nicht.« Er gab den beiden einen Wink mit der Lampe: »Los, hier herum, an die Schmalseite. Dort liegt kein Aushub, da können wir auch keine Spuren verwischen. Vorsicht hier, macht mal einen großen Bogen.«

Stephanie verstand überhaupt nichts mehr. Nicht tot? Ja aber – wieso lag Hilke dann da unten im Grab? »Ist sie verletzt?«, stieß sie hervor.

»Ja«, bestätigte Stahnke. »Möglicherweise schwer. Sie atmet, flach zwar, aber regelmäßig. Möglicherweise jedoch hat sie innere Verletzungen davongetragen, auch Brüche sind nicht auszuschließen. Deshalb habe ich sie erst einmal da liegen lassen, wo ich sie gefunden habe. Besser, wenn der Arzt …«

Wie aufs Stichwort flammte eine zweite Lampe auf und nahm die Dreiergruppe voll ins Visier. »Sind Sie das, haben Sie mich gerufen?«, dröhnte der Bass des Inseldoktors. Für seine Stentorstimme war Doktor Fredermann gefürchtet, mit ihr hatte er schon manchen vorlauten Badegast in ein frommes Lamm verwandelt. Nur Kindern gegenüber konnte er ganz anders. Aber offensichtlich stufte er Stephanie nicht mehr als solches ein. »Hier bin ich doch eigentlich gar nicht mehr zuständig. Soll ich Ihnen mal die Nummer des Bestatters geben?«

»Noch so ein Komiker«, stöhnte Stahnke leise. Lauter

fügte er hinzu: »Da unten, Herr Doktor. Und glauben Sie mir, Sie sind zuständig.«

Fredermann enthielt sich weiterer Bonmots. Stumm näherte er sich dem Grab, leuchtete hinein, setzte seine Tasche ab und schwang die Beine in die Grube. »Sorgen Sie mal für mehr Licht hier drinnen«, rief er Stahnke zu, ohne sich nach ihm umzudrehen. Der Hauptkommissar tat, wie ihm geheißen.

Wie ein Berg ragte der massige, leicht gebeugte Rücken des Kriminalisten zwischen Stephanie und dem offenen Grab auf. Zitternd näherte sie sich dieser Barriere, voller Angst vor dem Augenblick, da sie ihr Durchlass gewähren und den Blick freigeben würde. Wie schwer mochte Hilke verletzt sein? Und wie lange lag sie dort schon? Immerhin wurde sie bereits den ganzen Tag über vermisst, genau genommen hatte man sie seit über vierundzwanzig Stunden nicht mehr gesehen. Wenn sie diese ganze Zeit – oder auch nur einen größeren Teil davon – lebensgefährlich verletzt dort unten zugebracht hatte, was für eine Überlebenschance hatte sie dann?

»Sie atmet«, tönte Fredermanns Stimme dumpf aus der Tiefe des Grabes. So klang sein Bass noch schauriger. »Aber es geht ihr nicht gut. Mehrere Frakturen, soweit ich das feststellen kann, und eine klaffende Wunde am Kopf. Sie hat einiges an Blut verloren. Wie viel genau, ist schwer zu sagen, das ist alles hier in die weiche Erde eingesickert.«

»Wie kann das denn angehen«, fragte Stahnke erstaunt. »Frakturen, Kopfwunde – der Boden ist doch weich da unten. Oder gibt es da etwa Steine?«

»Quatsch.« Fredermanns Kopf tauchte am Rand der Grube auf. »Natürlich nicht. Wir befinden uns auf einer Sandbank, auch wenn die von sich behauptet, eine Insel zu sein. Nee, Steine nicht. Aber Eisen.«

Er zielte mit seiner eigenen Taschenlampe: »Hier, sehen Sie mal. Da hat gestern wohl einer pünktlich Feierabend gemacht. Und sein Werkzeug gleich an Ort und Stelle liegen lassen. Da, eine Schaufel. So wie die liegt, kann die einem durchaus das Becken brechen, wenn man da drauf fällt. Aber was noch schlimmer ist – da.«

Stahnke pfiff durch die Zähne: »Eine Spitzhacke.«

»Jo«, bestätigte Fredermann. »Die liegt zwar flach, aber wer da mit dem Kopf draufdonnert, der hat lange was davon.«

»Prost Mahlzeit«, sagte Stahnke. »Und nun?«

»Erst einmal rufen wir die Rettungswache an«, sagte Fredermann. »Die haben alles da für eine Bergung, falls die Kleine hier außerdem noch etwas an der Wirbelsäule abbekommen hat. Sogar einen richtigen Krankenwagen haben die. Eine Infusion mit steriler Kochsalzlösung kann ich ihr gleich hier legen. Alles andere wird man dann sehen.«

Stephanie spürte, wie der andere Polizist sie von hinten stupste. »So, nun guck mal rein«, sagte er leise. »Identifiziere deine Freundin. Hast ja gehört, sie lebt. Also los.«

Ja, sie lebt, dachte Stephanie. Noch. Wer weiß, wie lange. Und wenn sie überlebt, dann vielleicht mit schiefem Becken, mit einem Hirnschaden oder im Rollstuhl. Aber vermutlich war das alles immer noch besser als der Tod. Bisher hatte sie daran nicht geglaubt. Aber heute hatte sie bereits so viel Neues erfahren, dass sie sich schon ans Dazulernen zu gewöhnen begann.

Sie schob sich an dem überbreiten Polizisten vorbei. Mit angehaltenem Atem warf sie einen Blick in das offene Grab. Und stieß einen Schrei aus.

»Na, was ist?«, blaffte Stahnke sie an. »Ist das nun deine Freundin?«

»Ja«, keuchte Stephanie. Und: »Nein.« Sie presste beide Hände vor ihr Gesicht.

»Was soll das heißen?«, rief Lüppo Buss aus dem Hintergrund. »Jetzt mal bitte deutlich: Ist das Hilke Smit?«

Stephanie wandte sich um. Langsam ließ sie die Hände sinken. »Das ist nicht Hilke Smit«, sagte sie. »Das ist Sabrina Tinnekens.«

19.

»Herr Heiden? Na so ein Zufall.« Margit Taudien bekam den hochgewachsenen Mann, der an ihr vorbeisprinten wollte, gerade noch am Pullover zu fassen. Und hielt fest, dass die Maschen sich unter ihren spitzen Fingernägeln dehnten. »Zu Ihnen wollte ich gerade. Hätte gar nicht gedacht, dass Sie um diese Zeit noch unterwegs sind. Es ist doch schon dunkel.«

Widerstrebend machte Leopold Heiden Halt, um seinen teuren Pullover nicht zu gefährden, und baute sich schwer atmend vor seiner Kollegin auf. »Heutzutage gibt es künstliches Licht, Frau Taudien«, stellte er fest. Dabei klopfte er seine Taschen ab, als suche er nach einer Taschenlampe. Einen Moment lang schien er irritiert, weil er keine fand, fuhr dann aber unverändert forsch fort: »Selbst auf Langeoog gibt es Straßenlaternen. Sogar hier in der Willrath-Dreesen-Straße. Sehen Sie mal, dort zum Beispiel. Man könnte fast sagen, wir stehen direkt darunter. Auch noch elektrisch, wie es scheint. Beziehungsweise, wie sie scheint. Die Laterne nämlich. Diese Insulaner sind doch fortschrittlicher, als mancher denkt, nicht wahr?«

Heidens Hohn prallte völlig wirkungslos von Margit

Taudien ab. »Ja, da haben Sie vollkommen recht«, erwiderte sie fröhlich. »Aber relativ spät ist es ja trotzdem, oder? Sogar hier. Uhren haben die Langeooger nämlich auch.«

Heiden war bass erstaunt. War das nun eine Replik aus der Kategorie »Gut gegeben«, oder war diese kleine runde Frau einfach nur immun gegen Ironie? Er musste sich eingestehen, dass er sich trotz der vier Jahre, die er bereits mit ihr zusammenarbeitete, noch immer kein klares Bild von ihr gemacht hatte. Bisher war sie ihm zu unwichtig gewesen, um sich ernsthaft mit ihr abzugeben. Leopold Heiden pflegte Menschen danach zu beurteilen, was für ein Potential er in ihnen erkannte. Danach bemaß sich schließlich auch ihre Nützlichkeit für ihn. Margit Taudien war als Helferin ganz akzeptabel – mehr nicht. Kein Wunder also, dass er nicht wusste, wie tief dieses zuweilen übersprudelnde Wässerchen war.

»Spät oder nicht spät, ich gehe aus, wann immer mir danach ist«, dozierte er von oben herab. »Und Sie, Frau Kollegin, haben doch auch, wenn ich das so sagen darf, die Volljährigkeitsgrenze hinter sich, nicht wahr? Also müssen auch Sie nach dem Abendessen noch nicht ins Bett, sondern dürfen getrost noch etwas ins Freie. Daher brauchen Sie jetzt auch keine Angst zu haben und können ruhig meine Oberbekleidung loslassen.«

»Oh ja, selbstverständlich.« Sie lächelte kokett und löste ihre Fingernägel aus Heidens Pullovermaschen. »Ich wollte nur nicht, dass Sie sich gleich wieder verflüchtigen und mich hier stehen lassen.« Ihr Grinsen verbreitete sich: »Was ja nicht ganz so schlimm ist wie sitzen lassen, nicht wahr?«

Heiden rammte die Fäuste in die Hüften. »Also bitte, was gibt's?« Sein Tonfall war schneidend geworden.

Auch Margit Taudien wurde schlagartig ernst. »Sie

haben doch sicher die Aufregung vorhin mitbekommen, nicht wahr? Als es plötzlich hieß, ein totes Mädchen sei gefunden worden?«

Gerade waren Heidens Wangen noch vom schnellen Laufen gerötet gewesen, jetzt wurden sie bleich. »Gefunden? Tot? Ja, aber … wer hat sie denn … und wo?« Er starrte die Oberstudienrätin an, als habe er sie noch niemals zuvor gesehen. »Wer hat denn überhaupt nach ihr gesucht?«

»Wieso, wer sie gesucht hat? Was soll das denn heißen?«, empörte sich die kleine Frau. »Immerhin wird Hilke schon vierundzwanzig Stunden lang vermisst, eher sogar noch länger. Da haben natürlich eine Menge Leute nach ihr gesucht. Sie doch hoffentlich auch, Herr Kollege.«

Leopold Heiden starrte auf die kleine Frau hinab. »Hilke«, sagte er langsam, als rufe er sich den Namen einer längst vergessenen Person in Erinnerung. »Hilke Smit. Ja, natürlich. Hilke.«

»Selbstverständlich Hilke«, schimpfte Margit Taudien. »Wer denn sonst? Wie viele unserer Schutzbefohlenen sind denn noch verschwunden? Ich muss schon sagen!«

So viel Schärfe hatte sie sich dem Chorleiter gegenüber noch nie zuvor erlaubt. Heiden aber schien ihren Ton gar nicht als ungebührlich wahrzunehmen. »Ja, natürlich, Sie haben ja recht«, sagte er. »Und was – äh, war sie es? Ich meine, ist Hilke Smit wirklich tot aufgefunden worden?«

»Nein, Gott sei Dank nicht, keine Bange«, sagte Margit Taudien beruhigend. »Falscher Alarm, es handelte sich bloß um ein Seehundskelett. Aber gute Nachrichten gibt es leider auch keine. Immer noch keine Spur von Hilke.«

»Schlimm«, sagte Heiden. »Wirklich schlimm.« Nach wie vor machte er einen leicht abwesenden Eindruck. »Und es gibt nichts, was wir tun könnten, nicht wahr?«

»Nichts, das ist wahr.«

»Na dann.« Leopold Heiden erhob die Hand zum Gruß: »Ich werde mal meine Runde zu Ende drehen. Bis morgen dann, Frau Kollegin! Und ruhen Sie sich gut aus, immerhin haben wir morgen einen Auftritt zu absolvieren.«

Er machte auf dem Absatz kehrt und entfernte sich in langen Sätzen, die mehr nach Flucht aussahen als nach Körperertüchtigung.

Margit Taudien sah ihm nach, bis er um die nächste Straßenecke verschwand. Eigenartig, dachte sie, sonst trägt er doch immer sein Sportzeug, wenn er joggt. Niemals seinen guten Pullover. Und schon gar keine Straßenschuhe.

Nachdenklich rieb sie sich die Nase. Und stellte fest, dass ihren Fingern ein unbekannter Geruch anhaftete. Ein Parfüm, schwer und süß. Sehr fraulich. Sie spreizte ihre Finger und betrachtete sie irritiert. Es waren die Finger, mit denen sie gerade Leopold Heiden am Strickpullover festgehalten hatte.

Achselzuckend machte sie sich auf den Weg in ihre Pension. So zerstreut Heiden auch gewirkt hatte, in einem Punkt hatte er recht. Morgen war ein Auftritt zu absolvieren, und da gehörte ausreichende Nachtruhe ganz einfach zur professionellen Vorbereitung.

»Gute Nacht, Herr Heiden«, murmelte sie vor sich hin.

20.

»Oh Gott, Sabrina!« Wiebke klang ehrlich erschüttert; von ihrer gewöhnlich nassforschen, respektlosen Art war nichts zu spüren. »Wie schwer ist sie denn verletzt? Und wann kommt sie wieder zu sich?«

Stephanie zuckte die Schultern, dass ihre langen, dünnen Arme und Hände schlackerten. »Weiß man alles nicht, weder das eine noch das andere. Die Typen vom Rettungsdienst haben sie mit einer komischen Bahre aus dem Grab gehievt, mit so merkwürdigen aufblasbaren Kissen drum herum, falls sie was an der Wirbelsäule abgekriegt hat, hieß es. Knochenbrüche hat sie auf jeden Fall, Oberschenkel und vielleicht auch Becken, weil sie so unglücklich auf die Schaufel gekracht ist, die da im Grab gelegen hat. Außerdem der Blutverlust. Wann sie wieder zu sich kommt, kann noch überhaupt keiner sagen.«

»Trage«, sagte Theda leise.

»Was?«, fuhr Wiebke ihre Mitbewohnerin an. »Was willst du?«

»Trage«, wiederholte Theda. »Es heißt Trage. Bahre sagt man nur, wenn ein Toter draufliegt. Bei Lebenden niemals.«

»Ach nee, Fräulein Neunmalklug.« Wiebkes Aggressivität meldete sich zurück. »Ist das alles, was dir dazu einfällt? Ansonsten geht es dir wohl gar nicht nahe, was mit Sabrina passiert ist, was?«

»Quatsch«, erwiderte Theda so ruhig, als handele es sich um ein Friedensangebot. »Was glaubst du denn.«

»Was ich glaube? Was glaubst du wohl, was ich glaube, hä? Dass du jetzt wieder einen Grund hast, dich zu freuen, das glaube ich! Weil ja noch ein Sopranplatz frei geworden ist in deinem geliebten Chor. Weil du jetzt vielleicht doch noch mitfahren kannst nach Amerika, was du ja unbedingt wolltest. Das kommt dir doch mächtig gelegen, dass Sabrina außer Gefecht ist, oder etwa nicht? Erst Hilke, jetzt Sabrina. Mal gucken, ob Heiden dich jetzt endlich nimmt, du – du – du Notnagel!«

»An deiner Stelle wäre ich mal ganz ruhig.« Theda blieb diesmal ganz kühl, statt wie sonst türenschlagend den Raum zu verlassen, wenn ihr etwas gegen den Strich ging. »Wer hat denn von Hilkes Verschwinden profitiert, ha? Ich ja wohl nicht. Sondern du.«

»Ja, aber ...« Wiebke schnappte nach Luft. »Das konnte aber doch keiner ... und ich schon gar nicht! Überhaupt, was soll das eigentlich heißen? Was willst du denn damit sagen?«

»Gar nichts.« Thedas Gelassenheit wirkte geradezu aufreizend. »Was wolltest du denn eigentlich sagen?«

»Öh – pfff.« Wiebke machte dicke Backen und wedelte mit den Armen. »Auch gar nichts. Nö.«

Stephanie verschränkte die Arme. Ihr war plötzlich kalt. Ein Schauer nach dem anderen lief ihr über den Rücken. Alles, was sie vorhin am Strand über ihre beiden Mitbewohnerinnen gedacht hatte, kam ihr wieder in den Sinn. Mehr und mehr gewann sie den Eindruck, dass sie nicht den beiden Mädchen, sondern dem dicken Mann Abbitte leisten sollte.

Da kam ihr eine Idee.

»Sagt mal«, warf sie in den Raum, ohne eine der beiden anderen direkt anzuschauen, »warum ist vorhin eigentlich keiner ans Telefon gegangen, als ich vom Strand aus angerufen habe? Und später noch einmal. Habe es x-mal klingeln lassen. Wo wart ihr denn?«

»Mein Handy hat aber keinen Ton von sich gegeben«, erwiderte Wiebke.

Theda zuckte mit den Schultern. »Meins auch nicht.

Hast du vielleicht noch meine alte Nummer? Ich habe kürzlich den Anbieter gewechselt, und jetzt ...«

»Ach was«, unterbrach Stephanie ungeduldig. »Hier in der Ferienwohnung habe ich angerufen. Wozu haben wir denn ein Festnetztelefon? Es ging aber niemand ran.«

»Tja, keine Ahnung.« Auf Wiebkes Gesichtshaut zeigte sich ein rötlicher Schimmer. »Vielleicht war ich kurz mal draußen. Wann hast du denn angerufen?«

»So um Viertel vor neun herum«, sagte Stephanie. Dann gab sie sich einen Ruck: »Und etwas später noch einmal. Etwa um neun Uhr, schätze ich.« Wenn schon gelogen, dann auch gleich doppelt. Schwer genug fiel es ihr sowieso, da machte es auch nichts, wenn sie das Messer noch einmal in der Wunde herumdrehte.

»Kann sein, dass ich auch wohl etwas länger draußen war.« Wiebkes Rottönung hatte an Intensität gewonnen. »Aber warum ist Theda denn nicht rangegangen?«

»Weil Theda vielleicht geschlafen hat«, sagte Theda in affektiertem Ton. »Schließlich habe ich meine Stimmbildungs- und Körperspannungsübungen gemacht. Das schlaucht ganz schön, wenn es einem ernst damit ist. Aber woher sollt ihr das auch wissen.«

»Als ich vorhin nach Hause kam, warst du aber ziemlich wach«, wandte Stephanie ein. Sie wusste selber nicht, was in sie gefahren war. Statt abzuwiegeln, bohrte sie nach; das passte überhaupt nicht zu ihrer sonstigen Harmoniebedürftigkeit.

»Da hatte Wiebke ja auch schon wieder eine Weile in ihrem Zimmer herumrandaliert«, ätzte Theda. »Weißt du eigentlich, wofür es Kopfhörer gibt, mein Kind?«

»Um sie dir in dein blödes Maul zu stopfen!« Wiebke sprang auf.

Stephanie warf sich dazwischen. »Nun hört doch bitte auf mit der Streiterei!« So ganz konnte sie eben doch nicht

127

aus ihrer Haut. »Denkt doch lieber an Sabrina. Die ist jetzt vielleicht schon im Rettungshubschrauber, unterwegs zum Festland. Wer weiß, vielleicht hat sie große Schmerzen.«

»Wenn sie im Koma liegt, wohl kaum«, wandte Theda sachlich ein.

Wiebke feuerte einen giftigen Blick auf sie ab. »Sabrinas Schicksal geht dir ja wirklich nahe, das hört man.«

»Das hat doch damit nichts zu tun. Blödsinn bleibt Blödsinn, egal ob man Mitleid hat oder nicht.« Theda gab sich nach wie vor überlegen.

Wenn Wiebke etwas wirklich hasste, dann das. »Hey, du laberst hier doch den größten Schwachmatenscheiß, den es gibt, du dämliche Planschkuh!«

Mit geballten Fäusten sprang sie vor, wild entschlossen, sich auf Theda zu stürzen. Die zog zwar den Kopf zwischen die Schultern, wich aber keinen Zentimeter zurück. Anscheinend hatte sie nicht die Absicht, einer körperlichen Auseinandersetzung aus dem Wege zu gehen.

»Auseinander!« Stephanie musste all ihre Kräfte aufbieten, um die Streitenden auseinander zu halten und Handgreiflichkeiten im Keim zu ersticken. Fast hätte sie dabei selber ein paar Backpfeifen abbekommen.

Überraschenderweise ließ Wiebke als Erste von ihren Mitschülerinnen ab. Sie warf sich in einen der abgewetzten Sessel des Wohnzimmers, das den Mädchen als Gemeinschaftsraum diente, verschränkte die Arme vor der Brust und schnaubte verächtlich. »An dir blöden Dumpfbacke mach ich mir doch die Finger nicht schmutzig.«

»Ich dusche immerhin jeden Tag«, konterte Theda, zog sich jedoch ebenfalls zurück und hockte sich vor der Couch auf den Teppichboden. Dabei ließ sie ihre Gegnerin keinen Moment lang aus den Augen.

Stephanie beobachtete die Rückzugsgeplänkel von der

Mitte des Zimmers aus, auf den Fußballen wippend wie ein Ringrichter, der die Kontrahenten eines Titelkampfes soeben in ihre Ecken geschickt hat, aber nicht sicher ist, ob sie auch in der Lage sind, ihre Kampfeslust im Zaum zu halten. Für den Augenblick aber schien Waffenstillstand angesagt zu sein. Stephanie entspannte sich ein wenig.

»Was hat sie eigentlich da draußen gewollt?«, fragte Theda unvermittelt.

»Wer? Wo?« Stephanie hatte Probleme mit dem Umschalten.

»Na, Sabrina! Auf dem Friedhof! Was hat die sich denn bei Dunkelheit an solch einem Ort herumzutreiben?«

»Fängst du schon wieder an?«, giftete Wiebke. »Wenn ich das schon höre: ‚Herumtreiben’! Ha! Bist ja nur neidisch, weil du noch so ein Baby bist und sie nicht.«

»Du meinst … ?« Theda grinste vielsagend. »Mit wem denn? Etwa mit Heiden?«

»Woher wollt ihr das denn wissen«, schaltete sich Stephanie ein, immer noch in ihrer Rolle als Richter und Schlichter. »Ist ja nicht einmal gesagt, dass sie da überhaupt freiwillig hingegangen ist. Vielleicht hat sie ja auch einer ganz woanders überfallen und sie dann dorthin geschleppt. Vielleicht wollte er sie ja sogar …« Sie schauderte, dass die Zähne klapperten. Ihre eigene Phantasie versetzte sie in Angst und Schrecken.

»Lebendig begraben, meinst du?« Wiebke machte kugelrunde Augen. Ihre Wangen waren immer noch gerötet; jetzt sah es wie Eifer aus. »Was für eine perverse Sau!« Es klang beinahe anerkennend.

»Außerdem frage ich mich, was dieser Polizist eigentlich auf dem Friedhof zu suchen gehabt hatte.« Theda ließ nicht locker. Immer fand sie etwas zu bemängeln, etwas, das ihr nicht logisch erschien, ein Detail, das ihr nicht passte. In der Schule war sie genauso. Einige Lehrer mochten das, andere nicht; ihre Mitschüler hassten sie allesamt dafür.

»Na was wohl? Ist doch 'n Polizist, die schnüffeln nun mal überall rum.« Wiebke widersprach aus Prinzip. Und ohne großartig nachzudenken.

Auch wohl so eine Art Prinzip von ihr, fand Stephanie, denn überzeugend klang das, was sie da sagte, nicht. »Dieser Hauptkommissar ist doch gar nicht von hier, ich meine, der macht auf Langeoog nur Urlaub«, wandte sie ein. »Vielleicht ist ihm ja irgendetwas aufgefallen. Oder er wollte einen Abendspaziergang machen. Täte ihm ganz gut, er ist ja ziemlich fett.«

»Ziemlich fett?« Jetzt bekam zur Abwechslung mal Theda runde Augen. »Groß und breit und fett? Mit ganz kurzen Haaren? So einer ist das?«

»Ja, so in etwa«, bestätigte Stephanie. »Und voll alt ist er auch.«

»Aber – genau so soll doch dieser Lustmörder aussehen!« Thedas Stimme, sonst beherrscht, schnappte fast über. »Groß, breit, dick, alt und kaum Haare auf dem Kopf! So haben ihn die Eltern beschrieben, deren kleine Tochter er beinahe vergewaltigt hätte. Das habe ich heute Nachmittag von mehreren verschiedenen Leuten so gehört. Verdammt, fällt euch nichts auf?«

»Wie jetzt.« Wiebke kapierte gar nichts mehr, nicht einmal genug, um sich darüber aufzuregen. »Der Lustmörder soll Polizist sein? Oder der Polizist ein Lustmörder? Spinnst du jetzt völlig? Wie soll das denn gehen?«

Theda schnippte mit den Fingern: »Genial geht das! Eine bessere Tarnung kann man sich doch überhaupt nicht vorstellen. So ein Typ kann doch machen, was er will. Der kann jeden x-Beliebigen befragen, erfährt alles, kommt überall hin und an jeden ran, kann sich in Ruhe seine Opfer aussuchen und schnappen. Und anschließend

fahndet er dann nach sich selber! Natürlich ohne sich zu
finden, logo. Perfekter geht es doch überhaupt nicht.« Sie
klatschte in die Hände: »Ich wette, es ist dieser Polizist. Er
hat sich über Sabrina hergemacht und wollte sie eben ver-
buddeln, als ihr alle vom Strand zurückgekommen seid,
wo die Seehundsknochen lagen. Da hat er dann schnell
so getan, als hätte er Sabrina gefunden und gerettet.«

»Aber was ist, wenn sie wieder zu sich kommt?« Stephanie war schockiert, aber noch nicht überzeugt. »Dann
wird sie ihn doch identifizieren.«

»Wie denn?«, trumpfte Theda auf: »War doch dunkel!«

Stephanie warf sich rücklings der Länge nach aufs Sofa,
dass es nur so staubte, und schlug die Hände vors Gesicht.
Na toll, dachte sie resigniert, jetzt weiß ich endgültig nicht
mehr, was ich glauben soll.

21.

Hauptkommissar Stahnke weinte. Die Tränen rannen ihm
in Strömen über die runden Wangen, und er hatte keine
Ahnung, wie er sie wegwischen sollte, denn in der rechten
Hand hielt er ein Messer, dessen Klinge so scharf war, dass
man es nicht einmal merkte, wenn man sich damit selber
die Haut aufschlitzte. Und in der linken Hand hielt er eine
halbe Zwiebel; auch nicht gerade das Richtige, um sich
damit durchs Gesicht zu wischen. Außerdem waren seine
beiden Hände über und über mit Zwiebelsaft beschmiert.

»Wie viele denn noch?«, fragte er schniefend. Es klang
jammervoll.

»Fünf oder sechs«, antwortete Lüppo Buss. »Mindestens. Und zwar dicke.«

»Oha! Das bläht aber mächtig.«

»Darauf kannst du getrost einen lassen.«

»Weißt du eigentlich, dass Folter im Polizeidienst immer noch verboten ist?«, fragte Stahnke. »Trotz des milden Frankfurter Urteils neulich gegen den übereifrigen Kollegen. Der wollte mit seiner Gewaltandrohung gegen den verstockten Verdächtigen wenigstens ein entführtes Kind retten. Aber wo bei dir mildernde Umstände herkommen sollen, kann ich beim besten Willen nicht sehen.« Das stimmte auf alle Fälle, denn mit seinen brennenden, tränenüberfluteten Augen konnte der Hauptkommissar überhaupt nichts klar erkennen, nicht einmal seinen Langeooger Kollegen, dessen Umriss durch Stahnkes Blickfeld zu wabern schien wie ein Taucher durch ein Aquarium.

»Die siehst du dann schon«, erwiderte Lüppo Buss verschmitzt. »Nachher, beim Essen.«

Irgendwann im Laufe des arbeitsreichen Abends waren die beiden ins kollegiale »Du« gefallen, weniger zufällig als zwangsläufig, denn jetzt waren sie einfach ein Team, ob sie das nun so geplant hatten oder nicht. Während der zeitraubenden Routinetätigkeiten rund um Verletztenbergung und Tatortsicherung hatten sie ausreichend Gelegenheit gehabt, sich der Kompetenz des jeweils anderen zu vergewissern. Stahnke als der Ältere und Ranghöhere der beiden hatte mit dem Duzen begonnen, wie es sich gehörte. So weit, dem Kollegen seinen verhassten Vornamen zu verraten, war er allerdings nicht gegangen. Sollte ihn dieser Insulaner doch einfach »du« und »Stahnke« nennen, wie alle anderen seiner Vertrauten auch.

Lüppo Buss hatte sofort mit dem »Du« nachgezogen, als hätte er nur darauf gewartet. Was tatsächlich auch der Fall war. Schließlich war er es gewohnt, sich mit Bodo Jürgens, seinem üblichen Teampartner, vertraulich zu unterhalten.

Bei Stahnke lag der Fall etwas anders. Er war trotz jahrelanger Partnerschaft mit seinem Leeraner Kollegen Kramer immer noch per »Sie«, und das, obwohl ihre wechselseitige Vertrautheit auf einigen Gebieten schon eheähnliche Dimensionen angenommen hatte. Eigenartig, überlegte der Hauptkommissar, während er die vierte Zwiebel zu schälen begann, warum fällt mir das mit diesem Buss so viel leichter als mit Kramer? Wahrscheinlich, weil Lüppo so menschlich ist. Ganz anders als Kramer. Der ist perfekt, und Perfektion ist etwas Unmenschliches. Kramer ist ein Mysterium. So etwas duzt man eben nicht.

»Was soll das eigentlich werden?«, schniefte er in Richtung des wabernden Tauchers, der das Küchenrevier mit einer solchen Zielgenauigkeit durchmaß, als sei er hier in seinem wahren Element.

»Was denn?«, fragte der zurück.

»Na, das hier! Jede Menge kleingehackter Zwiebeln – was kann man denn daraus kochen? Zwiebelsuppe? Oder soll es ein Zwiebelkuchen werden?«

»Weder noch!« Die Laune des Inselpolizisten schien immer besser zu werden. »Es gibt Reisfleisch à la Buss, genau das Richtige zur Mitternacht.«

»Reisfleisch?« Stahnke verzog das Gesicht noch mehr als ohnehin schon. »Ich kenne wohl Serbisches Reisfleisch, das gibt es öfter mal in der Kantine. Auf so einen Pamps habe ich keine große Lust. Dann schon eher Labskaus oder so. Das ist wenigstens etwas Reelles.«

»Wart's mal ab.« Lüppo Buss schien sich seiner Sache sehr sicher zu sein. »Im Prinzip wird das ja tatsächlich Serbisches Reisfleisch. Aber mit frischen Champignons, Basmati-Reis und Kräutern aus dem eigenen Pflanzkübel! Außerdem benutze ich eine ganz spezielle Currymischung. Du wirst sehen, das alles macht einen Riesenunterschied.«

Stahnke halbierte die geschälte Zwiebel und musste

seine Augen endgültig ganz zukneifen. Es schmerzte fürchterlich. »Die Zwiebeln sind wahrscheinlich auch besonders frisch«, zischte er durch die Zähne.

»Ganz genau! Auch sehr wichtig. Wenn die Dinger zu lange liegen, verlieren sie ihr ganzes Aroma. Dann kannst du stattdessen auch Stroh nehmen.«

»Wenn ich die Wahl hätte ...« Stahnke biss die Zähne zusammen und begann todesmutig zu hacken.

»Und nicht vergessen, die Würfelchen bitte ganz gleichmäßig!«

»Ja, ja.«

Lüppo Buss ignorierte die allgemein bekannte Nebenbedeutung dieser doppelten Bejahung. »Ich decke schon mal den Tisch.«

Nahezu geblendet wie er war, konzentrierte sich Stahnke ganz auf seine verbliebenen Sinne. Sein Tastsinn verhinderte, dass sich der Zwiebelsaft mit seinem Blut vermengte. Sein Geruchssinn signalisierte ihm, dass Kollege Buss im Hinblick auf das bevorstehende Essen möglicherweise nicht zu viel versprochen hatte. Und sein Gehör teilte ihm mit, dass nebenan gerade eine Weinflasche entkorkt worden war. Diese Perspektive versöhnte ihn mit einigem.

Tatsächlich schmeckte das Reisfleisch hervorragend, auch wenn Stahnke höllisch aufpassen musste, dass ihm nicht andauernd der Reis von der Gabel rieselte. Dieses Gericht war nicht mit dem Kantinenfraß vergleichbar, dessen einziger Vorteil darin bestand, bombenfest am Essbesteck zu haften. Besonders gut war die Würzung gelungen. Scharf bis genau an die Grenze dessen, was für den mitteleuropäischen Durchschnittsgaumen verträglich war, ohne dass die Aromen der einzelnen Komponenten totgewürzt worden wären. Stahnke, dessen letzte Mahlzeit eine Ewigkeit her zu sein schien, haute kräftig rein und sparte nicht mit

Lob, während er fasziniert beobachtete, wie Lüppo Buss beachtliche Portionen des körnigen Mahls mit Essstäbchen bis zu seinem Mund und sicher hinein balancierte.

»Bist du aktiver Hobbykoch oder so etwas? Schwerpunkt Asien?«

Der Inselpolizist schüttelte kauend den Kopf. »Nur Junggeselle. Da eignet man sich ganz von alleine die nötige Praxis an.«

Beschämt musste Stahnke an seine eigene Junggesellenküche denken. Immerhin lebte er schon seit vielen Jahren, seit der Trennung von seiner Exfrau Katharina, alleine – nun ja, von einigen Zwischenspielen mal abgesehen, aber jedenfalls überwiegend. Trotzdem war er bisher nicht über ein paar relativ simple Nudelgerichte hinausgekommen. Meistens war er schlicht zu faul, um sich nach Feierabend noch an den Herd zu stellen, und vergriff sich der Einfachheit halber an irgendwelchen Konserven, meistens Ravioli, Würstchen oder Fisch. Vielleicht sollte er einfach mal seine Einkaufspolitik ändern, überlegte er, während er zum zweiten Mal nachnahm. Was nicht im Schrank stand, konnte auch nicht aufgetischt werden. Die normative Kraft des Faktischen mochte durchaus ihre heilsame Wirkung haben.

Es war schon weit nach Mitternacht, als sich die beiden Beamten in die abgewetzten Ledersessel sinken ließen, die viel zu wuchtig für die kleine Stube der Dienstwohnung, dafür aber mordsmäßig bequem waren. Das langstielige Weinglas in der Hand, freute sich Stahnke, dass Lüppo Buss wenigstens nicht in allen Aspekten der Haushaltsführung perfekt war. Jedenfalls hatte er nicht auf sofortigem Abwasch bestanden, sondern das benutzte Geschirr einfach im halb mit Wasser gefüllten Spülbecken versenkt. Eine Anti-Krusten-Methode, die offenbar allen Junggesellen bekannt war, egal ob Insel- oder Festlandsbewohner.

135

»Morgen kommen also dieser Dedo de Beer und seine Kollegin«, sagte Stahnke, während er den rubinroten Wein im Kelch kreisen ließ. Dann blickte er auf seine Armbanduhr: »Vielmehr heute. Wann denn eigentlich genau?«

»Irgendwann vormittags«, antwortete Lüppo Buss. »Es fahren ja mehrere Fähren. Allzu eilig haben die Kollegen es bestimmt nicht. Vielleicht sollte ich gleich morgen früh in Wittmund nachfragen und die beiden dann am Anleger abholen, was?«

Das »Ich«, das sein Kollege plötzlich wieder benutzte, gab Stahnke einen kleinen Stich. Aber Lüppo Buss hatte ja recht. Dies hier war sein Beritt, und er, der Urlauber, war nichts als eine Aushilfe. Jetzt, da die Zuständigen auf den Plan traten, musste er zurückstehen.

»Ja, das solltest du wohl«, bestätigte er.

»Dann muss ich vermutlich früher von Tant' Lütis Beerdigung weg«, stellte Lüpp Buss bedauernd fest. »Die Trauerfeier beginnt um zehn Uhr. So ganz kurz wird die wohl nicht sein.« Er nahm einen kräftigen Schluck Wein, schmatzte leise und fuhr fort: »Tante Lütine konnte es nie ausstehen, wenn jemand irgendwo zu spät kam oder zu früh ging. Aber diesmal nützt es ja wohl nichts.«

»Deine Tante ist gestorben?« Stahnke setzte sein Glas ab: »Das tut mir leid.«

»Na ja, keine wirkliche Verwandte. Eine Nenntante.« Lüppo Buss erläuterte kurz, wer Lütine Janssen gewesen war und was es mit ihr auf sich gehabt hatte. »Eine bemerkenswerte Frau«, schloss er. »Ich habe sie wirklich geschätzt. Und das trifft bestimmt auf alle Langeooger zu.« Er nahm einen weiteren Schluck Wein, den er auffallend lange von Backentasche zu Backentasche rollen ließ, ehe er hinzufügte: »Jedenfalls fast alle.«

Stahnke zog die Augenbrauen hoch: »Ach nee. Sag bloß, da ist noch etwas im Busch.«

Der Kommissar winkte ab. »Du solltest meine Worte nicht überinterpretieren«, sagte er. »Tant' Lüti ist eines völlig natürlichen Todes gestorben. Doc Fredermann hat mir das bestätigt. Atemstillstand nach Herzversagen. Normaler geht es nicht für eine Dame ihren Alters. Überhaupt ein Wunder, dass sie ihren achtzigsten Geburtstag noch erlebt hat, todkrank wie sie war.«

»Was hatte sie denn?«

»Krebs.«

Krebs. Vielleicht das verhassteste Wort der gesamten deutschen Sprache, überlegte Stahnke. Jeder, der die Fünfzig erreicht hatte – und das hatte er –, lebte in diffuser Furcht vor dieser Menschheitsgeißel, die in so vielen verschiedenen Formen auftreten und sich so heimtückisch im Körper ausbreiten konnte. »Krebs« – das klang, allen medizinischen Fortschritten zum Trotz, immer noch wie ein Todesurteil. Ohne Revision oder Begnadigung.

Aber ganz so war es ja eigentlich nicht. Stahnke wusste von rückstandslos entferntem Nierenkrebs, von erfolgreich behandelten Hirntumoren, selbst von Kindern, die den Knochenmarkkrebs überstanden hatten. Hautkrebs war sogar völlig problemlos operativ zu beseitigen, wenn man nicht gar zu lange damit wartete.

Ein Großteil der Gefahr, den diese Krankheit insgesamt darstellte, bestand darin, dass sie in der Psyche des Befallenen einen Verbündeten fand. Oft war nicht der Krebs selber tödlich, sondern die Angst davor.

»Welche Sorte Krebs hat sie denn gehabt?«, hakte Stahnke nach.

Lüppo Buss' Blick verdüsterte sich. »Dickdarmkrebs«, sagte er leise.

»Wie lange?«

»Seit Jahren schon. Du weißt ja, künstlicher Darmausgang und all das. Keine schöne Sache. Wenn ich mir das vorstelle …« Er schüttelte sich. »Bestimmt kein Vergnügen für Nicole, ihre Großnichte. Die hat sie nämlich all die Jahre gepflegt, während sich Ulfert, ihr Mann, um Tant' Lütis Geschäfte gekümmert hat.«

Stahnke nickte versonnen. Manchmal mussten sich die glücklichen Erben ihre reiche Beute redlich verdienen. Das hatte etwas von ausgleichender Gerechtigkeit.

»Noch ein Glas Wein?« Lüppo Buss schwenkte die Flasche; sie war fast leer. »Lohnt sich sowieso nicht mehr, den Korken wieder reinzudrücken.«

Stahnke schob ihm sein Glas hin. »Gerne. Schmeckt lecker, dein Roter. Was für einer ist das überhaupt? Ein Barrique-Wein?«

Der Inselpolizist nickte anerkennend: »Hey, du kennst dich ja richtig aus. Tatsächlich, das ist ein Dornfelder, im Eichenfass ausgebaut. Die Gerbstoffe, die er aus dem Holz aufgenommen hat, machen ihn kräftiger und charaktervoller.«

Er teilte den Rest aus der Flasche brüderlich auf, hob sein Weinglas zur Nase und schnupperte: »Riechst du das? Ein ausgeprägtes Fruchtaroma.«

Stahnke lachte. »Von wegen auskennen! Von diesem ganzen Weinchinesisch verstehe ich überhaupt nichts. Alles, was ich weiß, ist, dass Barrique-Weine verdammt gut schmecken. Nämlich … wie soll ich es ausdrücken? Viel breiter eben, vielfältiger, wenn du verstehst, was ich meine.«

»Breiter, das ist gut! Ein breiteres Aromaspektrum, absolut richtig. Das ergibt Vielfalt. Nur weiter so. Übersetze deine Sinneseindrücke in Worte, am besten in bildhafte Ausdrücke. Dieses Weinchinesisch, wie du es nennst, ist doch auch nichts anderes als das.«

»Eindrücke in Worte kleiden?«

Lüppo Buss grinste: »Genau. Plus neunzig Prozent Angeberei.«

Sie stießen an. Die bauchigen, langstieligen Weingläser klangen hell und lange.

»Von wann ist denn der Wein?«, fragte Stahnke. »Ich meine, welcher Jahrgang?«

Buss schaute aufs Etikett: »Vom letzten Jahr.«

»Was? So jung?« Stahnke schüttelte den Kopf. »Eigentlich hätten wir den noch gar nicht trinken dürfen. Das ist Kindesmord!«

Es knallte, als Lüppo Buss sein Glas auf den Tisch zurückstellte. »Was soll das denn heißen? Musste das jetzt sein?«

»Wieso?« Stahnke zuckte die Schultern: »Ich habe nur meinen Eindruck in Worte gekleidet. In bildhafte Ausdrücke. So geht das doch. Hast du gerade selbst gesagt.«

»Dann muss ich mich wohl korrigieren«, sagte der Kommissar und blickte den Ranghöheren strafend an: »Ich vergaß zu sagen: Ein kleines bisschen Fingerspitzengefühl gehört auch dazu.«

22.

Ein Stückchen Mond hing am mokkaschwarzen Himmel herum wie ein angebissener Rest Keks, umgeben von Wolkenballen, die aussahen wie zerknülltes Pausenbrotpapier. Sehnsüchtig blickte der dicke Mann nach oben. Herrgott, habe ich einen Hunger, stöhnte er innerlich. Was gäbe ich jetzt für ein paar Kekse, eine Tasse Kaffee und ein Stückchen Brot! Von mir aus auch ein weggeworfenes Pausenbrot. Irgendetwas, ganz egal, solange es nur essbar ist.

Sein stummes Gebet aber blieb unerhört, und sein Magen knurrte weiter.

Es musste schon weit nach Mitternacht sein, denn es war nicht nur lausig kalt und windig geworden, sondern auch ziemlich einsam und ruhig. Schon seit geraumer Zeit waren keine Menschen mehr auf den Straßen unterwegs, und in den umliegenden Häusern waren nach und nach die Lichter ausgegangen. Eins nach dem anderen, zuerst in den Wohnhäusern und Privatpensionen, dann in den Gaststätten und Hotels, zuletzt in den Kneipen. Langeoog hatte sich schlafen gelegt.

Soweit er sehen konnte, brannte nur noch in einem einzigen Haus Licht. Und dort war es auch noch nicht still. Das war das Haus, vor dem er lauerte. Seit Stunden schon, gut gedeckt durch ein paar Büsche und einen ziemlich deplaziert wirkenden rot-weiß gestreiften Strandkorb. Von hier aus hatte er den Eingang zum Utkiek, der mit seiner dunklen Holzverkleidung und der zurückgesetzten Tür wie ein gähnender Schlund aussah, gut im Blick. Es musste mehr als eine Stunde her sein, dass der letzte Gast die Kneipe verlassen hatte und davongewankt war. Seither hatte sich das schwere Türblatt nicht mehr bewegt. Und ging man nach den Öffnungszeiten, die draußen in dem vergitterten Glaskasten mit der ziemlich spärlich bestückten Speisekarte angeschlagen waren, dann durfte auch niemand mehr kommen, denn offiziell hatte der Laden längst dicht.

Genau diese Speisekarte war es, die den dicken Mann veranlasst hatte, hier und nirgendwo anders Posten zu beziehen.

Was hatte einer wie er, der nachts vor einem geschlossenen Restaurant auf seine Chance wartete, von Boeuf

Stroganoff, panierter Seezunge, Bratkartoffeln mit Spiegelei oder Pekingente? Schließlich konnte er die Zutaten für diese Gerichte nicht roh in sich hineinschlingen – jedenfalls fühlte er sich trotz seines beißenden Hungers noch nicht wirklich bereit dazu. Andererseits hatte er bestimmt nicht den Nerv, sich nachts in eine Restaurantküche zu stellen und Töpfe und Pfannen heiß zu machen, während er jeden Moment gewärtig sein musste, vom rechtmäßigen Besitzer überrascht zu werden. Außerdem war er kein Koch. Wenigstens soviel er wusste.

Auf der Karte des Utkiek aber standen andere Dinge. Frikadellen zum Beispiel. Und Kartoffelsalat mit Wiener Würstchen. Rollmops mit Gurke. Lauter Sachen, die in Gläsern, Eimern oder Vitrinen aufbewahrt wurden, fertig zubereitet, geeignet zum sofortigen Verzehr. Genau das, was der Kneipengänger brauchte, wenn der Alkohol die Produktion der Magensäfte angekurbelt hatte und der Hunger sich meldete. Dann stand der Sinn nicht nach ausgefuchsten kulinarischen Köstlichkeiten, dann musste etwas Deftiges her, reich an Salz und Fett.

Der dicke Mann spürte, wie ihm das Wasser im Mund zusammenlief. Sein Hunger hatte unmenschliche, geradezu bärenartige Ausmaße angenommen. Er wollte, er musste da rein, um seine Zähne irgendwo hinein und sich den Bauch voll zu schlagen.

Noch aber traute er sich nicht.

Längst hatte er das Gebäude ausbaldowert. An der rechten Seite, dort, wo vom Nachbarhaus nur eine lückenlose Klinkerwand zu sehen war, befand sich ein Fenster. Ein altes Sprossenfenster, vermutlich ebenso alt wie das Haus, eins mit einfacher Verglasung und wackligem Rahmen, dessen Farbe abgeblättert war und mürbes, nicht sehr widerstandsfähig aussehendes Holz freigab. Er hatte hindurchgespäht und einen schmalen Korridor und eine dunkelbraune Tür entdeckt, auf der »Gaststätte« stand. In dieser Tür steckte ein Schlüssel.

Damit war sein Plan klar. Das Einzige, was ihn davon abhielt, ihn in die Tat umzusetzen, war die Musik.

Im Utkiek spielte nämlich noch Musik. Vermutlich den ganzen Abend schon, aber er hatte sie erst wahrgenommen, als es rund um ihn her immer ruhiger geworden war. Inzwischen hatte sich sein Gehör derart darauf eingestellt, dass auch der stärker werdende Wind sie nicht verwehen konnte.

Mit dieser Musik stimmte etwas nicht.

Der Utkiek war keine Lokalität der gehobenen Klasse, das war klar. Hier verkehrte kein sonderlich anspruchsvolles Publikum. Eben Leute, die ein vernünftiges Bier zu schätzen wussten. Und noch eins und noch eins. Und dazu einen salzigen, fettigen Happen. Leute, die vielleicht einen Skat kloppen oder sich einfach nur unterhalten wollten. Solche Leute hörten weder klassische Musik noch angloamerikanischen Pop, weder Hip-Hop noch Tote Hosen. Von wegen »Schieb den Wal«! Im Utkiek liefen deutsche Schlager, nichts anderes, weder Pop noch Punk, und wem das nicht passte, dem passte vermutlich auch der ganze Laden nicht, also sollte er fein draußen bleiben. Das war auch ganz in Ordnung so, und der dicke Mann wäre der Letzte gewesen, der daran etwas auszusetzen gehabt hätte.

Zur Zeit lief Freddy Quinn. »*Hundert Mann und ein Befehl*«, ein Meilenstein deutscher Schlagerkultur. So weit, so gut.

Allerdings lief dieses Lied schon seit über einer Stunde.

Gerade war es wieder einmal zu Ende gegangen und verklungen. Eine besonders heftige Windböe ließ den dicken Mann schaudern und sich tiefer hinter seine Brustwehr ducken, diesen strandfernen Strandkorb, aufgestellt

142

den Gästen zur Erholung und Erbauung. Überall im Ort standen die Dinger herum wie ausgesetzt, klobige Dinger mit grünen, roten, blauen oder gelben Streifen. So vergaß jedenfalls niemand, wo er hier war.

Ein Strandkorb mit Aussicht auf den Utkiek, das entbehrte nicht einer gewissen Spitzfindigkeit. Schließlich sollten die Kurgäste vor lauter Natur nicht vergessen, dass es ihre Hauptfunktion war, die Restaurationsbetriebe der Insel am Florieren zu halten.

Die Windböe verpuffte, das Heulen in den Ohrmuscheln ließ nach. Und? War jetzt endlich Ruhe da drüben?

Von wegen. Eben ging es wieder von vorne los: »Irgendwo im fernen Land / ziehen wir durch Stein und Sand.« Oh Gott, zum wievielten Male jetzt? Er wusste es nicht.

Was sollte das überhaupt sein? Ein Soldatenlied? Eine Hymne auf die französische Fremdenlegion? Ein Schmachtfetzen für Rommel-Fans und Träger des großdeutschen Gefrierfleischordens?

Aber andererseits hatte dieses Lied sein Gutes, so sehr es ihm auch auf die Nerven ging. Es hatte einiges in seinem Kopf in Gang gesetzt. Vielleicht, weil er sich in gewisser Weise doch davon angesprochen fühlte. Schließlich zog er hier tatsächlich »durch Stein und Sand«, und zwar barfuß. Und dass er sich »irgendwo im fernen Land« befand, das konnte er immerhin vermuten.

Darüber hinaus aber war ihm eine Jahreszahl eingefallen. 1966. Wie lange war das jetzt her? Moment – als er sich am Nachmittag aus den Dünen hervor und in den Ort getraut hatte, war er, kurz nachdem er den Wasserturm passiert hatte, an einer Buchhandlung vorbeigekommen. Da hatten Kalender im Fenster gehangen, offenbar schon fürs nächste Jahr. Demnach war 1966 schon fast vierzig Jahre her. Musste wohl seine Sturm- und Drangzeit ge-

143

wesen sein. Die große Zeit der Beatles und der Stones. Er selbst war mehr ein Beatles-Anhänger gewesen, das wusste er plötzlich wieder. Obwohl er von seinem Habitus her eher ein Rocker als ein Peace-Fan oder gar ein Hippie gewesen war. Ein Typ in Lederjacke war vor seinem inneren Auge erschienen, kräftig, aber noch nicht dick, mit halblanger dunkler Matte und Koteletten. Motorradstiefel an den Füßen. He, offenbar war er wirklich ein Rocker gewesen. Womöglich Mitglied einer Gang?

Augenblick mal. Er streifte den linken Ärmel der geklauten Trainingsjacke hoch. Richtig, die verwischte Tätowierung. Jetzt, da er den Zusammenhang erahnte, konnte er sie mühelos identifizieren: ein Speichenrad, durch das sich eine züngelnde Schlange wand. Bestimmt das Abzeichen einer Gang, das konnte gar nichts anderes sein.

Ein wilder Bursche war er also mal gewesen, womöglich einer mit krimineller Energie, denn dass solche Motorradbanden sich nicht nur mit dem Motorradfahren beschäftigten, wusste er. Gut, so viel zu seiner Vergangenheit.

Und wie war er dann zu diesem dicken, alten, fast glatzköpfigen Mann geworden, der sich nachts hinter einem Strandkorb versteckte, hungrig war und fror?

»Ganz allein in dunkler Nacht« sang Freddy gerade. Es klang wie Hohn, Hohn in Schmalz. Herrgott, jetzt ein Schmalzbrot! Dafür hätte er alles getan, sogar …

»Wahllos schlägt das Schicksal zu / Heute ich und morgen du.« Leise, ganz leise drang Freddys Gesang durch die verschlossene Kneipentür und den Filter der Windgeräusche zu ihm herüber, aber in seinem Kopf hallten die Worte wider, als seien sie mit einigen tausend Watt Antrieb gegen die Wände einer Konzerthalle geklatscht worden.

Da, jetzt war wieder vom »fremden Land« die Rede. Sechs Strophen hatte das Lied, das hatte er längst raus, aber eigentlich nur fünf, denn Nummer sechs war nur die wiederholte Strophe Nummer eins. Also war der Herr Quinn, dieser Vorzeige-Matrose von der Reeperbahn, der in Wirklichkeit aus Österreich stammte, wieder einmal am Ende seines Songs angelangt. Der dicke Mann horchte angestrengt. Wieder trieben ihn kalte Windstöße in seine Deckung zurück; wieder flaute der Wind ab. Erneut lauschte er hoffnungsvoll.

Und wieder ging es von vorne los.

Konnte es sein, dass einer die Musikbox mit derart vielen Münzen gefüttert hatte, dass diese nun das Stück seiner Wahl wieder und wieder abspulte, notfalls bis in den Morgen hinein, so lange, bis der eingeworfene Vorschuss abgearbeitet war? Na ja, vielleicht, andererseits aber gab es ja kaum noch Kneipen, in denen diese altmodischen Musikautomaten standen. Heutzutage kam der Sound doch vom Band. Beziehungsweise vom CD-Player. Hm.

Dann kam ihm die Idee. Eine Endlos-Schleife! Jemand musste die Musikanlage so programmiert haben, dass dieses eine Stück immer und immer aufs Neue gespielt wurde. Der dicke Mann wusste zwar nicht, wie das ging, aber möglich war es bestimmt. Dann hatte man vergessen, die Anlage abzustellen, und alle waren nach Hause gegangen. So etwas kam bestimmt vor. Da verließ sich einer auf den anderen, und zack! keiner dachte mehr daran, und das Ding spielte, bis die Frühschicht kam. Klar, so waren die Menschen, zumal die betrunkenen unter ihnen. Das musste es sein.

In der Kneipe war also überhaupt niemand mehr. Keine Menschenseele. Der CD-Player spielte für sich alleine, vor leeren Rängen sozusagen. Und er, der sich hier draußen

145

nicht nur die Füße abfror, hatte freie Bahn, jedenfalls fast. Zwischen ihm und den Frikadellen und dem Kartoffelsalat des Utkiek befand sich nur noch ein morsches Fenster mit dünnen Glasscheiben. Sein Magen knurrte nicht, er brüllte förmlich. Worauf wartete er noch?

»Und die Welt ist doch so schön«, schluchzte Freddy. Der dicke Mann erhob sich. Ja, mit vollem Magen würde die Welt bestimmt wesentlich schöner aussehen, dann hatte dieser schluchzende österreichische Schluchtenscheißer völlig recht. Kraft tanken, darum ging es jetzt. Energie sammeln, damit er morgen seine Suche fortsetzen konnte. Die Suche nach dem Zimmer mit seinem Koffer drin. Und mit seiner Identität.

Vorsichtig überquerte er die Straße, nach allen Seiten sichernd. Aber es war niemand zu sehen. Die Pflastersteine waren unangenehm kalt unter seinen nackten Fußsohlen. Wurde Zeit, dass er sich ein Paar Schuhe besorgte, sonst holte er sich noch etwas weg. Zumal das Wetter offenbar im Begriff war umzuschlagen. Der kommende Tag würde wohl nicht mehr so spätsommerlich schön werden wie der vergangene. Der Herbst kündigte sich unmissverständlich an.

Zur Sicherheit drückte er im Vorbeigehen die Klinke der Kneipentür. Die Tür ließ sich nicht bewegen, wie vermutet. Sie war verschlossen, die Kneipe also längst verlassen. Der Ärger darüber, dass er eine Stunde zu lange ohne Not hinter seinem Strandkorb gefroren hatte, wurde jedoch von der Vorfreude auf eine unmittelbar bevorstehende Mahlzeit deutlich gemildert.

Der dicke Mann pirschte sich an der Kneipenfront entlang bis zur Hausecke und tauchte in den Schatten der schmalen Lohne ein, die sich zwischen den benachbarten Häusern hinzog. Er tappte über unregelmäßige, vom Zahn der Zeit schartig genagte Pflasterklinker und näherte sich dem Fenster, das er ausbaldowert hatte. Innen war ein schwacher Lichtschein wahrzunehmen, so als falle Lampenschein durch irgendwelche Ritzen in den Korridor. War dort etwa doch noch jemand wach?

Unsinn, entschied er. Wer die Musik nicht ausmacht, der lässt auch das Licht brennen. Punktum. Jetzt hatte er sich einmal entschieden, da gab es keinen Weg mehr zurück.

Vorsichtig zog er die leise knisternde Kunststoffjacke aus, schauderte unter dem Zugriff des immer frischer werdenden Windes, der durch die Lohne fuhr wie durch ein Blasrohr, faltete das Kleidungsstück zusammen, presste es mit der Linken gegen eine der kleinen Scheiben, in die das Sprossenfenster eingeteilt war, ballte die Rechte zur Faust und schlug kurz und trocken zu. Der Widerstand des Glases verflüchtigte sich, und der dicke Mann hatte das bestimmte Gefühl, so etwas nicht zum ersten Mal getan zu haben. Das Klirren der Scherben, die in den Korridor fielen, wurde von einer erneuten Böe nahezu verschluckt. Den Rest besorgte Freddy Quinn, dessen »Hundert Mann« schlagartig lauter marschierten und alles andere übertönten. Auf dem Gang hatte die Musik bereits solide Zimmerlautstärke. Das fügt sich ja bestens, freute sich der dicke Mann. Wird auch Zeit, dass endlich mal etwas klappt.

Mit spitzen Fingern pflückte er die verbliebenen Scherben aus den dünnen Holzsprossen, steckte seinen Arm durch die Öffnung und tastete nach dem Riegel. Er fand einen einfachen Drehgriff, der sich lautlos bewegen ließ. Sehr gut.

Der dicke Mann zog die Fensterflügel heraus, faltete seine Trainingsanzugjacke wieder auseinander und ließ sie wie einen kleinen Teppich in den Korridor sinken. Er hatte nicht vergessen, dass er immer noch barfuß war. Er schwang ein Bein über das niedrige Fensterbrett, stützte sich ab und stieg ein.

147

Der Korridor lag ebenerdig. Er blieb einen Moment auf der Jacke stehen, unter der die Glassplitter knirschten, und versuchte sich zu orientieren. Das war einfacher als befürchtet, denn unter der Tür, auf der »Gaststätte« stand, fiel ein breiter Streifen Licht hindurch; für seine Augen, die sich längst an die Nacht gewöhnt hatten, mehr als genügend Helligkeit.

Links von der Tür zur Gaststube gab es zwei weitere Türen, vermutlich die zu den Damen- und Herrentoiletten. Weiter hinten stand ein altmodischer Zigarettenautomat. Dahinter endete der Gang. Nach rechts schien er sich weiter ins Innere des Hauses zu erstrecken. Womöglich wohnten dort die Wirtsleute. Also weiterhin äußerste Vorsicht. Andererseits: Wer Freddys Wüstenmarsch verpennen konnte, und das stundenlang, den würde auch er wohl nicht aus dem Schlaf reißen.

Der dicke Mann hob seine Jacke auf, vergewisserte sich, dass keine Glassplitter im Futter hängen geblieben waren, und zog sie über. Dann packte er die braune Tür bei der Klinke, riss sie auf und betrat das Lokal.

»Fern von zu Haus und vogelfrei …« Das Dröhnen aus den Lautsprechern traf ihn mit der Macht eines Rammbocks. Unglaublich, wie gut schallisoliert diese Tür war! Freddys Marschrhythmus peitschte durchs Lokal wie ein Wüstensturm. Der weitläufige, durch halbhohe Sichtblenden aus dunklem Holz vielfach unterteilte Raum erinnerte entfernt an eine Kajüte. Die nikotingelb beschirmten Wandlampen brannten und tauchten das Lokal in schummeriges Licht. Eine langgestreckte Theke beherrschte die Gaststube. Davor waren Tische aufgereiht, rotkariert eingedeckt und von rustikalen Stühlen umstellt. An der rechten Seite gab es eine Reihe von Nischen.

Der dicke Mann erstarrte.

In der ersten Nische, nicht weit vom Thekeneck entfernt, saßen zwei Männer. Und die Frage, ob sie ihn wohl bemerkt hatten, erübrigte sich, denn beide starrten ihn mit großen Augen an.

Hinter dem Eindringling fiel die schwere braune Tür ins Schloss.

»Tagein, tagaus, wer weiß wohin?«, dröhnte Freddy. Tja, in der Tat, wohin jetzt?

»Verbranntes Land, und wo ist der Sinn?«

Einer der beiden Männer bewegte sich. Ganz langsam schob er sich aus der Bank heraus und hinter dem Tisch hervor. Der andere Mann blieb sitzen, starr wie eine Statue. Seine Unbeweglichkeit wirkte unheimlich. Unheimlich bedrohlich.

Der erste Mann war inzwischen hinter dem Tisch hervorgekommen. Langsam richtete er sich auf. Und stand.

Und schwankte.

Jetzt erst bemerkte der dicke Mann die Flaschen auf dem Tisch. Drei waren es, allesamt Schnapsflaschen. Wodka offenbar. Zwei der Flaschen waren ohne Schraubverschluss. Anscheinend war nur in der dritten noch etwas drin.

Der erste Mann hatte sein Schwanken in den Griff bekommen. Er machte einen seitlichen Ausfallschritt, dann einen weiteren auf den dicken Mann zu. Auch er trug einen Trainingsanzug, ebenfalls mit Streifen in den Nationalfarben, allerdings mit dunkelgrüner Grundtönung. Seine dunklen Haare standen auf der linken Seite fast waagerecht vom Kopf ab, so als habe er lange Zeit mit in die Handfläche gestütztem Haupt dagesessen und seinen Schopf dabei modelliert. Seine Figur wirkte durchschnittlich, sein Gesicht zeigte den Ausdruck missmutiger Entschlossenheit.

Der Schwankende machte einen weiteren Schritt vorwärts.

149

Der dicke Mann, gerade noch von Fluchtgedanken erfüllt, spürte plötzlich ein warmes Gefühl in der Magengrube. Dort, wo bis vor wenigen Sekunden noch der Hunger gewütet hatte, begann sich ein Druck aufzustauen, als herrsche in Magen und Gedärm nicht Leere, sondern übermäßige Fülle. Ja, tatsächlich, es war ein Gefühl der Sättigung. Und er wusste auch genau, was er satt hatte. Nämlich das Davonlaufen, das Verstecken, die Angst.

Genug! Diesmal würde er sich nicht vertreiben lassen. Ganz egal, wer er war, und ob er ein Recht hatte, hier zu sein, oder nicht – er ließ sich nicht mehr verscheuchen. Völlig schnurz, was das für Folgen haben mochte. Irgendwann war es zuviel, und dieses Irgendwann war jetzt.

»Weil ein Befehl unser Schicksal war«, dröhnte Freddy. Na schön, dachte der dicke Mann, wenn schon Befehl, dann wenigstens einer, den ich mir selber gegeben habe.

Statt sich zurückzuziehen, trat er einen Schritt vor. Und noch einen. Seine nackten Fußsohlen patschten auf dem glatten Linoleumbelag.

Der Mann mit der waagerechten Haartolle blieb überrascht stehen. Sein Schwanken nahm zu, und sein Kopf wackelte wie ein übergroßes Pendel.

An der rechten Wand war eine weitere Tür ins Blickfeld des dicken Mannes gerückt, die bisher zwischen zwei Nischen verborgen gewesen war. Auch sie trug ein Schild. Im Dämmerlicht war es gerade eben zu entziffern: »Zu den Gästezimmern«.

Also war der Utkiek nicht nur ein Lokal, sondern auch eine Art Hotel, und der Gang, durch den er eingedrungen war, führte nicht zur Wohnung der Kneipiers, sondern zu den Gästezimmern. Und dies hier, das waren zwei Hotelgäste. Zwei Typen, die ebenso illegal hier eingedrungen waren wie er, um sich heimlich und kostengünstig vollaufen zu lassen. Und sich mit einer Überdosis Freddy Quinn zuzudröhnen. Es war schon erschütternd, welche Formen die Sucht annehmen konnte.

Der schwankende Mann tapste erneut vorwärts. Der dicke ebenso. Schon standen sie Bauch an Bauch. Befriedigt stellte der dicke Mann fest, dass er einen halben Kopf größer war als sein Gegenüber. Er pumpte seinen Brustkorb auf und stemmte die Fäuste in die Seiten.

»Was soll das denn hier, hä?«, brüllte er Freddy nieder. Nur keine anspruchsvolle Wortwahl, jetzt ging es darum, verstanden zu werden. »Wie kommt ihr denn dazu, so einen Lärm zu machen?«

Der andere Mann schwankte jetzt um sämtliche Körperachsen. Mit sichtlicher Mühe hielt er sich aufrecht. Zwei, drei Mal schnappte er nach Luft, dann setzte er zu einer Erwiderung an.

Jetzt bin ich mal gespannt, dachte der dicke Mann. Mit etwas Pech hat mich in drei Minuten die Polizei am Wickel.

Der schwankende Mann sagte: »'schulljung. Wa wolltn Se nich schtöan.« Mit deutlicher Anstrengung schaffte er es, sich zu seinem versteinerten Kumpan umzudrehen, ohne dabei umzufallen, und eine scheibenwischerähnliche Armbewegung zu machen: »Mach ma leisa.«

»Nicht leiser!«, schrie der dicke Mann. »Ausmachen!« Er staunte selber über seine Dreistigkeit. Aber nur so machte die Sache Sinn.

Mit einer unerwartet fließenden Bewegung erhob sich der andere Mann, streckte einen langen, hageren Arm aus und stellte die Stereoanlage, die auf einem über Kopfhöhe angebrachten Regal stand, aus. Mitten in der Eingangsstrophe brach Freddy ab. Eine körperlich spürbare Stille breitete sich aus. Himmlisch!

»So, und jetzt gehen Sie schön aufs Zimmer und legen

sich schlafen. Für heute reicht es.« Bester Herbergsvater-tonfall. Der dicke Mann war begeistert von sich.

Der zweite Mann wandte sich dem Tisch zu, an dem er gesessen hatte, und streckte noch einmal seinen langen Arm aus.

»Halt!«, rief der dicke Mann; seine Stimme donnerte förmlich durch den nunmehr ruhigen Raum. »Die Flasche bleibt hier!« Dann erschrak er. Was, wenn er es damit übertrieben hatte? Wenn die beiden Betrunkenen doch noch störrisch wurden? Sie konnten zwar kaum noch stehen, aber sie waren immerhin zu zweit.

Der zweite Mann aber grinste nur verlegen und zog seinen Arm zurück. Er versuchte etwas zu sagen, scheiterte jedoch kläglich. Einzig die Worte »zahlen« und »morgen« stachen halbwegs identifizierbar aus dem mehr erbroche-nen als gesprochenen Wortbrei heraus.

»Ja, ist gut«, sagte der dicke Mann. »Zahlen könnt ihr morgen. Gar kein Problem.«

Jetzt grinsten sie beide. Erleichtert, wie es aussah, und ziemlich blöde vom Schnaps. Schaukelnd setzten sie sich in Bewegung. Der dicke Mann hielt ihnen die Tür auf, die laut Aufschrift »Zu den Gästezimmern« führte. Dann atmete er tief durch.

An der Theke stellte er fest, dass seine Glückssträhne noch nicht beendet war. In einer Vitrine stand, wie sehnlichst erhofft, eine Servierplatte mit einer kleinen Pyramide kross gebratener Frikadellen, und der unterhalb des Tresens eingebaute Kühlschrank enthielt neben einer Flaschenkollektion auch einen beachtlichen Kunststoff-behälter mit Kartoffelsalat. Plastiktüten lagen griffbereit unter dem Telefontischchen. Und die Kasse stand offen. Er genehmigte sich eine Handvoll Hartgeld. Und einen Schwung Senftütchen.

Was noch? Etwas zu trinken. Er griff sich zwei Wasserflaschen und musterte den Tisch in der Nische, an dem die beiden Zecher gesessen hatten: Die dritte Schnapsflasche war noch fast voll. Tatsächlich Wodka, und nicht einmal schlechter. Kurz entschlossen griff er zu.

Da war etwas unter seinem Fuß. Er bückte sich. Schuhe! Der Hagere hatte seine Schuhe ausgezogen und unter dem Tisch vergessen. Sie sahen nicht gerade klein aus. Ob sie wohl …?

Er setzte sich auf die Bank und probierte. Tatsächlich, die Schuhe passten! Der Hagere musste ganz schön lange Füße haben. Na, der würde den Verlust verschmerzen können. Für ihn aber waren diese Schuhe ein Geschenk des Himmels. Draußen war es kalt, und ehe der Morgen graute, würde es noch viel kälter werden.

Das brachte ihn auf einen weiteren Gedanken. Schnell riss er die Decken von den benachbarten Tischen, legte sie übereinander und warf sie sich über die Schultern. Das würde ihn ein wenig vor dem Wind schützen. Wie das aussah, konnte ihm ja egal sein. Heute Nacht bekam ihn ja keiner mehr zu sehen. Und wenn doch – sollten sie ihn ruhig für ein Gespenst halten.

In gewisser Weise war er ja auch eins.

23.

Ulfert Janssen öffnete die Hintertür, schaute hinaus, schüttelte sich und zog sich die Pudelmütze über die Ohren. Eingehüllt in seine Allwetterjacke, deren Reißverschluss bis unters Kinn geschlossen war, trat er ins Freie und zog die Tür leise hinter sich ins Schloss. Langsam und zögernd, als sei er sich seiner Sache nicht ganz sicher, überquerte er den Hinterhof, ließ die Schmuddelecke mit den Müllsäcken und den Altpapierpacken links liegen und wandte sich dem massiven Nebengebäude zu.

Von der Straße aus sah das Grundstück der Familie Janssen kaum größer aus als das der Nachbarn rechts und links – einmal abgesehen davon, dass das Haus, von dem aus Tante Lütine so lange ihre Geschäfte geleitet hatte, um einiges größer war als die benachbarten und von daher eben auch ein etwas geräumigeres Grundstück benötigte. Je weiter man jedoch am Haus entlang nach hinten kam, desto mehr veränderte sich der anfängliche Eindruck. Dort nämlich endete die Parzelle nicht etwa, sie franste vielmehr aus. Stückchen um Stückchen hatte Lütine Janssen in all den Jahren Grund und Boden hinzugekauft, wann immer sich die Gelegenheit dazu bot. Nie viel auf einmal und von verschiedenen Vorbesitzern, so war das niemals sonderlich aufgefallen. Tatsächlich aber war das Janssensche Grundstück für die prinzipiell beengten Inselverhältnisse ungewöhnlich ausgedehnt und bot auf seinen asymmetrischen Auswüchsen an der Hinterfront Platz für alles Mögliche.

Zum Beispiel für Nebengebäude wie dasjenige, dessen überbreite Tür Ulfert Janssen jetzt aufschloss.

Inzwischen war es bereits nach zwei Uhr nachts, und das Wetter hatte sich weiter verschlechtert. Der Wind frischte mehr und mehr auf, erreichte in vereinzelten Böen bereits Sturmstärke, die Temperatur sank rapide, und es hatte zu regnen begonnen. Sehr ergiebig war dieser Regen noch nicht, kaum mehr als ein kräftiges Nieseln, aber unter dem harten Griff des Windes durchdrangen die feinen Tropfen doch schnell unpassende Kleidung und bissen in ungeschützte Haut wie Tausende winziger Zähne.

Ulfert Janssen ließ eine Taschenlampe aufblitzen. Ein

Schlüsselbund rasselte. Lautlos schwang die Tür in ihren sorgfältig geölten Angeln. Der Mann steckte die Schlüssel ein, warf einen sichernden Blick über die Schulter, überschritt die Schwelle und schloss die Tür sorgfältig hinter sich.

An der Wand neben der Tür hing eine Kabellampe an einem Nagel. Die Glühbirne in ihrem schwarzen Schutzgitterkorb verbreitete ein strahlendes, kaltes Licht, das dennoch kaum bis in die Ecken des ausgedehnten Raumes drang. Dieser Raum, der den weitaus größten Teil des Gebäudes einnahm, hatte die Ausmaße einer Ferienwohnung. Eine Werkbank, zwei Rollwagen mit allerhand Werkzeug darauf, eine Standbohrmaschine und ein halb zerlegtes Metallgestell, das einmal zu einem Tisch gehört haben mochte, waren an der Längswand seitlich der Tür aufgereiht und ließen den Raum wie eine Werkstatt erscheinen. Ein Eindruck, der nur durch die Tatsache beeinträchtigt wurde, dass er ansonsten vollkommen leer war.

Oder vielmehr fast leer. Mittendrin stand eine große hölzerne Kiste. Aber das war auch schon alles.

Ulfert Janssen steckte die Taschenlampe ein, ging zu einem der Rollwagen und griff, ohne hinzusehen, nach einem Brecheisen. Er umrundete die fast mannshohe Kiste, die an den Seiten Logo und Anschrift einer großen Spedition aufwies, und setzte das Brecheisen an einer der Stirnwände an. Tiefe Marken im Holz zeigten, dass dies nicht zum ersten Mal geschah. Die Nägel gaben sofort nach, als seien sie bereits mehrfach herausgezogen und wieder ins Holz zurückgedrückt worden, was auch tatsächlich der Fall war. Die Stirnplatte löste sich und kippte krachend zu Boden. Ulfert Janssen schob sie mit dem Fuß beiseite, was ihm einige Mühe zu bereiten schien, denn er verzog das Gesicht dabei.

In der Kiste blinkte es metallen. Chrom und polierter Lack blitzten im Licht der Kabellampe auf. Rote Rückstrahler schienen zum Leben zu erwachen, als suchten sie ein Zielobjekt für die dicken, blanken Rohre, die kanonengleich aus der Tiefe der Kiste in den Raum hinein drohten.

Auf Ulfert Janssens Gesicht breitete sich ein Lächeln aus, als betrachte er eine geliebte Frau oder sein leibliches Kind. Und nicht etwa ein paar Zentner Metall. Kunstvoll bearbeitetes Metall, keine Frage. Teures Metall. Metall der Marke Harley-Davidson. Metall, das in dieser Form auf einer autofreien Insel wie Langeoog etwa so häufig vorkam wie ein weißer Elefant.

Ulfert zwängte sich zu der Maschine in die Kiste hinein, ergriff die Lenkerenden des Motorrads und wuchtete es vom Seitenständer. Langsam und vorsichtig, Zentimeter um Zentimeter, schob er die Maschine rückwärts, astete sie mit geübtem Schwung über den Balkenrahmen am Ende der Kiste und bremste sie anschließend ebenso routiniert wieder ab. Draußen, in der Mitte des großen, ansonsten leeren Raums, ließ er die Harley wieder auf ihren Seitenständer sinken und umrundete sie mehrmals, als könne er sich nicht satt sehen an ihren prall gerundeten Kotflügeln, den schwellenden Formen des Tanks, den glitzernden Speichen, den beiden wuchtigen Zylindern des V-Motors. Zärtlich streichelte er die Sitzbank, die breit war und weich und rund. Einladend weich und rund. Ulfert Janssen nahm die Einladung an.

Er brachte die Maschine ins Lot und ließ den Seitenständer zurückschnappen. Sanft steckte er den Schlüssel ins Zündschloss, vergewisserte sich, dass die grüne Leerlauf-Kontrolllampe brannte, zog trotzdem den Kupplungshebel und ließ den ersten Gang probeweise einrasten. Das grüne Lämpchen erlosch. Alles in Ordnung.

Mit der Fußspitze schob er den Hebel zurück auf Leerlauf und griff nach Kraftstoffhahn und Choke. Alles auf Start, Ready for Takeoff. Er drehte den Schlüssel.

Knurrend erwachte der Anlasser zum Leben, zerrte am Ritzel wie ein rüde geweckter, missgelaunter Kettenhund und zwang Kurbel- und Nockenwelle zur Rotation. Ein hochsensibles Gemisch aus Luft und zerstäubtem Benzin wurde in zwei Kammern gepumpt, deren Gesamtvolumen weit mehr als einen Liter betrug, und dort von mächtigen, stampfenden Kolben komprimiert. Zündfunken spritzen. Dann die Explosion.

Ulfert Janssen konnte die Schläge durch die weiche Sitzpolsterung und den exquisiten Lederbezug hindurch spüren. Aus dem Auspuff begann es zu gewittern. Ein sattes Bollern erfüllte den Raum, kernige Vibrationen schüttelten das gesamte schwere Motorrad samt Fahrer durch. Die Lenkerenden begannen zu zappeln. Ulfert griff fester zu und regelte den Choke herunter.

Die Auspuffkanonen feuerten stetiger, die Vibrationen fanden zu ihrem Rhythmus. Die Maschine bebte wie ein angespannter Muskel kurz vor der Entladung seiner Kraft. Ulfert Janssen fühlte sich wie von lustvollen Kontraktionen durchgeschüttelt. Er schloss die Augen, konzentrierte sich auf das heftige Zittern des metallenen Körpers unter seinem eigenen, lauschte dem Poltern der beherrschten Maschinenkraft, sog den Geruch verbrannten Superbenzins genüsslich ein. Das, genau das war das Leben. Das und nichts anderes. Dagegen war alles andere nur …

Er zuckte erschrocken zusammen, als die Leuchtstoffröhren an der Decke aufflammten und den ganzen Raum bis in die Winkel hinein in grellem, kaltem Licht badeten. Fast hätte er das Gleichgewicht verloren, als sein rechtes Bein die kippende Harley abfangen musste und einzuknicken drohte. Unwillkürlich riss er am Gasgriff, und der Motor brüllte auf. Das Blut schoss ihm ins Gesicht. Niemand, der etwas von einer Harley verstand, zwang ihren Motor zu derart hohen Touren! So etwas war streng verpönt, und weil das so war, hatten Harley-Davidsons nicht einmal Drehzahlmesser. Jeder Mensch hatte doch Ohren, die mussten reichen.

Mit dem rechten Daumen betätigte er den Zündunterbrecher. Das Geräusch des Motors erstarb.

»Was soll denn der Quatsch? Willst du dich umbringen?«

Nicole stand in der Tür wie ein fleischgewordener Vorwurf, hoch aufgerichtet und schlank, einen hellgrauen, triefenden Umhang über den Schultern, unter dessen Kapuze feuchte blonde Strähnen hervordrängten, die eine Hand noch am Lichtschalter, mit der anderen vorwurfsvoll wedelnd. »Bist du verrückt, das Ding bei geschlossenen Türen und Fenstern anzulassen? Noch dazu mitten in der Nacht? Glaubst du etwa, dein geliebtes Moped produziert Rosenduft? Oder Edelgase, weil's so teuer war? Guck dich doch bloß mal um, was für einen Nebel du hier produziert hast! Das Zeug kann tödlich sein.«

Ulfert Janssen klappte den Seitenständer aus und ließ seine Harley in die Ruheposition sinken. »Na und?«, antwortete er bockig. »Ist doch mein Leben, oder nicht? Du weißt genau, dass ich gut versichert bin. Kann dir also egal sein.«

»Rede doch nicht so ein dummes Zeug daher!« Nicole blickte über die Schulter nach hinten, als befürchte sie, neugierige Nachbarn könnten die Worte ihres Mannes gehört haben. Draußen aber war nichts außer Wind und Regen.

»Angst, dass die Leute reden?« Ulfert Janssen lachte bitter. »Als ob sie das nicht sowieso täten! Und über dich doch überhaupt immer. Du weißt doch, wie beliebt du hier auf der Insel bist.«

»Allerdings weiß ich das.« Nicoles lang aufgeschossene Gestalt bebte vor Zorn. Ein Anblick, der ihrem Gatten wohlvertraut war, der ihn aber nicht annähernd so erregte wie das Beben seiner Harley. »Und du? Was tust du dagegen? Du bist doch der Mann, also musst du auch die Dinge regeln! Jedenfalls wenn es nach dem antiquierten Weltbild deiner verkalkten Insulaner geht.« Nicoles Wut steigerte sich; die Worte gingen ihr so glatt von den Lippen, als spräche sie sie nicht zum ersten Mal aus. »Aber du unternimmst ja nichts. Nimmst mich niemals in Schutz gegen üble Nachrede. Nur nicht anecken, nur keinen Streit riskieren! Weil du dich nämlich nicht traust. Weil du ein Feigling bist, ein richtiger Jammerlappen. Ein ganz erbärmliches Weichei bist du! Und wegen so etwas sitze ich hier fest und muss mir alles gefallen lassen.«

Ulfert Janssen hatte nicht übel Lust, den Motor wieder zu starten, um Nicoles Schmähungen zu übertönen und auszulöschen. Stattdessen erwiderte er: »Damit hat es ja nun bald ein Ende.«

»Wie meinst du das?« Nicole schaute ihren Mann erstaunt an. »Warum sollen wir denn plötzlich nicht mehr …« Dann dämmerte ihr etwas: »Ach so. Weil Tante Lütine nicht mehr ist.«

»Genau«, bestätigte Ulfert Janssen. »Jahrelang warst du an Langeoog gebunden, weil du Tant' Lüti gepflegt hast, und die hätte auch nicht einen einzigen Atemzug lang woanders leben wollen als hier. Sie wollte auf Langeoog sein, also musstest du das auch, obwohl ihr beiden euch doch nicht leiden könnt, die Insel und du.« Er zog den Schlüssel am ringförmigen Anhänger aus dem Zündschloss und ließ ihn um seinen Zeigefinger kreisen. »Aber dieser Grund fällt ja nun flach.«

»Na hör mal.« Nicole klang überrascht. Ihre Wut schien verflogen, wenn auch nur, um neuer Empörung Platz zu machen. »Der Grund, warum ich hier lebe, bist du. Du bist mein Mann, wir sind miteinander verheiratet, weißt du nicht mehr? Deshalb lebe ich hier, nämlich bei dir. Und deshalb habe ich auch diese …« – sie biss sich auf die Lippen – »deine Großtante gepflegt. Weil man das von mir erwartete, und weil ich das tun musste, wenn ich dort leben wollte, wo du lebst. Konnte ja nicht ahnen, dass die Leute mich trotzdem nicht akzeptieren würden.« Jetzt schwankte ihre Stimme, klang nach aufsteigenden Tränen.

Ulfert Janssens Stimme klang kalt. »Vor allem wolltest du da leben, wo Tant' Lütis Geld ist. Erzähl mir nichts, das ist doch so! Als ob dir so viel an mir gelegen wäre. Jetzt, da es vorbei ist und wir alles erben, wird es dich ja wohl nicht mehr lange hier halten. Da wette ich drauf.« Er rammte den Schlüssel ins Zündschloss zurück. »Aber was soll's, mir ist es egal. Ist ja genug Kohle da. Ich will nur hoffen, dass du nicht gleich nach der Beerdigung morgen zum Makler rennst. Eine kleine Schamfrist wirst du ja wohl einhalten können, oder? Wo du mich doch so lieb hast, meine Gemahlin!« Seine sonst so sachliche, oft eher unbeholfen klingende Stimme troff plötzlich vor Hohn.

»Ulfert, wie kannst du!«

Nicoles Stimme ging im Aufbrüllen des Motors unter.

»Lass die Tür offen, wenn du gehst«, rief Ulfert Janssen seiner Frau hinterher. »Wo du doch so besorgt bist um mich, du … du Pflegerin!«

Er riss das Gas auf, ein ums andere Mal, und genoss das von den Wänden widerhallende Donnern. »Scheiß doch auf die Nachbarn«, murmelte er vor sich hin.

24.

Stephanie erwachte, weil sich die Vorhänge bis über das Kopfende ihres Bettes bauschten und kalter Wind über ihre bloßen Arme strich. Sie blinzelte irritiert. Wie üblich in diesem herrlichen Spätsommer hatte sie ihr Fenster die Nacht über einen Spalt breit offen gelassen, froh über jeden Hauch kühlender Brise. Jetzt aber drang empfindliche Kälte in ihr Zimmer ein, getrieben von ungewohnt starkem, böigem Wind. Und wenn Stephanie sich nicht täuschte, prasselte da auch Regen gegen die Scheibe. Das Wetter musste buchstäblich über Nacht komplett umgeschlagen sein. Sie spürte, dass sich sämtliche Härchen auf den freiliegenden Partien ihrer Haut senkrecht aufgestellt hatten. Schnell zog sie ihre Arme unter die Bettdecke und kuschelte sich ein.

Wieder fauchte der Wind durch die Fensteröffnung, noch stärker und kälter als zuvor. Stephanie seufzte leise. Vielleicht sollte sie doch besser aufstehen und das Fenster schließen.

Wie spät war es denn überhaupt? Kurz vor sechs. Viel zu früh zum Aufwachen, geschweige denn zum Aufstehen. Für Viertel vor neun hatte Heiden den Chor in die Inselkirche bestellt. Erst war von der Friedhofskapelle die Rede gewesen, aber dann wurde alles kurzfristig zur großen Kirche umdirigiert. Eine Stellprobe musste sein, außerdem Einsingen und all das, damit es bei der Trauerfeier für diese alte Frau besser klappte als einige Tage zuvor bei ihrem achtzigsten Geburtstag. Aber nur die Kernmannschaft sollte diesmal auftreten, sozusagen als Übung unter Reisebedingungen. Die anderen sollten zur Feier kommen, sich in die Kirche setzen, gut zuhören und später erzählen, was ihnen aufgefallen war. Stephanie gehörte zu diesen »anderen«, sie war ja nie eine ernsthafte Kandidatin für die Reise-Formation gewesen. Da hätte es gereicht, um halb acht aufzustehen. Es sprach also einiges dafür, das Fenster zu schließen und noch eine Runde zu pennen.

Aber wenn sie jetzt aufstand, die gespeicherte Wärme ihrer Daunendecke opferte, um durchs kalte Zimmer zum Fenster zu tapsen und es zuzumachen, dann war sie womöglich glockenwach, und ans Wiedereinschlafen war nicht mehr zu denken. Da war es vielleicht doch besser, die Zugluft zu ignorieren und stattdessen die Augen ganz fest ...

Beinahe hätte es geklappt. Sie wusste ganz bestimmt, dass sie praktisch schon wieder geschlafen hatte. Aber damit war es jetzt vorbei. Hellwach war sie auf einmal. Warum?

Da hatte etwas geklappert. Direkt vor ihrer Tür, die zum Gemeinschaftsraum führte. Da war jemand. Au verflucht, hatte etwa eine von ihnen die Tür offen gelassen?

Wieder Klappern. Dazu ein Rascheln wie von einer übergestreiften Jacke. Und Schritte. Das Klacken kannte sie, das waren die Blockabsätze von Thedas Stiefeln. Blöde Trampelteile, sahen total klotzig aus, völlig unvorteilhaft. Richtige Komplextreter. Theda war eben zu klein, das passte ihr nicht, sie wollte größer aussehen, so groß wie Sabrina. Offenbar wollte sie ja manches so wie Sabrina.

Aber was hatte Theda denn um diese Zeit schon herumzuklappern?

Mit einem Ruck saß Stephanie senkrecht im Bett, ungeachtet der Kälte, die jetzt freien Zugriff auf ihr dünnes Nachthemd hatte. Sämtliche Verdachtsmomente gegen ihre Mitbewohnerin, die sie gestern entdeckt, erwogen und schließlich verdrängt hatte, waren plötzlich wieder da. Was, wenn Theda tatsächlich so skrupellos und ehrgeizig war wie befürchtet? Wenn sie wirklich über Leichen ging?

Erst Hilke. Das hatte nicht geklappt, der freie Platz im Sopran ging an Wiebke statt an Theda. Dann Sabrina. Damit war ein weiterer Chorplatz frei, denn angesichts der Verletzungen ihrer Mitschülerin war es mehr als unwahrscheinlich, dass diese rechtzeitig zum Start der Amerikareise wieder auf dem Damm war, von der verpassten intensiven Phase der Vorbereitung ganz zu schweigen. Also war Theda wieder im Geschäft. Himmel, das musste doch reichen!

Andererseits hatte Heiden Theda schon einmal übergangen. Wer sagte denn, dass das diesmal anders sein würde? Niemand. Heiden war nachtragend; wenn der mal jemanden auf dem Kieker hatte, dann hatte derjenige lange etwas davon. Gut möglich also, dass er Theda abermals außen vor ließ. Obwohl es mittlerweile außerhalb des Kreises der bereits Nominierten keine Sopranistin mehr gab, die ebenso gut war wie Theda. Trotzdem, Heiden konnte sich manches erlauben. Das hatte er ja schon bewiesen, und das war ihm durchaus noch ein weiteres Mal zuzutrauen.

Was, wenn Theda diesmal auf Nummer sicher gehen wollte, wenn sie gerade drauf und dran war, eine weitere Konkurrentin aus dem Weg zu räumen?

Was, wenn sie mich … ?

Ein heißer Schreck durchzuckte Stephanies Körper. Im selben Augenblick aber gab ihr Verstand Entwarnung. Sicher, viel schlechter als Wiebke sang Stephanie auch nicht, das war ihr klar. Im direkten Vergleich mit Theda aber fiel sie doch ein wenig ab, zumal Theda in letzter Zeit viel an sich und ihrer Stimme gearbeitet hatte. Was aber schwerer wog, war Stephanies Mangel an Durchsetzungsvermögen – vielmehr ihre fehlende Bereitschaft dazu. Ihr Credo hieß Ausgleich und Harmonie, nicht Ehrgeiz und Triumph. Also hatte sie sich in den Augen Heidens, der vollkommen anders gepolt war, auch niemals in Szene setzen können. Mannschaftsdienliche Pflichterfüllung war nicht das, womit man einen Heiden beeindrucken konnte.

Stephanie also nicht. Wer dann? Wiebke?

Die Wohnungstür fiel gedämpft, aber unüberhörbar ins Schloss und gab Stephanies Überlegungen eine neue Richtung. Also jemand anderes aus der Gruppe, eine, die woanders wohnte. Verdammt, da kamen viele in Frage. Sie musste sie warnen. Aber woher sollte sie bloß wissen, um wen es ging?

Es half alles nichts, sie musste Theda hinterher.

Mit einem Satz sprang sie aus dem Bett, zog sich das Nachthemd über den Kopf, griff nach Jeans und T-Shirt und streifte sie über. Die Sachen fühlten sich kalt und klamm an, aber Stephanie hatte ohnehin schon eine Gänsehaut.

Ohne lange nach Socken zu suchen, schlüpfte sie in ihre Sneakers, tauchte in ihren ockergelben Pullover und schlich zur Tür. Sie horchte. Draußen war es still. Vollkommen still. Hatte sich Theda etwa doch an Wiebke gehalten?

Mit zwei langen Schritten war Stephanie an Wiebkes Zimmertür. Und atmete erleichtert auf, denn die Atemgeräusche, die sie hörte, sprachen eine deutliche Sprache. So schnurpselte nur Wiebke.

Im Flur gab es ein Fenster, durch das fahles, graues Licht hineinfiel; offenbar war die Sonne noch nicht richtig aufgegangen, schickte jedoch bereits einen trüben Widerschein als ersten Vorboten in den wolkenverhangenen Himmel. Vorsichtig spähte Stephanie hinaus und sah Theda gerade noch in die Friesenstraße einbiegen. Schnell angelte Stephanie sich ihren Anorak von der Garderobe, stob in langen Sätzen die knarrende Treppe hinunter und stürzte hinaus auf die Straße.

Der kalte Wind rammte sie mit der Wucht eines rücksichtslosen Siebtklässlers. Gleichzeitig vernahm sie ein laut rumpelndes, bedrohliches Donnern. Das musste die Brandung sein; so laut hatte die hier im Inneren der Insel noch nie geklungen.

Sie hastete zur Straßenecke. Theda hatte schon ein gehöriges Stück Vorsprung. Sie lief in westlicher Richtung; wenn sie nicht vorhatte, an der Frühmesse in der katholischen Kirche teilzunehmen, dann wollte sie zum Strand.

Außer Theda und ihr war zu dieser frühen, ungemütlichen Stunde noch niemand unterwegs, daher war es nur gut, dass sie gehörigen Abstand hielt. Tatsächlich schien das Objekt ihrer Observation zum Strand zu wollen. Theda ignorierte alle Abzweigungen, bog erst kurz vor der Kirche nach links in den Strandjepad ein, mied die Promenade und hielt stattdessen auf die Süderdünen zu. Dort war es schon zu normalen Spazierzeiten menschenleerer als anderswo am Langeooger Strand. Um diese Tageszeit musste es da völlig einsam sein.

Je mehr sie sich den Randdünen näherten, desto mehr Sand mischte sich unter den Regen, der ihr vom Wind ins Gesicht gepeitscht wurde. Schützend kniff Stephanie die Augen zu Schlitzen zusammen. Ob das wohl die gleiche Wirkung wie ein Peeling hatte? Eher die eines Sandstrahlgebläses, entschied sie. Auf beides hatte sie absolut keine Lust. Aber was half es, wenn sie ihre Neugier befriedigen wollte, dann musste sie auch das ertragen.

Sie staunte, dass die Brandungsgeräusche immer noch an Lautstärke zunahmen, aber als die brechenden Wogen in Sicht kamen, begriff sie augenblicklich, warum. Die Nordsee hatte über Nacht eine erschreckende Verwandlung durchgemacht. Das da draußen jenseits des Strandstreifens war nicht mehr die harmlose Badewanne, die ihre Benutzer durch nichts anderes erschreckte als durch zuweilen frische Temperaturen und hin und wieder eine tückische Unterströmung. Das da war eine wilde, tobende, unbarmherzige Bestie, die jedes Versuchs, sie beherrschen oder gar einsperren zu wollen, lauthals spottete. Von einem Augenblick zum anderen begriff Stephanie, warum so viele Küstenbewohner eine Hassliebe zum »Blanken Hans« empfanden, der sie ernährte und von dem sie nicht lassen konnten, der aber auch in seiner Unberechenbarkeit eine ständige Bedrohung für sie darstellte.

Der Sand wehte jetzt in lichten Schleiern um ihre Schuhe, biss herzhaft in die nackten Knöchel und prasselte auf ihre Hosenbeine. Der Wind schien aus Nordwest zu kommen, der hierzulande bevorzugten Windrichtung, und Stephanie musste sich dagegenstemmen, um nicht zurückgetrieben zu werden. Auch Theda stapfte mühsam gegenan, vornübergeneigt wie ein Alleebaum. Der Ausdruck »Windlooper«, irgendwann im Heimatkundeunterricht aufgeschnappt und schnell wieder vergessen, kam Stephanie in den Sinn. Zwar waren damit Bäume gemeint und nicht Menschen, aber auf Theda passte der Ausdruck augenblicklich gut.

Jetzt hatte Theda den Strand erreicht. Sie blieb stehen, schaute nach links und rechts. Dann richtete sie ihren Blick hinaus aufs Meer. So verharrte sie.

Stephanie hatte sich dort postiert, wo sich der tiefe Sandweg nach Überquerung des letzten Dünenkamms gabelte. Eine vorgelagerte Insel aus Gestrüpp, offenbar als Windschutz angelegt, bot optimale Deckung. Um noch näher an Theda heranzugelangen, hätte sie durch den Sand robben müssen, aber dazu war sie nicht bereit.

So weit erniedrigen, im übertragenen wie buchstäblichen Sinne, wollte sie sich nicht.

Was zum Teufel machte die Kleine da? Anscheinend nichts. Also wartete sie. Aber worauf? Auf ihr nächstes Opfer?

Da, ganz links, am äußersten Rand ihres Blickfelds, hatte sich etwas bewegt. Jetzt ging Stephanie doch in die Knie. Wenn das nun der geheimnisvolle dicke Mann war? Was, wenn sie sich in Theda gründlich getäuscht hatte, wenn all ihre Verdächtigungen vollkommen falsch waren und dafür die Theorie vom irren Sexualtäter umso richtiger? Dann hatte sie mit ihrem heimlichen Getue dafür gesorgt, dass der jetzt zwischen zwei Opfern wählen konnte.

Tatsächlich, das da links war ein Mann, und er kam in langen Sätzen über den festen Teil des Strandes herangeprescht. Aber dick war er nicht. Ganz im Gegenteil, eine schlanke, wenn auch nicht mehr wirklich jugendliche Erscheinung. Schlank und sportlich. Fast tonlos flüsterte sie die Worte in den heulenden Wind, um sich selbst zu beruhigen, denn ihre Angst und ihr Puls waren der Wahrnehmung bereits weit vorausgeeilt. Aber dazu bestand ja kein Grund. Das war ja nicht der mörderische dicke Mann, das war ja nur …

Heiden!

Damit lag der Fall klar. Theda, dieses durchtriebene Luder, hatte genau gewusst, wann und wo ihr Chorleiter seine morgendlichen Fitnessübungen absolvierte, und hatte ihn gezielt abgepasst. Da, jetzt wandte sie sich ihm zu, schleimig grinsend und anbiedernd nickend, die Arme angewinkelt, als machte sie gerade wieder einmal die »japanische Fischfabrik«. Natürlich machte sie die, und vorher hatte sie wahrscheinlich gegen den Wind angebrüllt, um ihr Stimmvolumen zu vergrößern. Oder

»Lütt Matten, de Haas« als Artikulationsübung gesungen, mit »Tipp-tipp-tipp« anstelle des Textes, wie Heiden es ihnen einmal in einem besonders sadistischen Augenblick aufgetragen hatte. Niemand hatte das in seiner Freizeit gemacht, natürlich, wer war denn schon so blöd? Niemand außer Theda, klar. Aber die tat es ja auch mit Bedacht und festen Absichten.

Jetzt winkte sie ihrem Lehrer neckisch zu. Das Luder war sich ja für nichts zu schade! Und Heiden fuhr prompt darauf ab, jedenfalls winkte er ebenso albern zurück.

Und nicht nur das. Stephanie traute ihren Augen nicht, als der Chorleiter von seinem Laufkurs abwich und eine kleine Extrarunde um seine musterhafte Schülerin drehte, freundlich lächelnd und plaudernd. Stephanie verfluchte den starken Wind, der Heiden jedes Wort von den Lippen riss und verwehte, ohne ihr die Chance zu lassen, auch nur ein Fitzelchen davon aufzuschnappen. Auf jeden Fall hatten sich die beiden wohl etwas zu sagen, denn Heiden drehte noch eine zweite Runde. Und eine dritte.

Mit vorquellenden Augen registrierte Stephanie, wie ihr Chorleiter seinen langen, tentakelartigen Arm ausfuhr und Theda über die Schultern streichelte. Dann drehte Heiden ab, winkte noch einmal und setzte seinen Lauf fort. Theda winkte ihm fröhlich nach.

Das war ja wohl die Höhe! Da lag Sabrina im Krankenhaus, mit schwersten Verletzungen, und was tat ihr Lover? Ging nicht nur völlig ungerührt seinem normalen Tagesablauf nach, sondern spann auch noch gleich die nächste Liaison an! Schon mal die Nachfolge fürs Bett regeln, wer weiß, ob die aktuelle Mieze dafür noch taugt. Der kluge Mann baut vor. Drecksack!

Durchaus möglich, dass solch ein Kerl noch zu ganz anderen Dingen in der Lage war. Zum Beispiel dazu, seine Machtposition auszunutzen, um zu bekommen, wonach ihm gerade war, und zwar wann und von wem er wollte. Ein bisschen Druck auszuüben war für einen wie Heiden doch kein Problem. Die Möglichkeit dazu hatte er – und störende Skrupel sicher nicht.

Und was, wenn einer wie Heiden unter Druck gesetzt wurde? Wenn ihm der Verlust genau dieser Machtposition drohte, weil jemand etwas an die Öffentlichkeit bringen wollte, das dort seiner Meinung nach absolut nicht hingehörte?

Konnte es sein, dass dieser Jemand dann … im Grab landete? Buchstäblich? Und dass die Nachfolgerin gleich parat stand, willig und zu allem bereit?

Oder halt. Was, wenn die Nachfolgerin schon gleich an diesem Grab parat gestanden hatte? Hand in Hand mit Heiden? Vielleicht hatten sich beide gemeinsam die Hände schmutzig gemacht. Und jetzt wusch eine Hand die andere. Stephanie fühlte sich wie vor den Kopf geschlagen.

Im nächsten Moment schlug ihr tatsächlich etwas heftig ins Gesicht, und ihr wurde dunkel vor Augen. Jemand hatte sich auf sie gestürzt und hielt sie umschlungen, nahm ihr die Sicht, versuchte sie zu knebeln. Es war, als habe man ihr einen Sack über den Kopf gestülpt, wie man es mit Entführungsopfern machte. Oder mit Todeskandidaten. Stephanie schrie, schrie mit aller Kraft und kämpfte gegen die Umklammerung an.

Wider Erwarten bekam sie ihre Arme frei. Eine Sekunde später konnte sie wieder ungehindert atmen, und ihr nun ungedämpfter, gellender Schrei durchdrang sogar den Sturm. Sie wollte nach dem Angreifer schlagen, nach ihm treten, aber es war niemand mehr da. Nur den Sack hielt sie noch in ihren Händen.

Merkwürdiger Sack. Der Stoff fühlte sich zwar recht grob an, aber so grob wie ein Sack war er auch wieder nicht. Und er sah auch nicht so aus. Welcher Sack war schon rotweiß kariert?

Das war kein Sack, erkannte sie mit einiger Verspätung. Das war eine Tischdecke. Rotweiß, mit ein paar Flecken drin. Und sie begann auch zu begreifen, wer sie ihr um die Ohren geschlagen und über den Kopf gestülpt hatte. Weder der hinterhältige Heiden noch der gefährliche dicke Mann, sondern einzig und allein der brutale Nordwestwind.

Als sie den Blick hob, stand Theda vor ihr, die Hände in die Hüften gestemmt. »Was machst du denn hier?«, fragte sie ebenso erstaunt wie empört.

Stephanie erhob sich, klopfte den Sand von ihren Knien, schüttelte die rotweiße Decke aus, knüllte sie zusammen und klemmte sie sich unter den Arm. »Das siehst du doch!«, herrschte sie ihre Schulkameradin an, machte auf der Stelle kehrt und stapfte davon, ohne Theda noch eines einzigen Blickes zu würdigen.

25.

Stahnke erwachte von einem Donnern und Dröhnen, als drehe jemand unmittelbar neben seinem Kopf den Gasgriff eines schweren Motorrads wieder und wieder bis zum Anschlag auf. Was den Hauptkommissar nicht eben wenig verwirrte, glaubte er sich doch auf Langeoog, einer auto- und damit auch motorradfreien Insel. Zu seiner Erleichterung stellte er mit zunehmender Wachheit fest, dass dem tatsächlich so war und dass sich das unaufhörliche Donnern auf die Brandung zurückführen ließ, die sich über Nacht mächtig aufgebaut haben musste.

Jedenfalls teilweise.

Zum anderen Teil fand das Dröhnen innerhalb seines Schädels statt. Stahnke stöhnte, als er sich in seinem Pensionsbett aufsetzte. Der Kopfschmerz war von der sägenden Sorte, ein Schmerz, der einen sofort um den materiellen Bestand der Großhirnrinde fürchten ließ. Außerdem tat ihm der Hals weh, und im Mund hatte er einen Geschmack, als hätten winzig kleine Außerirdische seine Mundhöhle als Abtritt benutzt. Außerdem juckte es ihn überall. Gute Güte, was hatte er gestern bloß wieder getrunken!

Hm. Eine halbe Flasche Wein, und zwar guten. Das konnte eigentlich nicht die Ursache sein.

Er tastete nach dem Schalter und knipste das Licht an. Und erschrak fürchterlich.

Seine Arme, von der Schulter bis zu den Handrücken, waren mit roten Flecken übersät. Auch seine Brust war scharlachrot gescheckt. Er sah aus, als sei ein Schwarm Moskitos über ihn hergefallen, und zwar ein dichter. Dass es auf Langeoog nachweislich keine Moskitos gab, schon gar nicht im Oktober, machte die Sache nicht besser. Entsetzt schnappte der Hauptkommissar nach Luft.

Auch das tat weh. Panik packte ihn, als er feststellte, wie schwer es ihm fiel, einen tiefen Atemzug in seine Lunge zu zwingen. Und wie sich das anhörte.

Stahnke schloss für einen Moment die Augen, versuchte sich zur Ruhe zu zwingen. Es gelang ihm nur ansatzweise, aber immerhin. Vorsichtig schwang er die Beine aus dem Bett, wartete den Schwindelanfall ab, der ihn prompt ergriff, und angelte nach seiner Hose, die er beim Zubettgehen achtlos auf die Dielen hatte fallen lassen. Hoffentlich war es noch da, und hoffentlich war es nicht schon wieder leer!

Gott sei Dank, sein Handy war arbeitsfähig. Und die

Nummer hatte er gestern auch eingespeichert. Hastig suchte er im Verzeichnis, drückte die Ruftaste.

»Fredermann.«

»Stahnke hier. Der Polizist von gestern Abend.« Seine Stimme klang so krank, dass er nicht viel erklären musste.

»Sie bleiben, wo Sie sind, und legen sich wieder hin. Pension *Tongers*, die Adresse kenne ich. Bin gleich bei Ihnen.«

Der Hauptkommissar legte das Handy weg und schaute auf seinen Reisewecker. Halb sieben. Bloß gut, dass der Inseldoktor so ein Frühaufsteher war.

Er legte sich wieder hin und sah zu, wie das graue Licht, das durch die nachlässig zugezogenen Vorhänge fiel, die Einrichtung seines Zimmers Stück für Stück aus der Dunkelheit schälte. Dabei versuchte er, nicht auf seinen Atem zu lauschen und das Gefühl, seine Kehle von einer spanischen Garotte Windung um Windung zugequetscht zu bekommen, zu ignorieren.

Es dauerte nur ein paar Minuten, dann klopfte es an der Tür. Ein »Herein!« wartete Fredermann nicht ab. Auch mit einem Gruß verschwendete der Doktor keine Zeit. Stattdessen riss er die Vorhänge auf und knipste zusätzlich noch das Deckenlicht an.

»Aha«, knurrte er. »Allergieschock. Das seh ich so.«

Fredermanns Tonfall erinnerte Stahnke an Militärärzte, wie sie in Kriegsfilmen vorkamen. Die riefen in diesem Ton meistens »Amputieren!«. Der Hauptkommissar wusste nicht, was ihn mehr in Angst und Schrecken versetzte, die Atemnot oder die Aussicht, von diesem Inseldoktor auf der Basis einer flüchtigen Inaugenscheinnahme spontantherapiert zu werden. Krächzend versuchte er Einspruch zu erheben: »Ich bin überhaupt nicht allergisch. Gegen gar nichts.«

»Ja, das glauben viele. Bis es dann so weit ist.« Ungerührt kramte Fredermann in seiner Tasche, die er auf dem kleinen Ecktisch abgestellt hatte, und förderte Ampullen und Spritzbesteck zu Tage. Keuchend musste Stahnke mit ansehen, wie der Doktor die Spritze aufzog, lässig mit dem Mittelfinger dagegen schnippte und eine gehörige Portion der klaren Flüssigkeit in hohem Bogen auf den Teppich spritzte.

»So«, sagte Fredermann zufrieden. »Dann reichen Sie mir mal den Arm des Gesetzes.« Er streifte Stahnkes Schlafanzugärmel hoch, klopfte ihm ein paar Mal mit der flachen Hand auf die Armbeuge, rieb sie kurz mit einem feuchtkalten Wattebausch ab, murmelte anerkennend etwas von »prachtvollen Venen« und stach zu. »Schöner Cocktail aus Antihistaminen, Cortison und Adrenalin«, kommentierte er, während er den Kolben der Spritze bis zum Anschlag herunterdrückte. »Das hilft fast immer.«

Dieses »Fast« schnürte Stahnkes Kehle noch weiter zu.

Die Erleichterung aber kam schnell. Der Druck des Würgeeisens um seinen Hals nahm ab, als hätte sich die Heilige Inquisition in letzter Minute doch noch von seiner Gottgefälligkeit überzeugen lassen und gnädig entschieden, von einer ultimativen Beförderung in höhere Gefilde Abstand zu nehmen. Je leichter ihm das Atmen wieder fiel, desto mehr nahm das Herzrasen ab, und auch der Juckreiz schien nicht mehr ganz so schlimm zu sein wie noch vor wenigen Minuten.

»Gut gepokert, Doc Holiday«, ächzte er. »Ihre Giftmischung scheint anzuschlagen.«

Fredermann ließ sich nicht aus der Ruhe bringen. »Was haben Sie denn gestern Abend so gegessen?«, fragte er, während er sich einen Stuhl neben das Bett zog und seinen Patienten flüchtig zu untersuchen begann. »Sojaprodukte? Nüsse? Vielleicht irgendwas mit Sellerie?« Recht unsanft zerrte er an Stahnkes Unterlid: »Alkohol getrunken haben Sie ja vermutlich auch.«

»Zwiebeln.« Klar, dass die ihm als Erstes einfielen; seine Augen brannten immer noch, wenn er nur daran dachte. »Und Pilze waren auch drin. Reis natürlich und Curry. Aber sonst?« Er zuckte die Achseln: »Da müssen Sie Lüppo Buss fragen, der war gestern Küchenchef.«

»Lüppo also.« Fredermann grinste breit. Er legte Stahnkes Brustkorb frei und horchte ihn ab. »Sehr experimentierfreudig, der Gute. Werde mich mal bei ihm erkundigen. Der ist nicht zufällig scharf auf Ihren Posten, oder?« Das Grinsen verbreitete sich ins schier Unnatürliche; Fredermanns Mundwinkel schienen so flexibel zu sein wie die einer Würgeschlange.

»Wer weiß? Auszuschließen ist gar nichts.« Überrascht stellte Stahnke fest, dass sein Galgenhumor bereits wieder im Dienst war. »Aber ich glaube, scharf war eher sein Reisfleisch.« Er stemmte sich hoch in die Sitzposition und stellte zufrieden fest, dass auch das Schwindelgefühl beseitigt war. »Trotzdem verstehe ich das alles nicht. Ich habe doch noch nie allergisch reagiert. Warum denn jetzt auf einmal?«

»Anreicherung«, sagte der Doktor lapidar, während er seine Utensilien zusammenräumte. »Lange geht es gut, dann ist plötzlich eine Sättigungsgrenze erreicht, und zack! schon ist sie da, die Allergie. Und sie kommt nicht nur« – er zwinkerte Stahnke vertraulich zu – »sie bleibt dann auch.«

»Mist«, brummte der Hauptkommissar. »Und das ausgerechnet im Urlaub.«

»Eigentlich ist ja Stress einer der allergiebeschleunigenden Faktoren«, erklärte Fredermann. »Aber wie ich gestern Abend mitbekommen habe, sind Sie ja wohl ständig im Dienst, auch in den Ferien. Gut möglich, dass das den letzten Kick gegeben hat.«

»Sie haben aber auch nicht gerade geregelte Arbeitszeiten, oder?«, gab Stahnke zurück. »Schon gar nicht in der Ferienzeit. Von daher ist der Name ›Doc Holiday‹ gar nicht so unpassend.«

»Glauben Sie ja nicht, dass da vor Ihnen nicht schon hundert andere drauf gekommen sind.« Fredermann winkte ab. »Die Geschichte wiederholt sich eben. Außerdem habe ich ja nicht ständig Bereitschaft, so wie jetzt gerade.«

Der Arzt nahm seine Tasche auf und schaute in die Runde, um sich zu überzeugen, dass er nichts liegengelassen hatte. »Wenn's wieder schlimmer wird, rufen Sie mich an. Glaube ich aber nicht. Ansonsten sehen wir uns ja sicher heute Vormittag, dann können wir einen Untersuchungstermin absprechen.«

»Heute Vormittag?« Es dauerte einen Augenblick, ehe Stahnke drauf kam: »Ach ja, die Trauerfeier! Gehen Sie da auch hin?«

»Was glauben Sie wohl!« In gespielter Entrüstung schüttelte Fredermann den Kopf. »Als Mediziner gehört man doch zu den oberen Zehntausend hier auf der Insel. Allzu viele gibt es ja nicht von uns. Drei Kurärzte, eine Zahnärztin, das war es schon. Da wird man natürlich eingeladen.« Übergangslos stellte er das Feixen ein: »Außerdem kannte ich Tant' Lüti recht gut, nicht nur als Arzt, auch so. Wir waren ja beinahe Nachbarn und haben uns immer gut verstanden. Versteht sich von selbst, dass ich zu ihrer Beerdigung gehe. Schätze, dass viele das so sehen. Wird wohl voll werden.«

Stahnke betastete seine weitläufige Brust und stellte erleichtert fest, dass die mückenstichähnlichen Quaddeln abzuschwellen begannen. Auch die rote Färbung schien nicht mehr ganz so intensiv zu sein.

»Sie waren also Frau Janssens Arzt?«, fragte er nach. »Und Sie haben diese Woche Bereitschaft. Dann haben Sie auch ihren Totenschein ausgestellt, richtig?«

»Richtig«, sagte Fredermann. »Und?«

»Nur so.« Stahnke schwang die Beine aus dem Bett. »Habe nur gestern mit meinem Kollegen über die Todesursache geredet. Atemstillstand nach Herzversagen, stimmt das?«

»Fragen Sie dienstlich?« Fredermann schaute drein wie die personifizierte ärztliche Schweigepflicht.

»Im Zweifelsfall immer«, sagte Stahnke.

»Aha.« Der Arzt schmunzelte. »Wissen Sie, wenn man weiß, dass eine Dame von achtzig Jahren Krebs hatte, und das nicht erst seit gestern, dann empfindet man es als ziemlich normal, dass sie irgendwann aufhört zu atmen. Weil nämlich ihr Herz stehen geblieben ist. Das heißt dann Atemstillstand nach Herzversagen. So ist nun mal der Lauf der Dinge.«

Stahnke runzelte die Stirn. »Was Sie mir damit sagen wollen, ist sicherlich, dass Sie die alte Dame nicht wirklich auf die genaue Todesursache hin untersucht haben.«

Fredermann setzte sich wieder auf den Stuhl, genau Stahnke gegenüber. »Als die Janssens mich riefen, hatte Nicole Tant' Lüti schon gewaschen und ihr die guten Sachen angezogen. Da war etwas eingetreten, das zum Leben nun einmal dazugehört, nämlich der Tod, verstehen Sie? Da war nichts Geheimnisvolles dran, da gab es nichts aufzuklären für mich. Von mir wurde erwartet, einen normalen Vorgang regulär zu bescheinigen. Und genau das habe ich gemacht.«

»Aber Sie wissen schon, dass Menschen auch mal neunzig Jahre alt werden, nicht? Oder auch noch älter?«

»Krebskranke äußerst selten.« Fredermann schlug mit den Handflächen auf seine Oberschenkel: »Glauben Sie mir, Tant' Lüti ist keinem Verbrechen zum Opfer gefallen. Wer sollte einer wie ihr denn auch etwas tun?«

»Es ist ja nicht so, dass ich Ihnen nicht glaube«, erwiderte Stahnke. »Aber so sollten Sie nicht fragen. Wer hatte einen Grund, wer hatte die Gelegenheit – fragen Sie doch mal so. Da findet sich nämlich fast immer jemand.«

»Grund?« Fredermann beugte sich vor, so dass seine Nase nur noch eine Spritzenlänge von Stahnkes entfernt war. »Gelegenheit? Wie meinen Sie das?«

»Na, ganz einfach! Wem war sie eine Last, zum Beispiel, wer musste die ganze Arbeit machen? Und wer profitiert von ihrem Tod, will sagen, wer erbt? So meine ich das.«

Nachdenklich schüttelte Fredermann den Kopf. »Nicole«, murmelte er. »Nicole hatte die Arbeit. Und sie erbt auch, zusammen mit ihrem Mann. Aber ich bitte Sie! Deswegen kann man doch nicht unterstellen …«

»Ich unterstelle gar nichts.« Stahnke winkte ab. »Wollte nur mal andeuten, dass die Dinge nicht immer so offensichtlich liegen und so natürlich ablaufen, wie Sie das schildern. Haben Sie eigentlich eine Vorstellung, wie viele Morde in Deutschland gar nicht als solche erkannt werden, gerade an alten Menschen, weil hierzulande viel zu selten obduziert wird? Wie viele pro Jahr?«

Hilflos zuckte Fredermann mit den Schultern. »Keine Ahnung. Ein paar Dutzend?«

»Eintausendzweihundert«, sagte Stahnke. »Resultat einer Untersuchung. Wenn das stimmt, und ich zweifle nicht daran, dann saust unsere Aufklärungsquote tief in den Keller. Von nahe an hundert auf knapp fünfzig Prozent. Unangenehme Vorstellung, nicht?«

»Stimmt«, sagte Fredermann. »Aber trotzdem glaube ich nicht …«

»Natürlich nicht. Ich wollte es ja nur mal gesagt haben.« Stahnke erhob sich. Er fühlte sich wieder fit genug für die Dusche.

Fredermann wandte sich zum Gehen. Stahnke aber war noch nicht ganz fertig.

»Sagen Sie, wie viele Einwohner hat Langeoog eigentlich?«

»Genau 2150. Wieso?«

»Wegen der ›Oberen Zehntausend‹.« Der Hauptkommissar grinste. »Dann gehören Sie ja tatsächlich dazu.«

Fredermann lächelte matt: »Nett, dass Sie mir wenigstens etwas glauben.«

»Skepsis gehört eben zu meinem Geschäft. Auch in Bezug auf Zahlen. Die Einwohnerzahl, die Sie da genannt haben, gehört ja auch wohl korrigiert, oder? Ohne Frau Janssen sind es nur noch 2149.«

»Da irren Sie, Mr. Holmes.« Fredermanns Zeigefinger schoss vor: »Heute früh um fünf hat Mientje Papinga ein gesundes Mädchen zur Welt gebracht. Kein Wunder, ist ja Nachsaison, da hat man hier Zeit für so was. Was glauben Sie, warum ich schon so wach war, als Sie anriefen?« Triumphierend richtete der Doktor seinen ausgestreckten Zeigefinger zur Zimmerdecke: »Auf jeden Fall sind es damit wieder 2150.« Federnden Schrittes verließ Fredermann das Zimmer.

Stahnke reckte sich. »Mir soll's recht sein«, murmelte er vor sich hin, während er in Richtung Bad schlurfte. »Sie sind der Doc, Doc.«

26.

Lüppo Buss erwachte, lange bevor sein Wecker die Klingelzeit für gekommen hielt, und nachdem er sich eine Weile von einer Matratzenkante zur anderen gewälzt hatte und dabei immer wacher geworden war, hatte er sich ins Unvermeidliche geschickt und war aufgestanden. Immerhin verblieb ihm auf diese Weise noch eine etwas längere Frist der Selbstständigkeit. Galgenfrist? Er versuchte sich Hauptkommissar Dedo de Beer, den Mann, der heute hier eintreffen, der in seinen Beritt eindringen und ihm seinen Fall aus den Händen nehmen würde, als Henker vorzustellen und war erstaunt, wie leicht das ging.

Dass über Nacht der Herbst Einzug gehalten hatte, überraschte den Inselpolizisten überhaupt nicht. Nach den letzten Tagen, die für einen Oktober unnatürlich schön gewesen waren, bedeuteten Sturm, Regen und Kälte nichts anderes als die Rückkehr zur jahreszeitlichen Routine. Jetzt, da doch so einiges aus den Fugen geraten war, ein durchaus beruhigendes Stückchen Normalität. Selbst die kalte Zugluft, die durch die Ritzen im Badfenster fauchte, hatte aus diesem Blickwinkel noch etwas Heimeliges.

Lüppo Buss frühstückte Tee und Toast; eine Gewohnheit, die er nie als englisch empfunden hatte. Er mochte einfach weder Kaffee noch Brötchen. Und er mochte sich auch mit dem Frühstück nicht gern lange aufhalten. Für einen Feinschmecker und Hobbykoch wie ihn war das eher ungewöhnlich, aber morgens am Frühstückstisch empfand er das Alleinsein nun einmal am stärksten. So etwas musste ja nicht unbedingt in die Länge gezogen werden.

Kauend blickte er aus dem Fenster. Seine Dienstwohnung befand sich im selben Haus wie die Polizeidienststelle, er konnte sie jederzeit aufsuchen, ohne einen Schritt vor die Tür zu tun. Selbst die Arrestzelle befand sich mit unter demselben Dach. Trotz dieser überaus praktischen Anordnung war ihm mehr danach, hinaus ins Freie zu gehen. Das Wetter schreckte ihn kein bisschen ab. Lüppo Buss liebte es, Sturm und Regen die Stirn zu bieten und dem »Blanken Hans« gelegentlich zu zeigen, dass er zwar viel Macht, aber auch würdige Gegenspieler hatte. Außerdem gab es passende Kleidung. Auch daran mangelte es dem Polizisten nicht.

Wenige Minuten später trat er hinaus auf die Straße an der Kaapdüne, beide Schultern in den angriffslustigen Wind gestemmt wie ein Freistilringer. Das fühlte sich ganz nach dem ersten richtigen Herbststurm an, fand er; ein paar Wochen noch, und die Langeooger hatten ihre Insel wieder weitgehend für sich. Ein Gedanke, der durchaus widersprüchliche Gefühle weckte. Natürlich nervte die sommerliche Hektik, aber sie machte auch den Großteil seiner Existenzberechtigung aus. Und das Alleinsein empfand er während der Saison auch nicht so intensiv wie danach.

Lüppo Buss war ganz froh, dass er nicht völlig alleine unterwegs war an diesem frühen, grauen Morgen. Dass der erste Passant, dem er begegnete, ausgerechnet Pastor Rickerts sein würde, hatte er nicht erwartet. Immerhin lagen die Kaapdünen und die nach ihnen benannte Straße, an der die Polizeistation lag, unmittelbar am Wasserturm und damit am Ortsrand und in Strandnähe; Rickert Rickerts aber hielt sich gewöhnlich innerhalb des Ortes auf, dort, wo seine feste Kirchenburg stand und wo seine Schäfchen ihres guten Hirten bedurften.

In der Tat war Rickerts ein guter Hirte, einsatzfreudig wie nur irgendeiner, und über seine grundehrliche Güte konnten auch seine zuweilen rauen Umgangsformen nicht hinwegtäuschen. Heute früh aber befand sich diese Güte offenbar noch im Tiefschlaf. Pastor Rickerts' Laune war unverkennbar grottenschlecht.

»Musste kurz an die Luft. Unbedingt abkühlen. Ist ja nicht zu fassen«, rief er Lüppo Buss statt einer Begrüßung zu. »Eben an den Strand und übers Wasser gucken. Das beruhigt.« Er streckte einen kräftigen Arm aus, umklammerte die Schulter des Kommissars mit einer kohlenschaufelgroßen Hand und zog den Ordnungshüter unwiderstehlich an seine Seite. Rickerts war nahezu einen

Kopf größer als Buss und auch deutlich breiter, so dass es den Anschein hatte, als klemme sich der Pastor den Polizisten unter den Arm.

»Mensch, Rickerts.« Lüppo Buss ließ sich widerstandslos abführen. »Was hat dich denn so auf die Palme gescheucht? Wieder jemand zu den Katholen übergelaufen?«

»Wat? Büst woll mall worn.« Rickert Rickerts war bis auf die Knochen Lutheraner. Für die Ökumene und anderes neumodisches Zeugs hatte er ebenso wenig Verständnis wie der Papst. Evangelisch war richtig, katholisch war Konkurrenz, basta.

Lüppo Buss schmunzelte: »Was denn dann?«

»Lütine!« Pastor Rickerts stöhnte herzerweichend. »Andauernd geht das hin und her mit der Leiche. So was darfst du keinem erzählen, wirklich! Das glaubt einem kein Mensch.«

»Na, dann bist du bei der Polizei ja gerade richtig mit so einer Aussage. Komm, erleichtere dein Herz.«

Rickerts peilte den Inselpolizisten misstrauisch von der Seite an, als habe er etwas Katholisches gewittert. »Willst du mich hier vernatzen? Mir ist es ernst. Wenn ich beichten will, geh' ich in den Inselkrug.«

Eine Sturmböe schlug ihm den schweren Mantel um die Beine. Sie hatten schon ein ordentliches Stück des Westerpads hinter sich gebracht, und das Donnern der Brandung zwang sie dazu, lauter zu sprechen.

»Als Tant' Lüti gestorben ist, hat man mich gefragt, wo denn der Leichnam aufgebahrt werden soll«, berichtete Rickerts. »Natürlich bei der Inselkirche, habe ich gesagt. Die meisten alteingesessenen Langeooger werden auch im Ort beerdigt, nämlich auf dem Kirchfriedhof, also werden sie auch in der Leichenhalle direkt an der Kirche aufgebahrt. Logisch, nicht?«

181

»Völlig logisch«, sagte Lüppo Buss. Und er meinte es auch so. Noch konnte er nicht erkennen, wo das Problem liegen sollte.

»Aber als ich dann gestern bei den Hinterbliebenen war«, fuhr Rickerts fort, »bei Nicole und Ulfert Janssen – du erinnerst dich, Lüppo, da haben wir uns ja getroffen – also da erzählt mir doch Ulfert, dass seine Großtante seit Jahr und Tag eine Grabstelle draußen auf dem Dünenfriedhof besitzt. Und da will sie auch zu liegen kommen, unbedingt. Obwohl es einer wie ihr doch wohl zukommt, bei der Inselkirche zu liegen, findest du nicht?«

Lüppo Buss nickte bedächtig, aber diesmal war er nicht ganz so überzeugt. Natürlich hatte Tant' Lüti einen guten Draht zur Kirche gepflegt, das verstand sich fast von selbst, aber richtig gläubig? Nein, das war sie wohl nicht gewesen. Und früher, als sie jung und noch nicht so wohlhabend gewesen war, da hatte sie es nicht leicht gehabt auf der Insel. Irgendetwas mit Verwandtschaft, die auf die schiefe Bahn geraten war; man hatte sie das spüren lassen. Der Kommissar erinnerte sich gut daran, dass Tante Lütine ihm einmal davon erzählt hatte. Andeutungsweise nur, aber mit einem Gesichtsausdruck, der von tiefen Verletzungen Zeugnis ablegte. Und der sich jede Nachfrage verbat. Vielleicht hatte Lütine Janssen ja ihre Gründe, im Tode nicht dort liegen zu wollen, wo all die lagen, die es ihr einst schwer gemacht hatten.

Aber das behielt Lüppo Buss lieber für sich. »Vielleicht war sie ja immer ein großer Fan von Lale Andersen, und wir wussten das bloß nicht«, sagte er stattdessen. »Oder sie wollte einfach dichter ans Meer.«

Rickerts schnaubte verächtlich. »Dichter ans Meer! Welcher Insulaner will das schon? Hier auf Langeoog bist du überall dicht am Meer, noch dichter ist gar nicht gut. Nee, nee. Und dafür, dass diese Sängerin hier auf dem Dünenfriedhof begraben liegt, hat sie sich ihr Lebtag nicht interessiert.«

Er entließ den Polizisten aus der Schulterklammer, um sich den Schal, den ihm der Sturm aus dem Kragen gerissen hatte, wieder festzustecken. »Jedenfalls sind wir natürlich sofort beigegangen und haben den Sarg von der Leichenhalle bei der Kirche zur Leichenhalle bei der Kapelle am Dünenfriedhof geschafft. Mit Weert Flörkes Elektrokarren. Plane oben drüber, wollten ja kein Aufsehen erregen. Da haben wir sie dann wieder aufgebahrt. Mann, war ich froh, als wir alles wieder an Ort und Stelle hatten.«

»Was für eine Aufregung.« Lüppo Buss bemühte sich, möglichst mitfühlend zu klingen. »Aber jetzt habt ihr's ja wenigstens im Griff.«

»Von wegen!« Der Pastor blieb abrupt stehen und riss den Kommissar am Revers seiner Jacke zu sich herum. »Jetzt ruft mich heute in aller Herrgottsfrühe der Ulfert an und sagt, dass er so viele Anmeldungen für die Trauerfeier hat, dass wir nicht in die Kapelle am Dünenfriedhof rein können, weil die dann aus allen Nähten platzt. Die Trauerfeier muss in der Inselkirche stattfinden. Er weiß das wohl seit gestern schon, hielt es aber nicht für nötig, mir gleich Bescheid zu sagen. Und eine Trauerfeier ohne Sarg geht ja wohl nicht. Himmel noch mal, ich frage dich, konnte der sich denn nicht früher entscheiden?«

Lüppo Buss musste an sich halten, um nicht laut loszuprusten. »Da hast du vollkommen recht, Rickert. Aber glaubst du wirklich, dass deine oberste Behörde deswegen ihre Einstellung zum Fluchen ändert? Mir war doch so, dass man den Namen des Herrn nicht …«

»Lick mi doch in't Mors! Mir ist wirklich nicht nach Scherzen zu Mute.« In seinem dunklen, vom Wind zusätzlich aufgeblähten Mantel erinnerte der massige Pastor an einen Vulkankegel; seine Miene verriet, dass der Ausbruch kurz bevorstand. »Weil wir Tant' Lüti jetzt zum dritten Mal durch die Gegend karren und aufbahren können, ehe ihr der Deckel dann endgültig vor der Nase zugemacht wird. Ich meine, das ist doch keine Art, mit einer alten Dame umzugehen, oder?«

»Da hast du völlig recht. Ich kann gut verstehen, dass du auf Ulfert Janssen sauer bist«, sagte Lüppo Buss. »Und jetzt? Kann ich dir irgendwie helfen?«

Rickerts winkte ab; er schien sich bereits wieder abzuregen. »Lass mal, habe schon angerufen, alles wird gerade vorbereitet. Musste nur eben raus, übers Wasser gucken. Das beruhigt.«

Da war es, das Wasser. Während ihrer Unterhaltung hatten sie sich Schritt um Schritt in Richtung Strand gekämpft; jetzt hatten sie freie Sicht auf die grauen, schaumgekrönten Wellenberge, die das Land bestürmten wie eine Armee wilder Reiter. Das Donnern der Brandung war ohrenbetäubend.

Mächtig aufgewühlt, dachte Lüppo Buss, während er gegen den Wind gelehnt dastand, die Hände auf dem Rücken verschränkt. Noch aufgewühlter als der Pastor, und das will etwas heißen. Na, wenn ihn dieser Anblick beruhigt, soll's mir recht sein.

Plötzlich kam ihm ein Gedanke. War es möglich, dass der Wind so weit auffrischte, dass heute die Fähren ausfielen? Oder wenigstens die Fährtouren am Vormittag? Das würde Dedo de Beer noch ein paar Stunden fernhalten, und er hätte eine verlängerte Schonfrist. Vielleicht fiel ihm ja in dieser Zeit noch etwas Entscheidendes ein. Oder sogar in den Schoß.

»Was für ein Anblick!«, brüllte der Pastor gegen den Sturm. »Auch wenn man es schon hundertmal gesehen hat. Das tut gut, nicht wahr?«

Lüppo Buss wippte unternehmungslustig auf den Fußballen. »Ja, das stimmt«, brüllte er zurück. »Das stimmt wirklich.«

27.

Nach der Dusche fühlte sich Hauptkommissar Stahnke schon ein wenig besser. Das Frühstück, bestehend aus viel Kaffee und noch mehr saftigem Korinthenstuten mit dicker Butter, festigte den Glauben an seine körperliche Widerstandsfähigkeit. Das Nächste, wonach ihm der Sinn stand, war frische Luft, denn die Erinnerung an das Würgeeisen, das er nach dem Aufwachen um seinen Hals gespürt hatte, war noch präsent.

Die Wetterentwicklung trug nicht gerade zu Stahnkes weiterer Aufheiterung bei. Abkühlung, Sturm und Regen pflegte er persönlich zu nehmen, vor allem im Urlaub. Wieder einmal typisch, dass gerade ihm solch eine Witterung zugemutet wurde! Mit ihm konnte man es ja machen. Die zurückliegenden, ungewöhnlich sonnigen und warmen Spätsommertage waren wie mit einem nassen Tafelschwamm aus seinem übelnehmerischen Gedächtnis getilgt.

Lust, an den Strand zu gehen, hatte er keine. Lieber stromerte er ein wenig durch den Ort und ließ dabei in Gedanken den aktuellen Fall, der ja eigentlich nicht sein Fall war und bald auch nicht mehr der von Lüppo Buss, Revue passieren. Zwei Opfer schon, und sie waren noch keinen einzigen Schritt weiter gekommen. Sicher, es gab die Unterhose mit dem Blut dran, die zur Identifizierung des Täters beitragen oder aber eine Beziehung zwischen

Täter und Opfer herstellen konnte, je nachdem, von wem das Blut nun stammte. Aber dazu mussten sie den Tatverdächtigen erst einmal haben. Der trieb sich immer noch frei auf der Insel herum und konnte jeden Augenblick erneut zuschlagen. Der Henker mochte wissen, wo er sich versteckt hielt! Es gab tausend Möglichkeiten, mindestens. Und es gab Boote. Womöglich hatte der Kerl die Insel längst verlassen. Dann konnten sie sich schwarz suchen.

Hatte Lüppo Buss nicht etwas von einem Bootsdiebstahl erzählt? Ja, hatte er. Aber das war vor dem jüngsten Zwischenfall mit dem Mädchen auf dem Friedhof gewesen. Vermutlich also gab es da keinen Zusammenhang.

Am besten wäre es noch, der Mann versuchte mit der Fähre aufs Festland zu kommen. Diese Fährschiffe wimmelten zwar vor Menschen, dennoch ließen sie sich vergleichsweise einfach überwachen. Dort musste man präsent sein, bei jeder Ankunft und Abfahrt. Hoffentlich dachte Lüppo Buss daran.

Ansonsten musste einfach die Insel durchkämmt werden, von einem Ende zum anderen. Mit einer Hundertschaft oder auch mehreren, ganz egal, so lange, bis man den Kerl hatte. Und natürlich das Mädchen, die kleine Hilke. Die vor allem. War doch letztlich alles eine Frage von Personal und Logistik. Es wollte ihm einfach nicht in den Kopf, dass die Dienststelle in Wittmund nicht sofort reagiert hatte.

Na gut, sie schickten zwei Kollegen her, um die Lage zu sondieren. Die beiden aber würden kaum zu einem anderen Resultat kommen, und dann würde die Aktion doch anrollen, nur eben mit vierundzwanzig Stunden Verspätung. Kein Wunder, dass Lüppo Buss dieses Vorgehen als klaren Misstrauensbeweis interpretierte. Genau so sah es nämlich aus.

Stahnke schaute auf seine Armbanduhr. Acht Uhr durch,

Kollege Buss würde schon längst bei der Arbeit sein. Sollte er ...? Aber nein, lieber nicht. Wenn Lüppo ihn brauchte, würde er sich schon melden. Der Hauptkommissar vergewisserte sich, dass sein Handy auch wirklich in seiner Tasche steckte.

Dabei fiel ihm das Handy des vermissten Mädchens ein. Zusammen mit ihrer Brille war Hilke Smits Mobiltelefon am Strand gefunden worden, unweit der Stelle, wo dieser Sittlichkeitsverbrecher aufgetaucht war. Der Verdacht, dass da ein Zusammenhang bestand, drängte sich geradezu auf.

Was aber, wenn die Dinge gar nicht so eindeutig lagen?

Der größte Fehler, den ein Ermittler machen konnte, war, sich zu schnell auf eine bestimmte These festzulegen und unbewusst zu versuchen, alle weiteren Hinweise, die sich finden ließen, dieser These anzupassen. Dabei konnte leicht etwas verbogen werden. Einigen der größten Justizirrtümer der Geschichte lagen solche Ermittlungsfehler zugrunde. Das war wie Kreuzworträtsel lösen mit Gewalt: Irgendwie und irgendwann bekam man es hin, dass jedes Kästchen ausgefüllt war. Sah gut aus, nur wenn man genauer hinsah, stellte man fest, dass praktisch nichts stimmte. Weil nämlich ein Fehler automatisch zum nächsten führte.

Hatten sie, Lüppo Buss und er, solch einen Kardinalfehler begangen? Balancierten sie auf einem zu schmalen Brett, achteten sie vor lauter Angst, das Gleichgewicht zu verlieren, nicht mehr darauf, wohin es sie führte?

Dabei gab es doch ein paar so einfache und bewährte Regeln für Ermittlungen in Kriminalfällen. Wer hatte die Gelegenheit, wer hatte ein Motiv? Klar, wenn man zwei junge Mädchen als Opfer hatte und einen mutmaßlichen Sexualtäter in unmittelbarer Nähe, dann konnte man diese beiden Schlüsselfragen durchaus für beantwortet halten. Aber stimmen musste das noch lange nicht.

Nur mal angenommen, dieser mysteriöse dicke Mann war bloß ein Exhibitionist. Lästig und unerfreulich, aber eben kein Mörder. Was dann?

Dann galt es, die beiden Einzelfälle nach Gemeinsamkeiten abzuklopfen. Zwei Teenager, weiblich, beide nicht von der Insel, sondern vom Festland, nämlich aus Leer. Gehörten zum selben Schulchor, also zu ein und derselben Gruppe. Zumindest teilweise hingen sie damit im selben Beziehungsgeflecht.

Na bitte, das waren ja schon mal reichlich Gemeinsamkeiten!

Dann: die eine verschwunden, die andere schwer verletzt. Keine Gemeinsamkeit? Es sei denn, die eine Tat sei vollendet worden und die andere nicht, im Prinzip aber sei in beiden Fällen das gleiche geplant gewesen. Was hieß das für Hilke Smit?

Dass ihre Leiche irgendwo auf der Insel vergraben lag.

Stahnke schüttelte den Kopf. Schon wieder so eine Spekulation, die sich zwar anbot, aber auch in die Irre führen konnte, solange es keine Anhaltspunkte dafür gab. Lieber an die Fakten halten.

Das hieß in diesem Fall: an den Chor. Eine Menge Menschen. Und alle waren sie hier.

Wie groß war so ein Chor? Stahnke hatte nur eine unklare Vorstellung davon; allzu oft ging er nicht ins Konzert oder in die Kirche. Dreißig Leute? Fünfzig? Oder hundert?

Das brachte ihn auf etwas. Hatte nicht die Zeitung neulich berichtet? Er selber lebte doch auch in Leer, las den Leeraner Lokalteil. Da war der JBG-Chor öfter mal ein Thema. War wohl ziemlich gut, hatte auch schon Preise gewonnen. Neulich sogar … was war das noch? Ein Stipendium?

Nein, eine Reise. Eine nach Amerika. Die Zeitung hatte sich förmlich überschlagen ob dieser Ehrung. »Leeraner

Chor auf den Spuren ostfriesischer Auswanderer.« Na toll. Für Lokalpatriotismus hatte Stahnke noch nie viel übrig gehabt.

Aber da hatte noch mehr in diesem Artikel gestanden. Nämlich, dass der Langeoog-Aufenthalt der Vorbereitung auf diese Reise dienen sollte. Das war ihm natürlich im Gedächtnis geblieben, hatte er doch selber gerade seinen Insel-Trip geplant.

Und noch etwas war haften geblieben, seither verschüttet von tausend anderen Dingen, die man sich so merkte oder auch nicht. Jetzt wurde es wieder an die Oberfläche gespült. Nämlich, dass von »Ausscheidung« die Rede gewesen war. Der zuständige Redakteur hatte wohl ein Faible für sportliche Wettkämpfe. Oder er hatte es an der Blase. Ausscheidung! Jedenfalls hatte es geheißen, nicht alle Chormitglieder könnten an der Reise teilnehmen, die Zahl der Plätze sei begrenzt. Nur die Besten kämen mit in die USA. Also müsse gesiebt werden, vor allem bei den Mädchen.

Bei den Mädchen. Hm.

Waren Hilke Smit und Sabrina Tinnekens zwei »Ausgesiebte«?

Ein abenteuerlicher Gedanke, fand der Hauptkommissar. Aber je weiter er sich von dem schmalen Brett, auf dem er gestern noch ganz selbstverständlich gewandelt war, entfernte, desto abenteuerlicher kam ihm auch die These vom herumstreunenden dicken Mädchenmörder vor. Sicher, möglich war das. Aber möglich war eben auch etwas anderes. Den dicken Mann würden sie so oder so aufspüren müssen. Es konnte nicht schaden, zusätzlich auch den Chor ein wenig unter die Lupe zu nehmen. Wer konnte wissen, was sich dabei sonst noch alles ergab?

Hinter ein paar Bäumen sah er den Turm der Inselkirche aufragen, stattlich und markant mit seinen weißen Streifen im Gemäuer und dem eigenartigen, aus vier Rhomben gefügten Dach. Vier aus den Dachecken herausragende Sparren, Kranbalken vielleicht oder auch Hörner zur Abwehr von Dämonen, ließen den Turm altertümlicher wirken, als er war. Bei aller Augenfälligkeit trotzdem ein schlichtes Gebäude, also vermutlich evangelisch. Stahnke riet auf Lutheraner. Er selber war auch bei den Lutheranern in den Konfirmandenunterricht gegangen. Hatte ihm sogar Spaß gemacht. Aber außer der Erkenntnis, dass das Alte und das Neue Testament überhaupt nicht zueinander passten, ja, sich in wesentlichen Punkten diametral widersprachen, war nicht viel haften geblieben.

Heute gehörten Kirchen zu den Organisationen, denen er grundsätzlich misstraute. Wer sich logischer Beurteilung dadurch entzog, das er behauptete, alles Widersprüchliche gehe auf einen großen Boss zurück, der im Prinzip unfehlbar, aber häufig anderweitig beschäftigt und momentan leider nicht zu erreichen sei, machte sich in Stahnkes Augen höchst verdächtig.

Trotzdem schien ihn der Kirchturm anzuziehen; jedenfalls stellte er fest, dass er genau darauf zuging. Von der Kirchstraße, exakt auf Höhe der Sparkasse, führte ein geklinkerter Fußweg auf ein weißes, gatterähnliches Holztor zu. Dahinter befand sich ein kleiner, ebenfalls mit dunkelroten Klinkern gepflasterter Platz, der von der Kirche selbst, einem kleineren, ebenfalls sakral anmutenden Gebäude rechter Hand und einem geschwungenen hölzernen Unterstand auf der linken Seite umrahmt war. In diesen Weg war er eingebogen, ohne zu wissen warum, und jetzt stand er mit gerunzelter Stirn direkt vor der eckigen, weiß gestrichenen Kirchentür.

Na, warum auch nicht. Überrascht bemerkte er, dass sich hier, links vom Kirchportal, noch ein zweiter Friedhof befand. Erstaunlich für einen Ort von wenig über zweitausend Einwohnern.

Eine heftige Regenböe trieb ihn in den Schutz des Unterstands. Der kam ihm gerade recht. Stahnke zückte sein Handy.

»Polizei Langeoog, Kommissar Buss.« Lüppo saß also bereits an seinem Arbeitsplatz, wie vermutet.

»Stahnke hier. Moin. Wie sieht's aus?«

»Muss ja. Nichts Neues bis jetzt.«

»Ich habe gerade an das Handy gedacht. Das von dem Mädchen, der Hilke. Da sind doch bestimmt noch die Nummern gespeichert, die sie zuletzt angerufen hat. Hast du die ausgewertet?«

»Notiert ja, ausgewertet noch nicht.« Am anderen Ende der Verbindung raschelte es. »Hier, zehn Nummern. Überwiegend Handys verschiedener Anbieter.«

»Irgendwelche bekannten Nummern?« Manchmal kam ja auch der Zufall zu Hilfe.

»Nein«, sagte Lüppo Buss. »Schätze, sie hat viel mit ihren Freundinnen telefoniert, das machen die Teenies ja gern heutzutage, notfalls von einem Zimmer zum anderen. Nur das letzte Gespräch war eine Festnetzverbindung.«

»Ach. Hier im Ort?«

»Nein, Festland. Die Vorwahl – ach, sieh an, das ist Esens.«

»Esens?« Stahnke hätte eher auf Leer getippt, schließlich wohnte Hilke Smit dort. »Was hatte die Kleine denn mit Esens zu tun?«

»Keine Ahnung. Aber das lässt sich relativ schnell herausfinden. Das machen die Kollegen dort für uns. Ich sag dir dann Bescheid.«

»Danke.« Stahnke steckte das Handy ein. Das »Uns« tat ihm gut.

Eilige Schritte näherten sich, und eine Gestalt kam den Fußweg entlang gehastet, just im selben Augenblick, als Stahnke den Windschutz verließ. Schnell trat der

191

Hauptkommissar einen Meter zurück, um eine Kollision zu vermeiden.

Es war Doktor Fredermann, der ihm da aus kurzer Distanz ins Gesicht keuchte. Als der Arzt den Polizisten erkannte, wechselte sein Gesichtsausdruck von überrascht zu verlegen.

»Ich habe Ihre Worte nicht mehr aus dem Kopf bekommen«, sagte er. »Wahrscheinlich haben Sie recht. Man darf es sich nicht zu einfach machen, auch wenn die Dinge völlig klar liegen. Zu liegen scheinen, meine ich. Deshalb bin ich hier.«

»Hier?« Stahnke hatte Mühe, sich an die eigenen Worte zu erinnern, die auf den Mediziner solchen Eindruck gemacht haben sollten. »Wieso hier? Haben wir uns denn überhaupt über meine Einstellung zu Kirche und Religion unterhalten?«

Fredermann lächelte bemüht wie über einen unpassenden Witz. »Nein, natürlich nicht. Ich meine ja auch nicht die Kirche, ich meine die Leichenhalle. Sie gestatten.«

Er wandte sich dem kleinen Seitengebäude zu und öffnete eine Tür, die ebenso weiß gestrichen war wie die der Kirche. Der Hauptkommissar hatte sie bis zu diesem Moment überhaupt nicht beachtet. Klar, die Leichenhalle. Die stand selbstverständlich neben der Kirche. Also ging es um die verstorbene Frau Janssen. Ach Gottchen, schoss es ihm durch den Kopf, meine Wichtigtuerei von heute früh! Die Sache mit den vielen unerkannten Morden an alten Menschen. Hatte der Doktor das etwa so ernst genommen? Wie peinlich.

Trotzdem folgte er Fredermann ins Innere des Gebäudes. Seine Neugier war eben durch nichts zu bremsen. Eine Böe warf ihm einen Schwung trockener Blätter und eine Handvoll Flugsand hinterher. Hastig stemmte er die Tür hinter sich zu.

Der Raum, in dem sie sich befanden, musste den größten Teil des kleinen Häuschens einnehmen. Schmale, bleigefasste Fenster ließen trübes Licht herein. Ein offener Sarg stand in der Mitte des kleinen Raumes; er ruhte auf einem niedrigen, gummibereiften Rollwagen, als handle es sich um ein Gepäckstück, das auf seine Abfertigung wartete. Zwei hohe Kerzenständer konnten diesen Eindruck kaum mildern. Der Sargdeckel lehnte in einer Ecke.

Das ganze Arrangement machte auf Stahnke einen improvisierten Eindruck, so, als habe man alles erst vor kurzem und auch nur vorübergehend hier abgestellt, ohne sich allzu viele Gedanken um die Anordnung zu machen. Kein unpassender Eindruck, fand Stahnke; etwas Vorübergehenderes als eine Aufbahrung, die kurze Phase zwischen Lebensende und Friedhofsruhe, war kaum vorstellbar.

Die Tote im Sarg trug ein dunkelblaues Kostüm und eine hochgeschlossene weiße Rüschenbluse. Darüber lag eine dicke Perlenkette. Ihre Hände waren gefaltet, ihre Augen geschlossen. Das gekräuselte Haar war exakt so weiß wie die Haut des Gesichts. Ein kleines, ein winzig kleines Gesicht war das, mit schmalen bleichen Lippen und einer hoch aufragenden, leicht gekrümmten Nase. Tant' Lüti, dachte Stahnke, das passt vollkommen. Eine nette, alte, typisch ostfriesische Tante. Viele alte Damen sahen so aus, mager und wie geschrumpft, vom Alter auf ein paar Gemeinsamkeiten reduziert. Harmlos und liebenswert.

Wie sie wohl wirklich gewesen war?

Von Fredermann schien die Zielstrebigkeit, mit der er die Leichenhalle betreten hatte, von einem Moment zum anderen abgefallen zu sein. Mit halb erhobenen, leicht vorgestreckten Händen stand er bewegungslos neben dem Kopfende des Sarges, ein Standbild der Unentschlossenheit. Hilflos blickte er Stahnke an. »Wonach suchen wir?«, fragte er.

Der Hauptkommissar zuckte die Schultern. »Sie wissen doch, wie man einen Menschen tötet. So schwer ist das ja nicht. Gerade bei alten Menschen. Ein offenes Fenster in einer kalten Nacht, ein plötzlicher lauter Knall, ein harter Schlag – solch ein Lebenslicht ist leicht auszupusten.«

»Harter Schlag scheidet aus«, sagte der Doktor. Das Leben kehrte in seine erstarrten Arme zurück. Flink und routiniert streifte er sich ein Paar Latexhandschuhe über und fuhr mit gespreizten Fingern durch die ondulierten weißen Haare der Toten. »Keinerlei Fraktur oder Schwellung. Wäre mir ja wohl auch gleich aufgefallen. Nein, das war es nicht.«

Er wandte sich wieder Stahnke zu: »Und mit dem offenen Fenster spielen Sie sicher auf eine Lungenentzündung an, oder? Scheidet aber ebenfalls aus. Erstens waren die Nächte vor Frau Janssens Tod allesamt recht lau, und zum anderen stirbt man an einer Lungenentzündung nicht so ganz ohne Vorwarnung. Das kann es also auch nicht gewesen sein.«

»Was ist mit dem lauten Knall?«, fragte Stahnke. »Herzschlag durch Schock? Lässt sich das nicht eventuell nachweisen?«

»Nachweisen lässt sich manches«, erwiderte Fredermann, »wenigstens bei einer Obduktion. Aber so weit sind wir noch lange nicht. Glauben Sie, ich ordne eine Leichenöffnung an, jetzt, so kurz vor der Trauerfeier, ohne einen einzigen konkreten Hinweis? Das können Sie aber sofort vergessen.«

Vorsichtig öffnete er die Knöpfe von Lütine Janssens Kostümjacke, löste den Verschluss der Perlenkette und knöpfte den eng anliegenden Kragen der Bluse auf. Darunter wurden Flecken sichtbar, einige blauviolett, andere eher gräulich. Totenflecken. Für Stahnke ein vertrauter Anblick. Ursache dafür waren Blutansammlungen unterhalb der Haut, Blut, das aus den Kapillargefäßen stammte und über das sogenannte »venöse Hauptnetz« abfloss. In der Zeit unmittelbar nach Eintreten des Todes, ja sogar schon während des Todeskampfes, waren Leichenflecken überall am Körper zu beobachten. Später dann folgte das Blut, seinem Antrieb durch das Herz beraubt, der Schwerkraft und sammelte sich in den unten liegenden Körperpartien, mit Ausnahme der Hautflächen, auf denen der Tote lag und die dadurch zusammengepresst und fixiert wurden.

All das gehörte zum medizinischen Grundwissen, das für einen Mordermittler unverzichtbar war. So war es denn auch nicht die Tatsache, dass sich hinten am Hals der liegenden Toten Leichenflecken gebildet hatten, die Stahnke überraschte. Etwas anderes ließ ihm den Atem stocken.

Eine helle Aussparung zog sich ringförmig um den freigelegten Hals der verstorbenen Lütine Janssen. Gegen die graublauen Totenflecken hob sich die Linie an der Unterseite besonders deutlich ab. Eine Strangulationsmarke!

»Da haben wir es doch«, stieß Stahnke hervor. »Sie wurde erdrosselt.«

Fredermann aber lächelte nur. »Nein«, sagte er nachsichtig, »das nun doch nicht. Diese Aussparung ist bekannt, die sieht man häufiger. Entsteht immer dann, wenn die verstorbene Person regelmäßig Kleidung mit zu engem Kragen getragen hat. Genau das trifft auf Frau Janssen zu. Immer korrekt, niemals nachlässig, auf keinen Fall gehen lassen. So sieht das dann nachher aus.«

Der Hauptkommissar beherrschte sich und schluckte die Flüche, die ihm auf der Zunge lagen, hinunter. Das wäre ja auch zu einfach gewesen. Typisch, dass ihm beinahe solch ein Anfängerfehler unterlaufen wäre.

Aber gab es denn überhaupt einen Grund zu fluchen?

Wollte er denn unbedingt, dass die alte Dame hier eines unnatürlichen Todes gestorben war? Ein weiterer, ein vollendeter Mordfall musste ja nun wirklich nicht her, nur um seiner Rechthaberei gegenüber dem Inselarzt im Nachhinein eine Berechtigung zu verleihen. Als ob sie mit dem Fall der beiden Mädchen nicht schon genug zu tun hätten! Schluss mit dem Unsinn. Sollte doch Tant' Lüti ihren Frieden haben.

Stahnke fasste Fredermann am Oberarm, um ihn vom offenen Sarg wegzuziehen. »Kommen Sie«, sagte er, »das führt ja doch zu nichts.«

Der Arzt aber schüttelte die Hand des Polizisten ab. »Was ist denn das?«, fragte er überrascht und starrte auf seine erhobenen Finger.

»Was denn?« Stahnke konnte nichts erkennen.

Fredermann rieb beidhändig Daumen und Zeigefinger aneinander. »Fühlt sich an wie …« Er unterbrach sich, führte die behandschuhten Finger zur Nase, schnupperte: »Das ist Schminke.«

Stahnke zuckte die Achseln. »Na ja, Schminke. Sie war eine Frau, nicht? Frauen schminken sich nun einmal.«

Der Doktor schüttelte den Kopf. »Ich kenne nicht viele Achtzigjährige, die sich schminken«, sagte er. »Eigentlich gar keine, wenn ich's recht bedenke. Frau Janssen jedenfalls hat sich nie geschminkt.« Vorsichtig wischte er sich die Fingerspitzen an einem frischen Papiertaschentuch ab.

»Dann hat man sie vielleicht ein bisschen hergerichtet«, mutmaßte Stahnke. »Damit sie auch im Tode einen netten Anblick bietet.«

»Na hören Sie mal!« Fredermann tippte sich an die Stirn. »Wir sind hier doch nicht in den USA! Hierzulande ist es nicht üblich, Tote zu schminken. Jedenfalls nicht bei uns Evangelen. Wozu sollte das auch gut sein? Bei der Trauerfeier ist der Sarg sowieso geschlossen.«

Sorgfältig faltete er das Papiertuch, an dem er sich die Finger abgewischt hatte, zusammen. »Aber andererseits liegen Sie möglicherweise nicht so ganz falsch. Mit dem Herrichten, meine ich.«

Stahnke verstand gar nichts mehr. »Könnten Sie eventuell ein wenig deutlicher werden?«

»Moment noch.« Der Arzt klang abwesend, voll auf seine Arbeit konzentriert. »Möglicherweise kann ich Ihnen gleich ... äh ... hier! Na also. Und da auch. Dachte ich's mir doch.« Triumphierend richtete Fredermann sich auf. Er strahlte Stahnke an, als halte er ihm gerade dessen frisch abgenabelten Erstgeborenen hin: »Sie hatten recht. Auch wenn Ihre Liste nicht ganz vollständig war. Nichts Kaltes, nichts Lautes und auch nichts Hartes. Vielmehr etwas sehr Weiches.«

»Also doch Mord? Wirklich Mord?« Jetzt, da Stahnke endlich verstanden hatte, weigerte er sich zu glauben. »Das war doch nur so ... ich meine, nur eine Vermutung. Weil doch viele alte Leute auf ungeklärte Weise ...«

»Na, ungeklärt kann man das ja nun nicht mehr nennen.« Fredermann platzte fast vor Stolz. »Die Schminke! Die Schminke hat den Mörder verraten. Dabei hätte es fast geklappt. Beim ersten Hinsehen jedenfalls bin ich prompt drauf reingefallen. Tja, und wenn alles seinen normalen Gang gegangen wäre, bekäme die tote Frau Janssen innerhalb der nächsten halben Stunde einen Deckel vor die Nase geschraubt, und dann wäre die Sache ein für alle Mal aus der Welt. Vielmehr unter der Erde. Aber da wird ja nun nichts draus.« Großmütig klopfte er dem Hauptkommissar auf die Schulter: »Ihr Verdienst, mein Lieber!«

Diesmal war es Stahnke, der Arm und Schulter der Berührung entzog. »So, jetzt aber mal ein paar Details, bitte sehr. Wir sind hier doch nicht beim Fernsehquiz.«

»Dann schauen Sie doch mal hierher.« Fredermann tupfte mit beiden Daumen vorsichtig auf die Unterlider der Toten und legte behutsam deren Innenseiten frei. »Sehen Sie das? Hinweis Nummer eins.« Mit routiniertem Griff öffnete er den Mund der toten Greisin. »Und hier: Hinweis Nummer zwei.« Mit der Kuppe seines Zeigefingers wischte er vorsichtig über die Gesichtshaut rund um die Augen. Unterhalb des faltigen rechten Tränensacks wurde er fündig: »Da ebenfalls! Hinweis Nummer drei.«

Sein Gesichtsausdruck wurde fast feierlich, als er fortfuhr: »So, und wenn ich jetzt noch das finde, was ich vermute, dann können Sie gleich schon mal einen Haftbefehl holen gehen, oder wie das bei Ihnen heißt.«

Wie gebannt verfolgte Stahnke Fredermanns nächste Handgriffe.

28.

Der dicke Mann wusste nicht, warum er dem Mädchen nachgegangen war. Vielleicht, weil sie so jung war, so lang und dünn und so unwahrscheinlich blond. Vielleicht erinnerte sie ihn auch an jemanden. Natürlich hatte er keine Ahnung, an wen, und so durchnässt und durchgefroren wie er war, hatte er auch wenig Hoffnung, aus seinen paralysierten Hirnzellen etwas Verwertbares herauszubekommen.

Vielleicht verfolgte er das Mädchen auch, weil es die karierte Tischdecke unter dem Arm trug, die ihm der Wind vorhin entrissen hatte. Eine der drei Decken, mit denen er sich in der vergangenen Nacht gegen den immer heftiger werdenden Sturm hatte schützen wollen. Ein lächerliches

Unterfangen, das denn auch von wenig Erfolg gekrönt gewesen war. Wie zum Beweis musste er heftig niesen.

Trotzdem hatte er einen Schreck bekommen, als ihm das bunte Tuch plötzlich entfleuchte und sich über das Mädchen stülpte wie ein Wurfnetz. Ein Wunder, dass die Kleine nicht nachgeschaut hatte, woher das Ding so plötzlich gekommen war. Offenbar war sie ganz mit ihren eigenen Gedanken beschäftigt gewesen. Auch für das andere Mädchen, das dann vom Strand her angelaufen gekommen war, hatte sie kaum ein Wort übrig gehabt. Sah so aus, als ob sich die beiden kannten. Und nicht besonders mochten.

Warum aber war er der langen Blonden gefolgt und nicht der kleinen Brünetten? Misstrauisch horchte der dicke Mann in sich hinein. Er hatte das Blut an seinen Händen nicht vergessen. Und das Mädchen auf dem Friedhof auch nicht. Wenn da etwas in ihm war, das herausbrechen wollte, das vielleicht in der Vergangenheit schon einmal oder gar mehrmals ausgebrochen war, dann wollte er das wissen. Dann würde er die Konsequenzen ziehen. Zuerst aber musste er sich sicher sein.

Darum blieb er nicht stehen, während er überlegte, welche Gründe er haben mochte, der Blonden zu folgen. Sondern folgte ihr. Ließ es drauf ankommen.

Sein Trainingsanzug schabte und raschelte bei jeder Bewegung, seine Schuhe quietschten und quatschten bei jedem Schritt. Halbschuhe aus Wildleder waren nicht die richtige Fußbekleidung für einen nassen Herbsteinbruch auf einer ostfriesischen Insel, so viel stand fest. Wenigstens aber hielten sie das Wasser, mit dem sie sich vollgesogen hatten, fest und gestatteten seinen verschrumpelten Füßen, es anzuwärmen, genau wie ein Nasstaucheranzug aus Neopren. Gar nicht so übel, solange er in Bewegung blieb. Auch seinen geklauten Dress mit der Kunststoffoberfläche hatte er zu schätzen gelernt. Das Ding hielt immerhin leichtem Sprühregen stand und war auch halbwegs windabweisend. Damit – und mit den Tischdecken aus dem Utkiek – hatte er die vergangene Nacht wenigstens einigermaßen überstanden.

Trotzdem verfestigte sich der Eindruck, dass er sich eine weitere Nacht als Flüchtling unter freiem Himmel nicht mehr zumuten sollte. Aus verschiedenen Gründen.

Die beiden verbliebenen Tischdecken hatte er in einen metallenen Müllbehälter gestopft; die Blonde hielt die ihrige immer noch wie eine wertvolle Beute unter den Arm geklemmt. Sie strebte landeinwärts, hielt sich aber rechts vom Ortskern und bog in eine Nebenstraße ein. Hier verharrte sie einige Minuten lang vor einer der zahlreichen Wohnanlagen. Warum? Hatte sie ihren Schlüssel verloren? Oder traute sie sich etwa nicht hinein?

Der Gedanke, sie könnte ebenfalls vergessen haben, wohin sie gehörte, genau wie er, schoss ihm durch den Kopf. Er verwarf ihn sofort. So absurd die Idee auch gewesen war, sie hinterließ dennoch ein tiefes Gefühl der Sympathie für diese junge Frau. Nein, der würde er ganz bestimmt nichts tun. Könnte er gar nicht, da war er sich sicher. Wenigstens etwas.

Dafür verstärkte sich die fixe Idee, das Mädchen zu kennen. Er versuchte sich dagegen zu sperren, tippte innerlich darauf, dass ihm sein Mitgefühl etwas vorgaukelte. Aber der Eindruck blieb nicht nur, er verdichtete sich sogar. Hatte er dieses Mädchen wirklich schon einmal gesehen? Wenn ja: wann und wo? Würde sie sich womöglich an ihn erinnern? Und falls das so war: Würde ihm das, woran sie sich erinnerte, gefallen?

»Konsequenzen«, murmelte er vor sich hin. Weglaufen hatte auf Dauer keinen Zweck. Irgendwann musste er sich stellen. Irgendwem. Warum nicht ihr?

Fast war er soweit, sich einen Ruck zu geben und auf sie loszumarschieren, da setzte sich die lange Blonde plötzlich in Bewegung. Sie quetschte die erbeutete Tischdecke in die Plastikröhre hinein, die eigentlich für Zeitungen gedacht war, drehte sich auf dem Absatz um und ging los. Richtung Ortsmitte. Und damit fast genau auf ihn zu. Sein Atem stockte, und er stand wie angewurzelt. Das Mädchen aber schien ihn nicht wahrzunehmen, während sie auf der gegenüberliegenden Straßenseite an ihm vorbeilief. Offenbar kannte sie ihn doch nicht. Oder etwas anderes beschäftigte sie gerade und lenkte sie ab.

Schwer atmend ließ er ihr einen gehörigen Vorsprung, ehe er die Verfolgung wieder aufnahm.

29.

»Was steht ihr hier noch herum! Na los, los, los, rein in die Kirche, rauf auf die Empore, und Aufstellung nehmen! Vor allem erst einmal raus aus dem Wind und dem Regen, wollt ihr euch etwa allesamt erkälten? Kollektives Schnupfenschnappen, oder was? Hopp, Kinder, ab unters Dach!«

Heiden klatschte betont munter in die Hände. Die Chormitglieder leisteten seiner Anordnung Folge, die einen im Laufschritt, die anderen schleppend, einige lauthals über die launigen Sprüche ihres Herrn und Meisters lachend, andere mürrisch und genervt guckend.

Eine bergartig massive Gestalt rauschte mit raumgreifenden Schritten vorbei, eingehüllt in einen dunklen Mantel, mit der linken Hand einen Hut tief in die Stirn gedrückt haltend, eine schwarze Mappe unter den rechten Arm geklemmt. Stahnke schreckte hoch, glaubte für einen Moment, den gesuchten dicken Mann vor sich zu haben. Es war aber nur der Pastor; Lüppo Buss hatte ihn beschrieben, gestern Abend bei Wein und Reisfleisch. Treffend, wie der Hauptkommissar feststellte, während Rickert Rickerts durch das Kirchenportal entschwand.

Wenig später erschien der Inselpolizist selber, drängte sich zu Stahnke in den Wetterschutz der Leichenhallentür und schüttelte den Regen ab wie ein unternehmungslustiger Jagdhund. »Also, da wäre ich«, sagte er und blickte Stahnke auffordernd an. »Nun mal los.«

Stahnke zückte ein Taschentuch und wischte sich die Regentropfen ab, die Lüppo Buss ihm ins Gesicht gespritzt hatte. »Wir haben endlich etwas«, sagte er. »Etwas Konkretes sogar. Aber nicht im Hinblick auf den Täter, an den du jetzt vermutlich denkst.«

»Wie jetzt, nicht den Täter? Was für ein Täter denn dann? Wer auch immer es war, ein Täter ist er ja wohl auf alle Fälle, oder?« Der Kommissar runzelte die Stirn: »Oder was willst du damit sagen? Haben wir etwa …«

»Noch einen Mordfall. Genau das.« Für einen Moment fühlte sich Stahnke versucht, sich in der Sonne seines Wissensvorsprungs zu aalen, seinen Kollegen noch etwas zappeln zu lassen und sich an seiner Verwirrung zu weiden. Dann aber fiel ihm ein, wie gut ihm das »Uns« aus Lüppo Buss' Mund getan hatte, und er entschloss sich zu einer schnellen und kompakten Information, so wie es die dienstlichen Gepflogenheiten verlangten. Alle Fakten am Stück – und die Schlussfolgerungen gleich dazu.

»Allerhand«, kommentierte der Inselpolizist, als sein Kollege vom Festland fertig war. »Wirklich allerhand.« Mehr wollte fürs Erste nicht über seine Lippen.

Singstimmen erschallten aus der Kirche, suchend, tastend, anschwellend, als würden Instrumente gestimmt.

Anscheinend hatte der Chor Aufstellung genommen und stimmte sich jetzt auf die anstehende Probe ein. Aus dem Durcheinander wurde ein Miteinander, aus dem Gewirr eine Harmonie, aus zaghaftem Versuch ein selbstsicheres Tun. Heidens Kernmannschaft war bereit.

Lüppo Buss schüttelte die Erstarrung, in die Stahnkes Worte ihn versetzt hatten, deutlich sichtbar ab. »Stopp«, sagte er. »Wir müssen das da stoppen. So können wir hier doch keine Trauerfeier abhalten. Vielmehr zulassen. Die Leiche dürfen wir so ja noch gar nicht freigeben. Und ohne Leiche … wie soll das gehen?«

»Stimmt«, sagte Stahnke und hob beschwichtigend die Hand. »Stimmt alles. Aber tu mir bitte einen Gefallen und warte noch einen Moment, ehe du amtlich wirst, ja?«

»Warten?« Lüppo Buss, eben erst wieder bereit, in Aktion zu treten, ließ sich nur ungern gleich wieder bremsen. »Wieso warten? Worauf denn?«

Stahnke legte ihm die rechte Hand auf den Oberarm und deutete mit der linken an ihm vorbei: »Darauf.«

Der Inselpolizist drehte sich um. Nicole und Ulfert Janssen waren erschienen, Seite an Seite und gemessenen Schrittes, beide schwarz und festlich gekleidet. Nicole trug ein Gesteck aus Tannenzweigen mit weißen Bändern. Ulfert hatte sich bei seiner Frau eingehakt. Ein trauerndes Paar wie aus einem bewegten Bilderbuch.

»Du gestattest doch?«, murmelte Stahnke, schob seinen Kollegen sachte, aber bestimmt an die Eingangstür der Leichenhalle zurück und marschierte los. Nicht direkt auf die Janssens zu, sondern auf den Punkt, den sie in einigen Sekunden erreicht haben würden. »Abfangkurs« hieß das bei Raumschiff Enterprise. Na dann, Photonentorpedos klar, Phaser auf Betäubung.

»Frau Janssen? Herr Janssen? Stahnke mein Name. Darf ich Ihnen erst einmal mein tief empfundenes Beileid ausdrücken.« Der Hauptkommissar knetete seine ineinander verschränkten Pranken und fixierte das Ehepaar mit trauerumflortem Dackelblick. Dass er sich dabei wie ein Schmierenkomödiant fühlte, irritierte ihn nicht weiter; so fühlte er sich des öfteren.

»Danke.« Ulfert Janssen blickte starr an ihm vorbei. Seine mühsam beherrschten Züge ließen deutlich Schmerz erkennen. Wie nah ihm der Tod seiner Tante ging, war nicht zu übersehen.

Nicole Janssen schien weit beherrschter zu sein. Sie erwiderte Stahnkes Blick, nickte dankend. »Ja?«

»Es gibt da noch eine Frage zu klären«, sagte Stahnke und machte eine Handbewegung in Richtung Leichenhalle. »Vielleicht könnten Sie so freundlich sein? Es ist ja noch etwas Zeit.«

»Natürlich«, sagte Nicole Janssen. Sie entzog ihrem Mann den Arm: »Gehst du schon mal vor?«

Ulfert Janssen nickte wie geistesabwesend. Langsam folgte er dem eingeschlagenen Weg in Richtung Kirchentür. Sein Gang wirkte schleppend und unsicher. Ob er sich schon einen morgendlichen Tröster genehmigt hatte? Verstehen konnte man es ja.

Nicole Janssen schritt nun energisch aus, ging voraus, und Stahnke hatte Mühe zu folgen. Sie zögerte kurz, als sie den Inselpolizisten an der Leichenhallentür erblickte: »Nanu, Lüppo. Moin. Was gibt es denn?«

Der Kommissar stemmte die Tür auf und verbarg dann seine Hände hinter dem Rücken, wippte nervös auf den Fußballen, deutete mit einer Kopfbewegung ins Innere des Gebäudes: »Komm doch mal eben mit rein, Nicole.«

Die Frau wandte sich Stahnke zu: »Sind Sie denn nicht vom Bestattungsinstitut?«

»Nein, bin ich nicht«, erwiderte Stahnke. »Würden Sie bitte durchgehen?« Er schloss die weiße Tür hinter ihnen.

Doktor Fredermann erwartete sie bereits. Breitbeinig und mit verschränkten Armen versperrte er die Sicht auf den offenen Sarg.

»Herr Doktor, können Sie mir vielleicht sagen, was eigentlich los ist?« Nicole Janssen klang erregt. Offenbar spürte sie ganz genau, dass hier etwas nicht stimmte. Vermutlich brach ihr soeben der Angstschweiß aus. Stahnke hatte eine klare Vorstellung davon, wovor sie Angst hatte.

Fredermann ging nicht darauf ein. »Wir haben noch ein paar Fragen. Es geht um die Nacht, in der Ihre Großtante starb«, sagte er in sachlichem Tonfall. »Sie haben mich ja frühmorgens angerufen. Da war Frau Janssen bereits einige Stunden tot.«

»Ulfert hat Sie angerufen«, korrigierte Nicole Janssen leise und beiläufig, als wollte sie den Arzt nicht unterbrechen, aber doch auf Korrektheit achten. »Tante Lütine ist zwischen Mitternacht und vier Uhr morgens gestorben. Um zwölf Uhr nachts habe ich nach ihr gesehen, da war alles in Ordnung. Und um vier Uhr wieder, da fühlte sie sich schon eiskalt an. Jedenfalls oben herum.« Die junge Frau sprach ton- und teilnahmslos, als verlese sie ein Protokoll. »Mit dem Anrufen haben wir dann bis sechs gewartet. Was sollen wir den Doktor unnütz aus dem Bett werfen, hat Ulfert gemeint.«

»Alle vier Stunden hast du nach ihr geguckt?« Lüppo Buss klang mitfühlend, mehr wie ein Freund als wie ein Ermittler. »Ging das jede Nacht so?«

»In den letzten Jahren ja«, sagte Nicole und lächelte ihn bitter an. »Du weißt ja, wie ihr der Krebs zugesetzt hat. Da musste ich immer ein Auge auf sie haben.«

»Aber das war ja ... Was für eine Belastung! Wie bei einem Baby.«

Nicole Janssens Gesichtszüge verhärteten sich. »Tja, war wohl so. Aber ein Baby haben wir ja auch nicht, was?«

»Wollten Sie denn eins?«, fragte Stahnke, ohne einen anderen Grund für die Frage zu haben als den, das Gespräch wieder an sich zu reißen.

Nicole Janssen fixierte ihn kalt und verschränkte die Arme vor der Brust. »Wüsste nicht, was Sie das angeht«, sagte sie scharf. »Vielleicht erzählen Sie mir jetzt erst einmal, wer Sie eigentlich sind, Herr – Hanke?«

»Stahnke«, erwiderte Stahnke. »Kriminalhauptkommissar. Ich möchte gerne einen Blick in Ihre Handtasche werfen.«

Die schwarzgekleidete Frau schien endgültig zu versteinern. In ihrem bleichen Gesicht unter den blonden, am Hinterkopf streng zusammengerafften Haaren zuckte kein einziger Muskel. Nur die Augen verrieten ihre geistige Präsenz. Hin und her rollten die Augäpfel, richteten ihren Blick auf Stahnke, dann auf Fredermann, schließlich auf Lüppo Buss. Die erwarteten Fragen – »Warum denn?« oder »Muss ich mir das gefallen lassen?« – blieben ungestellt. Die Reaktionen der drei Männer, vielmehr das Ausbleiben jeder Reaktion, schien Antwort genug zu sein.

Stumm reichte Nicole Janssen dem Hauptkommissar ihre Handtasche; Lüppo Buss nahm ihr das Gesteck ab, quasi als ausgleichende Gefälligkeit. Dann stand die junge Frau bewegungslos und womöglich noch straffer aufgerichtet da als zuvor, das Kinn trotzig hochgereckt, die Arme gerade herabhängend. Johanna von Orleans, ihre Hinrichtung erwartend.

Aus den Augenwinkeln beobachtete Stahnke seinen Kollegen. Lüppo Buss wurde weich, begann äußerlich wie innerlich einzuknicken. Schnell riss der Hauptkommissar den Schnappverschluss der schwarzen, weichledernen Handtasche auf und kippte den Inhalt mit einer raschen Bewegung auf eine der kleinen Fensterbänke. Fakten schaffen hieß die Devise, ehe der Inselpolizist vollends die Fassung verlor und die Fragwürdigkeit ihres Vorgehens offenbarte.

Es war nicht die erste Damenhandtasche, die Stahnke inspizierte. Diese machte einen vergleichsweise übersichtlichen Eindruck. Allen Gegenständen, die sie enthielt, konnte ein vernünftiger Verwendungszweck zugeordnet werden. Das ließ die Vermutung zu, dass dieses Täschchen nur zu speziellen Anlässen benutzt und dann eigens bestückt wurde. Das machte die Sache leichter.

Auf den ersten Blick schien das, wonach er suchte, nicht dabei zu sein, und er sah eine Sekunde lang ernsthafte Probleme auf sich zukommen. Dann aber stellte er fest, dass die Tasche gleich zwei Lippenstifte ausgespuckt hatte, einen dünnen und einen dicken. Und dass der dicke gar keiner war. »Express Make-up 3 in 1«, das musste es sein.

Ehe Stahnke noch reagieren konnte, hatte Fredermann bereits zugegriffen. Er zog die halbtransparente Kappe ab und drehte den Schminkstift halb aus seiner Hülle heraus. Hell sah er aus, hell wie Elfenbein, so hell wie Nicole Janssens blasse Haut. Das Gesicht der jungen Frau schien makellos zu sein. Offensichtlich aber musste auch sie der Natur gelegentlich ein wenig nachhelfen.

Ohne eine Miene zu verziehen, strich sich Fredermann eine gehörige Portion Make-up auf den Handrücken, nahm ein Papiertuch und wischte sich die Schminke wieder ab. Aus seiner Jackentasche fischte er eine kleine Plastiktüte, die das Taschentuch enthielt, an dem er sich zuvor die Finger abgewischt hatte. An diesem Tuch klebte jetzt die Schminke aus Lütine Janssens Gesicht.

Der Arzt nahm die Tücher in beide Hände, hob sie hoch, drehte sie ins Licht und betrachtete sie eingehend. Dann schnupperte er an beiden Proben. Und noch ein zweites Mal. Schließlich blickte er Stahnke an. Und nickte. »Ja. Ohne dem Labor vorgreifen zu wollen, versteht sich. Aber für mich sind die beiden Proben identisch.«

Nicole Janssen stand noch immer mit erhobenem Kinn

und hängenden Armen da. Sie hatte leicht zu zittern begonnen. Auch ihre Stimme bebte, als sie leise fragte: »Würden Sie mir nun bitte erklären, was Sie da tun?«

»Gerne«, erwiderte Stahnke. Er atmete tief durch; ein wenig verunsichert war er zuletzt doch gewesen. Immerhin hatten sie va banque gespielt, und dabei hätten sie ja auch auf die Nase fallen können. Mächtig hart sogar. Jetzt aber war alles klar.

»Sie, Frau Nicole Janssen, haben Ihre angeheiratete Großtante, Frau Lütine Janssen, umgebracht«, dozierte er. »Herr Dr. Fredermann, bitte!«

Der Arzt nickte, sein Stichwort bestätigend. »Frau Lütine Janssen ist keines natürlichen Todes gestorben«, referierte er. »Meine erste Diagnose hat sich als falsch erwiesen. Frau Janssen ist vielmehr Opfer eines Verbrechens geworden. Sie wurde erstickt.«

»Und zwar von Ihnen«, warf Stahnke ein, den Blick an Nicole Janssens blasses Gesicht geheftet. Das Zittern der hochgewachsenen, schlanken blonden Frau verstärkte sich.

»Mund und Nase des Opfers wurden mit einem weichen Gegenstand, vermutlich einem Kissen, gleichzeitig verdeckt. Die Folge war eine mangelnde Aufnahme von Sauerstoff durch die Lungenalveolen ...«

»Ein Vorgang, den wir, wie schon gesagt, gemeinhin als Ersticken bezeichnen«, unterbrach Stahnke.

Fredermann schickte ihm einen ungehaltenen Seitenblick und fuhr in unverändert akademischem Ton fort: »Das Opfer wurde nicht erdrosselt und ebenso wenig erwürgt. Weder wurde der Kehlkopf eingedrückt, noch wurde die Blutzufuhr zum Gehirn unterbunden, was Bewusstlosigkeit und ein schnelleres Eintreten des Todes zur Folge gehabt hätte. So dürfte sich das Sterben über mehrere Minuten hingezogen haben.«

Lüppo Buss blickte ungläubig von Fredermann zu Nicole Janssen. Dann zu Stahnke. Und wieder zu Nicole. Sein halb geöffneter Mund schien »Nein« schreien zu wollen, aber der Polizist beherrschte sich und blieb stumm.

»Während des Erstickungsvorgangs sind typische Bindehautblutungen aufgetreten«, fuhr der Doktor fort. »Hier und hier. Außerdem Punktblutungen im Bereich der Mund- und Rachenschleimhaut. Ebenfalls typisch. Auch auf der Gesichtshaut sind einige dieser Punktblutungen zu erkennen.«

Fredermann griff nach dem rechten Arm der Toten und hob ihn empor. Stahnke stellte fest, dass es ihn immer noch gruselte, wenn er sah, dass Mediziner mit Menschen – wenn auch leblosen Menschen – umgingen wie mit einem Stück Fensterleder. Nicht mehr so stark wie früher, aber doch deutlich spürbar. Sicher, auch er selbst war durch den häufigen Umgang mit Leichen abgehärtet. Aber nicht abgestumpft. Darauf legte er größten Wert.

Jetzt schlug der Arzt den Ärmel von Lütine Janssens Kostümjacke zurück. Deutlich war zu erkennen, dass er die Naht aufgetrennt hatte. Und deutlich zu erkennen waren auch die dunklen Flecken auf dem Unterarm in der Nähe des Handgelenks. »Die Ermordete hat sich gewehrt«, erläuterte der Inseldoktor. »In ihrer Todesangst natürlich mit aller Kraft, die ihr noch zu Gebote stand. Für einen jungen, gesunden Menschen aber stellt es kein großes Problem dar, beide Hände einer alten, kranken Frau mit dem festen Griff einer Hand zu fixieren. Das ist auch in dem vorliegenden Fall geschehen, wie diese Abwehrverletzungen deutlich beweisen. Der Täter behielt eine Hand frei für das Kissen, und die reichte völlig.«

Fredermann hielt einen Augenblick inne, rieb sich die verschwitzten Hände an seiner Jacke trocken, sammelte sich. Was jetzt kam, fiel ihm nicht leicht.

»Deutlichstes Merkmal für eine Erstickung aber ist eine bläuliche Verfärbung des Gesichts. Sie müsste auch noch einige Zeit nach Eintreten des Todes erkennbar gewesen sein, ebenso wie die Punktblutungen. Beide Phänomene aber sind mir bei der ersten Leichenschau entgangen. Weil sie kaschiert worden waren.«

Er zeigte auf Nicole Janssens Make-up-Stift: »Wegge-schminkt. Sie, Frau Janssen, haben einen sehr hellen Teint. Ihr Schminkstift hat selbstverständlich einen entspre-chenden Farbton. Hervorragend geeignet, um auf dem Gesicht Ihrer ermordeten Großtante genau den Eindruck von Blässe zu erzeugen, der bei natürlichem Ableben zu erwarten gewesen wäre. Und dabei gleichzeitig die Punktblutungen abzudecken.«

Stahnke ließ Nicole Janssen keine Sekunde aus den Augen. Sie zeigte weder Regung noch Fluchtreaktion. Ihr Gesicht aber war inzwischen deutlich heller als ihr Schminkstift.

»So haben Sie mich bei meinem ersten Besuch ge-täuscht«, fuhr Fredermann fort. »Später dann, vermutlich beim Umkleiden der Toten für die Aufbahrung, stellten Sie fest, dass die Blautönung des Gesichts verschwunden war. Ein ganz normaler Vorgang, denn das Blut sackt nach und nach in die unten liegenden Körperpartien ab, wenn es nicht mehr vom Herzen angetrieben wird. So wurde die Schminke verzichtbar, und sie haben sie wieder entfernt. Nur die Punktblutungen ließen Sie vorsichtshalber abgedeckt.« Der Arzt nickte versonnen: »Ein durchaus richtiger Gedanke. Immerhin hätte noch jemand auf die winzigen Blutungen aufmerksam werden können. Letztlich aber führte genau diese Tarnung zur Entdeckung Ihrer Tat.«

»Nicole.« Das war Lüppo Buss. Und noch einmal: »Nicole!« Herrgott, wie klang der denn? Keineswegs wie ein ermittelnder Beamter, fand Stahnke. Eher wie ein Verteidiger, seinen Klienten beschwörend, sich nicht zu verrennen. Oder nein, nicht Verteidiger, da schwang mehr Gefühl mit. Wie stand denn sein Kollege zu der Beschuldigten? Hatte er da etwas nicht mitbekommen?

Die Nennung ihres Namens schien Nicole Janssen aus ihrer Erstarrung befreit zu haben. Sie hob ihre Arme, die Handflächen nach vorne; eine Geste der Ratlosigkeit. Dann verschränkte sie ihre Arme vor der Brust und zog die Schultern ein, als sei ihr plötzlich kalt.

»Nun?« Stahnke warf ihr die Aufforderung hin wie einem treibenden Segler ein Tauende. Nimm es, dachte er, dann holen wir dich rein. Mach es dir leicht. Greif zu und gestehe. Allerdings hängst du dann dran.

Nicole Janssen reagierte nicht. Aufrecht stand sie da, den Blick auf ihre tote Großtante gerichtet. Vielmehr die Großtante ihres Mannes. Die Frau, der sie so viele Jahre ihrer Jugend geopfert hatte. Die Frau, deren Besitz jetzt zur Hälfte ihr gehörte.

Jahrelang ist sie geduldig gewesen, dachte Stahnke. Warum hat sie plötzlich nicht mehr warten können? Tant' Lüti war achtzig Jahre alt und krank. Ein, zwei Jahre noch, länger hätte sie aller Voraussicht nach ohnehin nicht mehr gelebt. Warum also jetzt?

Sein Blick fiel auf das Gesteck, das der Inselpolizist auf dem Boden abgelegt hatte. Es sah selbstgemacht aus, ein paar abgeschnittene Tannenzweige, wohl aus dem eigenen Garten, an den Enden mit Blumendraht umwickelt. Ein breites weißes Band war daran befestigt. Auch die Aufschrift wirkte wie selbst gemalt: »Meiner geliebten Großtante. Deine Nicole.«

Widerlich, so viel Scheinheiligkeit, dachte Stahnke. Was für eine verlogene, verschlagene Person.

»Nein«, sagte Nicole Janssen.

»Was?« Stahnke starrte auf das Profil der blonden Frau. Sie hatte sich nicht gerührt.

»Nein«, wiederholte sie. »Ich war es nicht.«

Stahnke stand wie angeleimt. Fredermann legte den Kopf schief wie ein Jagdhund, der ein Kommando nicht versteht. Lüppo Buss krümmte sich wie eine schmelzende Schokoladenfigur.

Draußen ertönte ein Schrei. Dann ein lauter Knall. Wieder schrie ein Mann entsetzt auf. Dann noch ein zweiter. Nein, der schrie nicht, er brüllte.

Stahnke schüttelte seine Erstarrung ab. »Bleib bei ihr«, rief er seinem Kollegen zu. Dann stürzte er zur Tür.

30.

»Na, was iss'n los, Alter? Auch durchgemacht letzte Nacht?«

Der dicke Mann zuckte erschrocken zusammen, als eine schwere Hand krachend auf seinem Schlüsselbein landete. Im nächsten Moment krallten sich die Finger dieser Hand in seinen Trainingsanzug und begannen daran zu zerren, während ein säuerlicher Luftstrom sein Gesicht umfächelte. Offenbar war da einer auf Halt und Stütze angewiesen. Na, wenigstens hatte er vorher gegrüßt. So etwas in der Art jedenfalls.

Der dicke Mann verlagerte sein Gewicht aufs rechte Bein, um von seinem Anhängsel nicht aus dem Gleichgewicht gebracht zu werden. Sein nasser Schuh quietschte vernehmlich.

Der schwankende Zecher lachte. »Bisse baden gegangen letzte Nacht, wa? Wie so 'n Eisbär, nur mit Schuhe an?

212

Hähä!« Die Vorstellung schien ihn köstlich zu amüsieren. Der Mann mochte um die fünfzig Jahre alt sein, trug einen üppigen Schnauzbart, war ebenfalls fast glatzköpfig und ganz ähnlich gekleidet wie der dicke Mann. Nur lief er vermutlich freiwillig in seinem knallbunten Kunststoff-dress herum.

Jetzt hieb ihm der Schnauzbart auch noch die zweite Hand auf die Schulter, die andere diesmal, und richtete sich aus, als wollte er zum Bruderkuss ansetzen. Wie werde ich den bloß wieder los, überlegte der dicke Mann, und zwar möglichst schnell und unauffällig? Gegenüber im Café saß das blonde Mädchen beim Frühstück. Auf keinen Fall durfte sie auf ihn aufmerksam werden.

Die Stimmung des Zechers schien ebenso starken Schwankungen zu unterliegen wie sein Körper. Von einer Sekunde zur anderen war das alberne Lachen wie aus-gelöscht. »Lass ma«, lallte er, »bin auch baden gegangen letzte Nacht. Ganz schlimm baden gegangen. Erst hamse mich alle fertiggemacht, weil ich nicht wusste, wie 'n toter Seehund aussieht, danach hamse mich beim Skat übern Tisch gezogen, und dann hat mich auch noch die Tussi abblitzen lassen, der ich den ganzen Abend welche ausgegeben hatte. Und am Ende hat meine Olle mich ausser Pension rausgeschmissen. Mann, wat 'ne Welt! Wat 'n Mist, ich kann dir sagen.«

Das Gesicht mit dem Walrossbart verzog sich, als habe sein Besitzer eine tödliche Kränkung erlitten. Vielleicht fällt ihm ja etwas auf, wenn er wieder nüchtern ist, dachte der dicke Mann. Wann immer das sein würde. Aber er zweifelte daran.

»Hast ja recht, alter Freund, bist arm dran«, sagte er nachsichtig und versuchte die Hände von seinen Achseln zu lösen. »Nun sieh mal zu, dass du irgendwo einen star-ken Kaffee kriegst.«

213

Erschrocken glotzte ihn der Schnauzbart an. »He, wissu schon wieder weg? Wir ham uns doch grad erst so schön getroffen. Komm, ich lad' dich ein, ich geb' einen aus! Gleich da vorne, da ist offen, los, lass uns da ma' reingehn!«

Der dicke Mann ließ die Hände sinken. Na ja, warum nicht? Die Aussicht auf einen heißen Kaffee war nicht schlecht. Zwar klimperten die Münzen aus der Kasse des Utkiek in seinen Taschen, aber eine Einladung war auf keinen Fall zu verachten.

»In Ordnung«, sagte er, »ist gebongt.« Mit einem Blick über die Schulter vergewisserte er sich, dass die Blonde immer noch mit ihrem Croissant und ihrem Kännchen Kakao beschäftigt war. Ein paar Minuten Zeit hatte er sicher noch.

Der Schnauzbart strahlte. Er zerrte den dicken Mann förmlich hinter sich her in die Grillstube, wo schon einiger Betrieb herrschte. Ein kleiner Tisch hinter einem der wintergartenähnlichen Fenster war frei, und der dicke Mann setzte sich so, dass er das Café schräg gegenüber gut im Auge behalten konnte. Er bestellte Milchkaffee; dem Schnauzbart war bereits wieder nach Bier zumute.

»Den ganzen Tach gestern kannste vergessen«, lamentierte er weiter, nachdem er sein Bierglas zur Hälfte geleert hatte, ehe es auch nur mit der Tischplatte in Berührung gekommen war. »Erst dachte ich, ich bin der Held, und dann waren se plötzlich alle sauer auf mich. Als wenn ich was dafür gekonnt hätte!«

»Wofür?«, fragte der dicke Mann. Und hätte sich am liebsten auf die Zunge gebissen. Warum musste er den Sprechdurchfall dieses Menschen auch noch fördern?

»Na, dafür, dass 'n toter Seehund fast genauso aussieht wie 'n toter Mensch!« Der Mann wischte sich Bierschaum aus seinem Walrossbart. »Ich hab da am Strand die

Knochen gesehen und den Schädel, na, und da dachte ich natürlich, das is' das Mädchen, nach dem sie überall suchen. Konnte ja nich' ahnen, dass das bloß 'n paar Knochen von so 'm Viehzeug waren!«

In einem Zug trank er sein Glas leer und signalisierte gleichzeitig mit der freien Hand Bedarf nach einem weiteren Bier. Die Bedienung nickte mit stoischer Miene. Offenbar war der Schnauzbart nicht der einzige Urlaubsgast, der schon so früh am Tag so großen Durst hatte.

»Und die Leute! Erst sind die alle hinter mir her, als wenn ich der Messias wäre. Und dann, als wir da waren, war übrigens schon beinahe dunkel, da war dann das Gezicke groß. Wat hamse nicht alle für Sprüche gemacht über mich! Blödmänner.« Sein Oberkörper schwankte nach vorne und brachte den Tisch ins Wanken, so dass der dicke Mann seinen Kaffee in Sicherheit bringen musste. »Und der blödeste von allen war dieser Inselbulle. Weißte nämlich was? Dem Typ hab ich meine Taschenlampe gegeben, und ich hab sie immer noch nicht zurück. Kannste dir das vorstellen?« Er hieb mit der flachen Hand auf die Tischplatte: »Ein Bulle, der klaut! So wat müsste verboten werden.«

Das zweite Bier wurde serviert, und die Bedienung bestand darauf, gleich zu kassieren. Der Schnauzbart kramte sein Portemonnaie heraus, stocherte mit dem Zeigefinger im Münzenfach herum und war erst einmal beschäftigt.

Die Taschenlampe, dachte der dicke Mann. Seltsam. Ich habe doch auch eine Taschenlampe, die mir nicht gehört. Kann aber nicht dieselbe sein, schließlich bin ich ja kein Bulle, und am Strand war ich auch nicht. Sondern auf dem Friedhof, wo die Leute vom Strand nachher vorbeigekommen sind. Wer war also der Typ, dessen Lampe ich aufgesammelt habe?

Eine schwere Stablampe aus Metall. Er konnte sie in seiner Tasche fühlen.

Metall. Stab aus Metall. Hm.

Sein Kopf begann wieder zu schmerzen. Die Beule. Hatte man ihn mit einer Taschenlampe auf den Kopf geschlagen?

Nein, Blödsinn. Aber mit einem Metallstab.

Plötzlich war ihm, als hätte er in einer großen Milchglasscheibe einen kleinen durchsichtigen Fleck entdeckt. Da war ein Zimmer, ein großes Zimmer. Das Zimmer, in dem er genächtigt hatte. Seltsam geräumig für ein Hotel oder eine Pension. Und da war ein Kampf. Jemand griff ihn an, jemand, der eine Eisenstange in der Hand hielt. Eine seltsam geformte Eisenstange. Er wurde getroffen. Am Kopf. Und am Arm, weil er rechtzeitig reagiert und den Arm hochgerissen hatte. Sonst wäre er jetzt vermutlich tot.

Er hatte zurückgeschlagen, von Schmerzen schon halb betäubt. Blindlings hatte er um sich geprügelt. Offenbar auch getroffen. Und dann …

Dann war da wieder Milchglas. Glas, Steine, Sand, Wasser. Und aus. Den Rest kannte er ja.

Und? Was half ihm das jetzt?

Der Schnauzbart hatte sein zweites Bier schon fast ausgetrunken. Mit einem wohligen Rülpser kreuzte er die Arme vor dem Bauch, ließ sich schwer gegen die Rückenlehne seines Plastikstuhls sinken, lehnte eine Schulter gegen die Fensterscheibe und schloss die Augen. Was für ein Bild, dachte der dicke Mann. Zum Abgewöhnen. Warum nur sahen die Typen in der Bierwerbung immer ganz anders aus?

Ein blonder Haarschopf wippte auf der gegenüberliegenden Straßenseite vorbei. Verdammt, beinahe hätte er sie verpasst! Zum Glück war sie in seine Richtung gegangen und nicht anders herum, sonst wäre sie weg gewesen. Hastig kippte er den lauwarmen Kaffee hinunter und erhob sich. Der schlummernde Schnauzbart bekam davon nichts mit.

216

Was hatte dieses dünne blonde Mädchen nur an sich, dass sie ihn so anzog? War er womöglich ihretwegen hier auf der Insel? Sein Gefühl sagte nein, also ging es nicht um sie, sondern um eine Ähnlichkeit. Wem sah dieses Mädchen ähnlich, an wen erinnerte es ihn?

Eine Frau also. Wegen einer Frau war er hier. Was für eine Frau?

Seine?

Nein, das nicht. Da war er sich ziemlich sicher. Verheiratet war er wohl nicht. Was dann? Wollte er heiraten?

Auch nicht. Nein, da rastete nichts ein, da macht nichts »klick«. Trotzdem hatte er eine Ahnung, der Lösung näher zu sein als zu jedem anderen Zeitpunkt während der letzten dreißig Stunden. Jetzt nur dranbleiben, nicht nachlassen, immer weiter versuchen! Es musste doch möglich sein.

Also wegen einer Frau. Ja. Wegen einer jungen? Nein. Die spielte zwar auch eine Rolle, aber nicht die Hauptrolle. Also weiter. Was für eine Frau?

Eine ältere Frau. Nein, eine alte. Eine mit schneeweißem Haar. Eine alte Dame.

Seine Mutter?

Ärgerlich schüttelte er den Kopf. Da war es wieder, das Milchglas. Zwar ließ die Trübung nach, die Gucklöcher wurden größer, aber noch gab es keine freie Sicht. Also weiter. Kratzen, schaben, was auch immer.

Seine Mutter lebte nicht mehr. Woher er das plötzlich wusste, konnte er nicht sagen, aber er war sich sicher. Auch, dass ihr Tod schon ewig lange her war. Keine frische Trauer mehr, nur eine Erinnerung. Keine ungetrübte. Hatte er seine Mutter etwa nicht lieb gehabt? Oder sie ihn?

Da, ein Bild von seiner Mutter. Groß, korpulent, von ihr hatte er die Figur geerbt, klarer Fall. Dunkelgrauer

Lockenkopf. Keine Ähnlichkeit mit der weißhaarigen alten Dame. Waren sie vielleicht trotzdem Schwestern? Unwahrscheinlich.

Wusste er denn sonst noch etwas über seine Familie? Kamen weitere Erinnerungen aus den verschütteten Ecken seines Verstandes gebröckelt? Kaum etwas. Familienleben schien in seiner Biographie praktisch nicht stattgefunden zu haben. Warum? War er das verlorene Schaf der Familie?

Oder etwa das schwarze? Das verstoßene?

Blut an seinen Händen. Womöglich nicht zum ersten Mal. Hatten sie ihn deswegen verstoßen? Aus gutem Grund?

Ganz egal, dachte er, ich will es wissen. Ganz egal.

Im Kielwasser der Blonden hatte er inzwischen die Ortsmitte erreicht. Es war früher Vormittag, und die Straßen belebten sich, trotz des unangenehm nasskalten Wetters. Heute war Freitag, so viel wusste er aus beiläufig belauschten Gesprächsfetzen. Morgen war Bettenwechsel, ein geheiligtes Ritual im gesamten Fremdenverkehr auf den Inseln und an der Küste. Alte Gäste raus, neue Gäste rein, nicht kleckerweise, sondern in kompakten Schüben, das war effizienter. Wer tageweise vermietete, hatte es wohl nötig – wer als Vermieter auf sich hielt, der hielt sich an den regelkonformen Bettenwechsel. Batterieweise. Und so würden die Touristenmassen heute noch einmal geballt durch den Ort ziehen auf der Suche nach Souvenirs und Mitbringseln, etwa Fischerhemden made in Thailand oder Krabbenkuttermodellen aus chinesischer Produktion. Morgen dann ging es im Treck zum Bahnhof, begleitet vom Quietschen und Kreischen überlasteter Rollkofferräder, und mit der Inselbahn zur Fähre. Weitaus mehr als hundert Mann. Und ein Befehl: Bettenwechsel. Tja, Freddy, dabei könntest du noch etwas lernen.

Und was wurde dann aus seinem Zimmer, dem Zimmer mit seinem Koffer und seinen Papieren drin, das hier irgendwo sein musste? Würde man es räumen und neu vermieten und seine Sachen, seine gesamte verbliebene Existenz zum Fundbüro bringen, auf dass sie dort langsam verstaubte?

Keine Zeit mehr zu verlieren. Heute, heute musste er es wissen, heute musste er es erfahren. Egal wie, egal was.

Die schlanke Blonde schlenderte nicht mehr. Sie hatte auf ihre Armbanduhr geschaut, nicht zum ersten Mal, und eine flottere Gangart eingeschlagen. Schien ein festes Ziel zu haben, das sie zu einem festen Zeitpunkt erreichen wollte. Jetzt bog sie ab. Von der Hauptstraße in die Kirchstraße. Der dicke Mann schritt schneller aus, um das Mädchen nicht aus den Augen zu verlieren.

Da war die große Kirche mit dem merkwürdigen Dach auf dem Turm, das aussah wie aus vier großen Salinos zusammengeklebt. Ihr Weg führte sie beide direkt daran vorbei. Nein, nicht vorbei. Die Blonde bog noch einmal ab, in einen geklinkerten Fußweg hinein. Kein Zweifel, sie ging direkt auf die Kirche zu.

Und sie war nicht die einzige. Drei, vier andere Jugendliche hatten ebenfalls Kurs auf die kantige weiße Kirchentür genommen, durch die hindurch kraftvoller Chorgesang zu ihnen nach draußen drang. Die Jugendlichen, Jungen wie Mädchen, schienen sich zu kennen; sie grüßten einander und betraten das Gotteshaus. Einige ältere Leute, offenbar ebenfalls Kirchenbesucher, dunkel und festlich gekleidet wie zu einer Trauerfeier, machten dagegen auf dem kleinen Vorplatz Halt oder suchten unter einer überdachten Pergola Schutz vor dem Wetter, in kleinen Gruppen beieinander stehend und verhalten plaudernd wie vor der Zeit eingetroffenes Theaterpublikum.

Der dicke Mann zögerte. Bisher war sein Aufzug ja

noch halbwegs durchgegangen, immerhin war Langeoog eine Urlaubsinsel, da war man einiges gewöhnt. Hier aber fiel er auf wie ein bunter Hund. Schon zog er die ersten verstohlenen Blicke auf sich. Was tun? Unsicher blieb er stehen.

Ein Mann öffnete die Kirchentür von innen, trat heraus und schaute sich suchend um. Auch er gekleidet in dunklen, feinen Zwirn mit langem Mantel und spiegelblanken schwarzen Halbschuhen. Ein Mann von etwa Mitte dreißig, mit kurz gestutzten, dunkelbraunen Locken.

Der Mann aus den Dünen.

Ulfert!

In seinem Kopf ging etwas ab wie eine Lawine aus Schlamm und Geröll. Eine Lawine, die nichts verschüttete, sondern Verschüttetes freilegte. Plötzlich war alles wieder da. Es traf ihn wie ein Schock. Der dicke Mann schnappte nach Luft.

Die Ledercouch. Die Eisenstange, merkwürdig gebogen und verdreht, na klar, eine Skulptur! Die Schläge, der Kampf. Glasscherben und harte Bodenfliesen. Dann Wasser und Sand.

Der Mann in der Kirchentür trat einen Schritt vor. Er blickte sich immer noch suchend um, den Kopf langsam schwenkend wie eine Radarantenne. Sein Blick fiel auf den dicken Mann.

Ulfert Janssen schrie auf. Angst verzerrte sein Gesicht. Er wollte sich nach hinten werfen und zurück in die Kirche stürzen. Im selben Augenblick aber erfasste eine Sturmböe die schwere Holztür und warf sie mit einem lauten Knall hinter ihm ins Schloss. Der Ausgesperrte stieß einen weiteren Schrei aus, diesmal einen schrillen Laut des Entsetzens.

Der dicke Mann brüllte auf wie ein Stier und rannte los. Ehe Ulfert Janssen auch nur die Türklinke gepackt hatte, war der Koloss in seiner lächerlich bunten Kunststoffkluft bei ihm, schlug ihm beide Arme um die Körpermitte, hob ihn hoch wie ein Kinderspielzeug und schmetterte ihn aufs Pflaster. Die Kirchenbesucher stoben entsetzt auseinander.

Ulfert Janssen stöhnte und krümmte sich vor Schmerzen, hielt mit beiden Händen sein rechtes Bein umklammert, während er mit dem linken nach dem dicken Mann trat. Blanke Angst stand in seinen Augen. »Hau ab«, keuchte er, »hau bloß ab!«

»Das hättest du gerne, mein Lieber.« Die Stimme des dicken Mannes troff vor Hass. »Wenn es nach dir ginge, dann wäre ich ja auch schon ganz weit weg. Einbahnstraße ohne Wendemöglichkeit. Hat aber nicht geklappt. Pech für dich, du Drecksau.« Mit seinem rechten Fuß holte er weit aus und trat Ulfert Janssen gegen das schmerzende Bein, so dass der laut aufjaulte.

Widerwillig stellte der dicke Mann fest, dass sich Mitleid in ihm regte. Keuchend ließ er von seinem Gegner ab. Der witterte sofort seine Chance. Mit einer schnellen Drehung brachte er sein linkes Bein unter den Körper, stützte sich an der Kirchenmauer ab und stemmte sich hoch. Hinkend versuchte er zu fliehen.

Der dicke Mann spürte, wie ihm die Wut durch den Körper fuhr und seine Wangen zum Glühen brachte. Mit zwei langen Schritten hatte er den Flüchtenden eingeholt und am Ärmel gepackt. Dabei fühlte er einen Druck gegen seinen Oberschenkel. Die Taschenlampe! Er riss das metallene Ding heraus. »Na warte«, knurrte er und holte weit aus.

Etwas umschloss sein Handgelenk wie ein Schraubstock. Einen Augenblick lang schwebte die bläulich schimmernde Stablampe über Ulfert Janssens Kopf, dann entglitt sie der Hand, deren Finger ihren Griff unter starkem Druck entkräftet lösten, und fiel zu Boden. Das Lampenglas zersplitterte.

Der dicke Mann fühlte sich an der Schulter gepackt, herumgerissen und gegen die Kirchenmauer gepresst. Der Mann, dessen zorniges Gesicht vor seinem auftauchte, sah ihm in geradezu lächerlicher Weise ähnlich. Zehn Jahre jünger mochte er sein, nicht ganz so dick wie er und mit deutlich mehr Haaren auf dem Kopf. Aber sonst …

»Was sollte das denn werden?«, schnauzte Stahnke. »Noch ein Mordversuch, nur diesmal an einem Mann? Geschmacklich scheinen Sie ja nicht so festgelegt zu sein.« Ohne den dicken Mann loszulassen, zog er ein Paar Handschellen aus der Tasche.

Der Mann an der Kirchenmauer lächelte. »Ich heiße Gerd Graalmann«, sagte er. »Jetzt weiß ich es wieder. Gerd Graalmann. Meine Eltern waren Jakobus und Talina Graalmann.«

»Na und?« Stahnke packte den Mann am Handgelenk. »Wenn mich hier Eltern interessieren, dann die Eltern Ihrer Opfer. Ich nehme Sie hiermit fest. Wegen Mordes und Mordversuchs.«

Der dicke Mann schüttelte den Kopf. Das Lächeln war aus seinem Gesicht gewichen und hatte einem ernsten, aber zuversichtlichen Ausdruck Platz gemacht. Überführte, dingfest gemachte Verbrecher guckten gewöhnlich nicht so. Stahnke war irritiert.

»Graalmann«, sagte eine Stimme neben seinem rechten Ohr, »so hieß Tant' Lüti mit Mädchennamen.« Lüppo Buss war Stahnke gefolgt. Dabei hatte er nicht einmal gegen dessen Anweisung verstoßen, denn Nicole Janssen war dicht bei ihm. Gemeinsam hatten sie den Ring aus Neugierigen durchbrochen, der sich in respektvollem Abstand formiert hatte.

Der dicke Mann, der Gerd Graalmann hieß, nickte.

222

»Ich bin der Sohn von Lütine Janssens ältestem Bruder. Also ihr Neffe. Sie ist meine Tante. Vielmehr, sie war es.«

Sein Blick fiel auf die junge Frau Janssen, und ein Leuchten des Erkennens, dann des Verstehens glitt über sein ungeschlachtes Gesicht. Er musterte die schlanke, hochgewachsene Gestalt, das schmale, feine Gesicht, den hellblonden Haarschopf. »Nicole«, sagte er mit einem genickten Gruß, »deinetwegen bin ich jetzt hier, und deinetwegen weiß ich auch wieder alles.«

»Wie bitte?« Die Frau starrte ihn ungläubig an.

Graalmann winkte ab und wandte sein Gesicht stattdessen Ulfert Janssen zu. Der stand immer noch an die Mauer gelehnt, leicht gekrümmt, vor Schmerzen leise ächzend.

»Wenn Sie einen Mörder verhaften wollen«, sagte Graalmann zu Stahnke, »dann ihn. Sie brauchen den Text nicht einmal zu ändern. Einmal vollendeter Mord, einmal versuchter. Da steht er, greifen Sie zu.«

»Mord an wem?«, fragte der Hauptkommissar. Er hatte die Handschellen sinken lassen. Nur gut, dass der Inselpolizist zur Stelle war; vielleicht würden sie mehr als ein Paar Fesseln benötigen.

»Mord an Tante Lütine«, sagte Graalmann. »Und Mordversuch an mir.«

Nicole Janssen schluchzte leise auf, so, als habe sich ihr eine schon länger geahnte bittere Wahrheit enthüllt.

31.

»Tant' Lüti war immer gut zu mir«, sagte Gerd Graalmann. »Als Einzige aus der ganzen Familie. Ich bin nämlich schon früh vom Pad abgekommen, wie man so sagt, schon vor über dreißig Jahren. Damals war ich Mitglied einer

Rockergang.« Er hob den Unterarm, streifte den Ärmel zurück und zeigte seine Tätowierung: »Hier, dieses Andenken daran habe ich immer noch. Wir haben allerhand Mist gebaut. Körperverletzung, Diebstahl und Hehlerei, dann auch mit Drogen gedealt. Mich haben die Bullen fast jedes Mal erwischt. Auch nachher, als es die Gang längst nicht mehr gab, habe ich weitergemacht. Konnte ja nichts anderes. Immer wieder bin ich in den Knast eingefahren. Meine Eltern sind drüber weggestorben, und sonst wollte keiner mehr etwas mit mir zu tun haben. Niemand kannte mich mehr. Bloß Tant' Lüti. Die hat mir sogar mal einen Job angeboten, hier auf der Insel, in einem ihrer Läden. Aber ich wusste, das ist nichts für mich. Das hat hier alles mit Geld und mit Menschen zu tun, das geht nicht gut, da baue ich früher oder später Mist. Also hab ich's gelassen, weil ich Tant' Lüti keinen Ärger machen wollte.«

Graalmann grinste verlegen: »Zu ihrem achtzigsten Geburtstag wollte ich natürlich trotzdem hier sein und gratulieren. Hat aber nicht ganz geklappt. Hab nämlich mal wieder eingesessen, und auch mit spitzenmäßiger Führung bin ich nicht mehr rechtzeitig rausgekommen. Na ja, hab ich gedacht, ist vielleicht auch ganz gut so, wenn ich nicht bei der großen Feier auftauche und Tante Lütine aller Welt erklären muss, was ich denn für einer bin. Also bin ich hergekommen, sobald es ging. Also gleich, nachdem ich wieder draußen war.«

Er zeigte auf Nicole, die sich gefasst zu haben schien. »Ulferts Frau hat mich reingelassen und mir erzählt, wie es um Tant' Lüti stand. Ich durfte auch kurz in ihr Krankenzimmer, aber sie schlief, hatte gerade ihre Medikamente bekommen. Es war schon Abend, und Ulfert war irgendwo unterwegs, hat Nicole gesagt. Scheint so, dass er ihr längst nicht mehr alles erzählt. Jedenfalls hat sie gesagt, ich kann im Wohnzimmer auf der Couch schlafen. Bettzeug hat sie mir auch rausgegeben. Nett von dir, Nicole.« Er nickte ihr zu. Die junge Frau reagierte nicht.

»Mitten in der Nacht bin ich wach geworden. Musste aufs Klo. Man ist eben nicht mehr der Jüngste. Und wie ich vom Gästeklo zurückkomme, höre ich merkwürdige Geräusche aus dem Krankenzimmer. Natürlich gehe ich hin, nachgucken, ob ich helfen kann. Ist aber schon zu spät. Der Dreckskerl steht da, hat ihr ein Kissen ins Gesicht gepresst und hält sie mit der anderen Hand an den Handgelenken fest, dass sie sich nicht wehren kann.«

Graalmann rieb sich die Augen. Für einen Moment sah es so aus, als würde ihn die Erinnerung überwältigen. Aber er beherrschte sich. »Klar, dass ich ihm gleich eine reingehauen habe«, fuhr er fort. »Dann habe ich geguckt, ob ich noch etwas für meine Tante tun konnte. War aber zu spät. Diesen Augenblick hat der Drecksack ausgenutzt, um mir von hinten was auf den Kopf zu hauen.« Er verzog das Gesicht und betastete seinen Schädel: »Diese hässliche Metallplastik war's. Mann, beinahe wäre ich sofort weg gewesen. Zum Glück habe ich die Arme noch hochgekriegt und die nächsten Schläge abgewehrt. Dann hab ich ihm auch ein paar verplättet. Er ist rückwärts durch die Tür rausgetaumelt, ins Wohnzimmer.«

Ulfert Janssen hatte sich nicht mehr gerührt. Er stand an die Mauer gepresst, so fest, als wollte er die Moleküle seines Körpers mit denen der Backsteine vermengen. Jetzt begann er den Kopf zu schütteln, erst unmerklich, dann immer heftiger. Dazu öffnete er den Mund, brachte aber kein Wort heraus.

»Fast hätte ich ihn gehabt«, sagte Graalmann. »Bin ja nicht mehr so fit wie früher, aber ich habe meine Erfahrungen. Durchs halbe Wohnzimmer hab ich ihn geprügelt und dann mit einem Schwinger auf den Glastisch geschickt. Das hat vielleicht gekracht! Als er dann so dalag, mitten in den Scherben und in seinem Blut, dachte ich natürlich, es wäre vorbei. War's aber nicht. Hatte übersehen, dass da noch eine zweite Metallplastik rumstand. Die hat er sich geschnappt und geworfen. Hat mich voll am Kopf erwischt, und ich musste auf die Fliesen. Dann ging der schwarze Vorhang runter.«

Graalmann breitete die Arme aus: »Als ich wieder zu mir kam, saß ich am Strand, nur mit Unterwäsche am Leib, so wie ich nachts zum Klo getapert war. Und ich wusste von gar nichts, nicht einmal mehr meinen Namen. Amnesie nennt man das wohl. Was habe ich mir den Kopf zermartert, woher wohl das Blut an meinen Händen gekommen sein könnte! Und an meiner Unterhose. Ich dachte schon … na ja.« Heftig und wie abwehrend schüttelte er den Kopf. »Das war jedenfalls gestern Morgen, in aller Herrgottsfrühe. Hat 'ne Weile gedauert, bis mir alles wieder eingefallen ist. Genau genommen bis gerade eben.«

»Du lügst!«, krächzte Ulfert Janssen, der seine Stimme wiedergefunden hatte. »Verdammter Lügner! Glauben Sie dem Schwein kein Wort.« Sein Kopfschütteln wurde immer heftiger, und seine Augen glänzten fiebrig.

Wie aus dem Nichts stand Fredermann plötzlich neben ihm und legte ihm beide Hände auf die Wangen. Janssen wehrte sich gegen den Griff, als wollte er seinen Kopf um keinen Preis ruhig halten. Seine Bewegungen wirkten fahrig.

»Ihr Kopf ist ja total heiß«, sagte der Arzt. »Sie sind krank, Mann.« Sein Blick wanderte an Janssens Gestalt entlang nach unten. »Und was ist das?«

Aus Ulfert Janssens rechtem Hosenbein sickerte eine rote Flüssigkeit. Allem Anschein nach Blut.

Graalmann lachte. Ein hässliches, brutales Lachen. Der

alte Rocker war plötzlich präsent. »Kleines Andenken an den Glastisch, was? Sag bloß, du hast das nicht nähen lassen. Bist ja ein ganz Harter, kleiner Ulfert! Aber das muss man auch sein in deiner Sparte, was, Killer?«

Ulfert Janssen versuchte immer noch, die Hände des Arztes abzuschütteln, hatte aber sichtlich Mühe, dabei auf den Beinen zu bleiben. »Beweisen!«, rief er heiser. »Das musst du beweisen! Kannst du aber nicht. Alles gelogen. Du hast sie doch selber abgemurkst, du Knastbruder! Gewohnheitsverbrecher! Du, du …«

Kraft und Wortschatz ließen ihn im Stich, und er sträubte sich nicht weiter. Auch nicht, als Fredermann ihm das rechte Hosenbein aufzutrennen begann. Eine lange, tiefe Wunde wurde sichtbar, die mit einem Stück Bettlaken notdürftig umwickelt war. Der Stoff war fast völlig mit Blut getränkt.

»Entzündet«, stellte der Arzt kopfschüttelnd fest. »Er braucht sofort eine Tetanusspritze.«

»Wenn das stimmt, was Graalmann erzählt, dann braucht er außerdem einen Handschmuck«, sagte Stahnke. »Aus Edelstahl.«

Ulfert Janssen schüttelte erneut den Kopf. Langsam ließ er sich an der Kirchenmauer hinabrutschen, bis er saß, und streckte das verletzte Bein aus. Die Augen hielt er geschlossen. Offenbar war er einer Ohmacht nahe.

»Nichts beweisen, was? Damit meint er wohl, dass er die beiden Metallskulpturen gründlich abgewischt hat«, sagte Graalmann. »Blöd, dass es keinen Augenzeugen gab. Oder hast du etwas gesehen, Nicole? Den Mord oder unseren Kampf anschließend?«

Die junge Frau schüttelte kaum merklich den Kopf. Sie klammerte sich am Arm des Inselpolizisten fest.

»Die Skulpturen mag er ja abgewischt haben«, sagte Lüppo Buss plötzlich. »Aber auch die Reste des Glastischs? Das bezweifle ich. Schade, Ulfert, dass du nicht etwas ordentlicher bist. Das Zeug steht doch noch hinter deinem Haus. Sollen wir mal nachschauen?«

Ulfert Janssen öffnete seine Augen auf Schlitzbreite und starrte den Kommissar hasserfüllt an. »Das kommt dir zupass, nicht wahr, Lüppo?«, zischte er. »Blöder Bullenbock, dir springt doch die Geilheit schon aus den Augen. Jetzt hast du endlich freie Bahn, was?«

»Was soll das denn nun wieder heißen?« Stahnke betrachtete seinen Kollegen und die an dessen Arm hängende Frau und verzichtete auf eine Antwort. »Egal. Die Scherben stellen wir sicher. Aber was beweist das? Ein Hausherr darf ja schließlich seinen eigenen Tisch anfassen, er darf ihn kaputt machen und er darf sich sogar daran schneiden.«

Nicole Janssen bewegte ihre Lippen. Sie hauchte etwas, das Stahnke nicht verstand.

»Wie bitte?« Der Hauptkommissar beugte sich vor.

»Der Koffer«, wiederholte sie.

»Schlampe«, bellte ihr Mann.

»Was für ein Koffer?«, fragten Buss und Stahnke gleichzeitig.

»Mein Koffer?«, rief Graalmann.

32.

Das laute Knarren der schweren Kirchentür unterbrach sie. Alle Köpfe fuhren herum. Eine kleine, füllige Dame schaute aus dem Kirchenportal heraus. »Herr Heiden lässt fragen, ob es vielleicht auch etwas leiser geht hier draußen«, sagte sie mit strenger Miene. »Drinnen findet

nämlich gerade eine Chorprobe statt, da wäre es nett,
wenn Sie nicht ganz so viel Lärm machen würden.«

Stahnke ließ seinen Blick von Margit Taudien, die er
noch von seinem ersten Besuch im Polizeibüro kannte,
über die Menschenansammlung hinter ihnen und wieder zurück wandern. »Sie haben vollkommen recht«,
sagte er dann. »Führen wir unsere Befragung lieber an
einem geeigneteren Ort weiter. Lüppo, stell doch mal
die Taschenlampe von Herrn Graalmann sicher. Immerhin wollte er sie als Waffe einsetzen, sie ist also ein
Beweisstück.«

Graalmann schüttelte den Kopf. »Stimmt schon, ich
wollte ihm damit eins überziehen. Aber gehören tut mir
das Ding nicht.«

»Stimmt«, sagte Margit Taudien. »Die kenne ich, die
gehört Herrn Heiden. Ein sehr ungewöhnliches Stück,
blaumetallic, made in USA, so etwas sieht man nicht alle
Tage. Die gehört ganz bestimmt ihm.« Erschrocken hielt
sie den Atem an: »Aber die ist ja kaputt! Wer war denn
das?«

»Wie sind Sie denn an das Ding gekommen?«, fragte
Stahnke.

Graalmann zuckte die Achseln. »Gefunden«, sagte er.
»Hat letzte Nacht einer verloren, und ich hab sie aufgesammelt. Da hinten in den Dünen. Auf dem Friedhof.«

»Auf dem Friedhof? Letzte Nacht?« Der Hauptkommissar wurde hellhörig: »Dort, wo wir das verletzte Mädchen
gefunden haben?«

Graalmann zuckte die Achseln: »Sie wieder mit Ihren Mädchen. Ich weiß davon nichts. Ich habe keinem
Mädchen etwas getan, ehrlich. Das weiß ich genau.« Er
nickte mehrfach, als wollte er es sich selbst bestätigen:
»Mittlerweile jedenfalls.«

Die Oberstudienrätin schluckte vernehmlich. »Wenn

229

Sie die Lampe auf dem Friedhof gefunden haben ...«
Sie zögerte, gab sich dann einen Ruck: »Ich habe Herrn
Heiden gestern am späten Abend getroffen. Er war noch
unterwegs, angeblich joggen, aber er trug normale Straßenkleidung. Das fiel mir gleich auf. Merkwürdig. Aber
ob er wirklich zu so etwas imstande ist?«

»Warum sollte er?«, fragte Stahnke. »Gibt es denn einen
Grund, ihn zu verdächtigen?«

»Nun ja.« Sie presste ihre Handflächen gegeneinander:
»Wissen Sie, er hatte ein Verhältnis mit der Sabrina Tinnekens. Dem Mädchen, das gestern Abend auf dem Friedhof
schwer verletzt aufgefunden wurde. Er hat natürlich
gedacht, ich wüsste das nicht. Aber das war schließlich
nicht zu übersehen. Schätze, ich war nicht die Einzige,
die es bemerkt hat.«

»Und Sie meinen – was? Dass er ihrer überdrüssig gewesen ist? Bringt man deswegen gleich jemanden um?«

Sie zuckte die Achseln: »Wenn sie ihn geoutet hätte,
wäre das für ihn das Aus gewesen. Gesellschaftlich, tja,
und als Beamter natürlich auch. Er mag ja mächtig groß
tun, aber seine Pensionsansprüche sind ihm heilig, das
können Sie mir glauben.«

»Ich unterbreche Sie ja nicht gerne«, sagte Fredermann
und tat es doch: »Der Mann hier muss dringend behandelt
werden. Ich rufe jetzt die Rettungssanitäter an und lasse
ihn abholen. Hoffentlich haben Sie nichts dagegen. Falls
doch, tu ich es trotzdem.«

»Von mir aus«, knurrte Stahnke. »Aber wer von uns
geht mit? Einer muss sich ja nun trotz allem um Gerd
Graalmann kümmern, tja, und wie es aussieht, sollten wir
außerdem umgehend den Herrn Heiden vernehmen.« Er
schaute Lüppo Buss an wie ein Tintenfisch, der plötzlich
feststellt, dass er nicht genügend Arme hat.

Lüppo Buss allerdings erwies sich auch nicht gerade als

große Hilfe. Er zuckte nur die Achseln. Nicole Janssen ließ sich dadurch nicht abschütteln.

Ein lange, mürrisch dreinblickende Gestalt erschien in der Kirchentür. »Frau Kollegin, wäre es Ihnen vielleicht möglich, nach Wiederherstellung der öffentlichen Ruhe und Ordnung die außerordentliche Güte zu haben, unser gemeinsames Kirchenschiff wieder zu besteigen und unserer Chormannschaft beim Umschiffen der klanglichen Klippen behilflich zu sein? Unser Requiem dümpelt gerade zwischen Scylla und Charybdis, und wenn sich das nicht ganz schnell ändert, werden wir gleich beim Auftritt elendig Schiffbruch erleiden. Das wollen Sie doch nicht, meine hochverehrte Sangeskameradin und kundige Lotsin?«

Stahnkes Augenbrauen kletterten zügig in Richtung Haaransatz und schoben dabei seine Stirnhaut zu einem Faltenbündel zusammen. »Herr Heiden, nehme ich an.« Vielleicht lenkte die Coolness dieses Spruchs seine Entscheidung, vielleicht war es auch nur das eklige Wetter. Jedenfalls sagte er kurz entschlossen: »Gehen Sie nur hinein, Frau Taudien, und walten Sie Ihres verantwortungsvollen Amtes. Ich komme gleich mit. Herr Heiden, Stahnke mein Name, Hauptkommissar Stahnke, Kriminalpolizei. Vielleicht hätten Sie eine Minute für mich? Sehr verbunden. Und Sie, Herr Kollege, regeln das Restliche hier, nicht wahr? Vielen Dank.«

Lauter große Augen um ihn herum – der Anblick gefiel ihm. Während er die Arme ausbreitete, um die versammelte Chorleitung vor sich her in die Kirche zu scheuchen wie eine Horde Gänse, bemerkte er, wie sich Lüppo Buss' Miene und Gestalt strafften. Energische, kraftvolle Gesten begleiteten seine Anweisungen, als er sich zum Gehen wandte. Na, der würde das schon schaffen. So schwer war es schließlich auch nicht, drei

231

mehr oder minder Tatverdächtige gleichzeitig unter Kontrolle zu behalten. Ulfert Janssen würde wohl so schnell niemandem weglaufen, und für Gerd Graalmann war bestimmt ein Plätzchen in der inseleigenen Arrestzelle frei. Und was Nicole Janssen anging, so machte sie nicht den Eindruck, als würde sie in naher Zukunft freiwillig von der Seite des Inselpolizisten weichen.

Stahnke seufzte, wobei ihm einfiel, das er das eigentlich nicht mehr so häufig tun wollte. Aber wie auch immer, wieder einmal sah es so aus, als hätte er sich den schwierigsten Teil der Arbeit ausgesucht.

33.

Solch einen dankbaren Arrestanten hatte Lüppo Buss noch niemals erlebt. Kaum hatten sie die Zelle betreten, da lag Gerd Graalmann auch schon lang ausgestreckt auf der Pritsche, die kräftigen Unterarme hinter dem Kopf verschränkt, die Augenlider halb geschlossen, und schien seinen Einschluss gar nicht erwarten zu können. Das Zufallen der Zellentür und das Rasseln des Schlüsselbundes mischten sich mit seinem wohligen Brummen.

»Hoffentlich schnarcht er nicht allzu laut«, sagte der Inselpolizist. »Mein Schlafzimmer ist nämlich gleich hier nebenan.«

»Interessant«, sagte Nicole Janssen. »Und spannend.«

Lüppo Buss spürte, dass er rote Ohren bekam. »Lass uns in mein Büro gehen«, stieß er hervor. »Direkt die erste Tür auf der anderen Seite.« Eilig ging er voran.

»Hier geht ja wirklich eins ins andere über«, sagte sie. »Leben und Arbeit, Dienst und Privates. Wie trennst du das denn überhaupt?«

Lüppo Buss zuckte die Achseln. »Gar nicht, wenn ich's recht bedenke. Warum auch. Polizist ist man entweder, oder man ist es nicht. Wenn du verstehst, was ich meine.«

»Tue ich«, sagte Nicole und lächelte. »Danke für die Warnung.«

Wie angewurzelt blieb er stehen, zu abrupt, als dass sie gleich reagieren konnte. Einen Moment lang waren sie sich ganz nahe, so nahe, dass er das Prickeln ihrer Wärme auf seiner Haut fühlte.

Schnell trat sie einen Schritt zurück.

»Da ist noch etwas, was du wissen solltest«, sagte sie. »Ich wollte es dir und deinem Kollegen vorhin schon sagen, aber wir wurden unterbrochen.«

»Was denn?« Lüppo Buss war heilfroh, dass es wieder dienstlich wurde.

»Der Koffer«, sagte Nicole Janssen.

»Was für ein Koffer denn?«

»Der von Gerd Graalmann. Der, den er bei sich hatte, als er uns besuchen kam. Ulfert hat ihn verschwinden lassen. Mit allen Sachen und Papieren von Graalmann darin. Um alle Spuren zu verwischen. Niemand sollte wissen, dass Graalmann bei uns gewesen war. Dass es ihn überhaupt gab.«

»Richtig.« Lüppo Buss begann sich zu erinnern. Vor allem an Ulfert Janssens Gebrüll, als Nicole den Koffer erwähnt hatte. »Und wo hat dein Mann diesen Koffer verschwinden lassen?«

»Auf dem Friedhof«, sagte Nicole.

»Du meinst ... draußen auf dem Dünenfriedhof?«

»Ja. In Tante Lütines Grab. Das bot sich ja auch an, schließlich war die Grube schon ausgehoben, und man konnte davon ausgehen, dass nach der Beerdigung niemand in den nächsten dreißig oder vierzig Jahren dort nachbuddeln würde.«

»Gestern Abend hat er das gemacht? Als die Sache mit dieser Sabrina Tinnekens passiert ist?«

»Genau. Es war schon dunkel, als er sich aus dem Haus schlich. Dachte, ich bemerke ihn nicht. Habe ich aber doch.« Sie biss sich auf die Lippen, zögerte kurz, dann fuhr sie fort: »Vermutlich ist noch etwas anderes in diesem Koffer.«

»Nämlich?«

»Tante Lütines Testament.«

34.

Der Windfang, durch den er die Inselkirche betrat, wirkte wie nachträglich angebaut, ein Kästchen mit eigenem Kupferdach als Tribut an das raue Küstenklima. Dahinter hatte der Hauptkommissar etwas Saalartiges erwartet, eine steinerne Halle mit typisch verzögerter Akustik, mit der Massigkeit und den Rundungen einer gigantischen Glucke, aber ohne deren Wärme. Etwas, das den fehlbaren Gläubigen die eigene Schwäche erst so richtig vor Augen führte. Stahnke mochte nun einmal die Institution Kirche nicht, und seine Vorurteile gegen ihre Einrichtungen waren entsprechend.

Bestätigt aber wurden sie hier nicht. Der erste Eindruck, den das Kircheninnere vermittelte, war ein ausgesprochen heimeliger. Statt einer hochgewölbten, kalten Steinkuppel empfing ihn eine hölzerne Decke, die erstaunlich dicht über seinem Kopf hing und ein Gefühl von Privatheit erzeugte, das er in einem sakralen Gebäude noch nie zuvor empfunden hatte. Eine einladende Wohnstube statt eines ehrfurchtgebietenden Thronsaals. Erstaunlich.

Erst auf den zweiten Blick stellte Stahnke fest, dass er es hier nicht etwa mit einer abweichenden Kirchenphilosophie, sondern mit dem Bretterboden der Orgelempore zu tun hatte, der unmittelbar über dem Eingang und damit über seinem Kopf hing. Rechter Hand gab es eine Holztreppe nach oben, links eine Tür, die offenbar zu den Amtsräumen des Pastors führte. Die Empore setzte sich an beiden Seiten des Innenraums bis etwa zur Hälfte der mattgrauen Bankreihen fort. Dahinter weitete sich das Kirchengewölbe zu durchaus gewohnten Dimensionen. Allerdings war auch die eigentliche Dachkonstruktion aus Holz, mit geschnitzten, grau lackierten und rot abgesetzten Balken und drei großen Messingkronleuchtern über dem Mittelgang, so dass der Eindruck von Wärme erhalten blieb. Den Altar schmückte ein Gemälde, offenbar neueren Datums. Es zeigte ein gestrandetes Schiff. »Gott segne unseren Strand«, murmelte Stahnke vor sich hin und grinste.

Die Kirche schien nahezu leer zu sein; nur in den vordersten Reihen saßen ein paar junge Leute, offenbar diejenigen Chormitglieder, denen es nicht vergönnt gewesen war, in Heidens »Kernmannschaft« berufen zu werden. Alle saßen sie schräg in den Bänken, einen Ellbogen über die Rückenlehne gehakt, den Kopf nach hinten gedreht und den Blick erwartungsvoll auf die Empore gerichtet. Von dort war gedämpftes Stimmengewirr zu vernehmen. Entweder gingen die jungen Leute vollkommen in ihrer künstlerischen Rolle auf, oder aber sie waren durch die ungewohnte Situation, direkt vor dem Auftritt von ihrer Leitung allein gelassen worden zu sein, stark verunsichert, jedenfalls ließen sie die für Teenager typische Lautstärke komplett vermissen.

Auch Heiden schien verunsichert, denn statt stracks auf die Treppe zuzueilen, die zur Empore führte, verhielt er seinen Schritt und blickte sich nach Stahnke um. Und der Hauptkommissar zeigte auch keine Neigung, sich die Initiative aus der Hand nehmen zu lassen. »Frau Taudien, was halten Sie davon, mit den jungen Leuten zusammen das fragliche Stück noch einmal durchzuproben? Herr Heiden bleibt vielleicht hier bei mir, eventuell lässt sich ja aus dieser Position eher feststellen, woran es noch hapert, nicht wahr?«

Eifrig nickend eilte die Studienrätin nach oben. Heiden runzelte zwar die Stirn, blieb aber brav stehen. Stahnke genoss das Gefühl, ein erfolgreichen Hochstapler zu sein, gegen dessen Dreistigkeit kein Kraut gewachsen war.

Schweigend lauschten die beiden Männer dem Geräusch der Schritte der kleinen, rundlichen Frau auf der Holztreppe. Einen Moment lang brandeten oben die Stimmen der Sänger auf, liefen durcheinander wie kabbelige Wellen über einer Sandbank. Dann, von einer Sekunde auf die andere, war Ruhe. Selbst Stahnke glaubte die Spannung zu spüren, die die verborgenen Körper der jungen Sänger erfasste. Summtöne waren zu vernehmen; der Chor stimmte sich ein. Es war, als nehme die noch ungeschaffene Musik Anlauf vor dem Absprung in die Existenz.

Als es dann geschah, war es überraschend leise, sanft, verhalten. Gerade das aber schien die Spannung weiter zu steigern. »*Selig sind, selig sind, die da Leid tragen, denn sie sollen getröstet werden.*« Was für schlichte Worte. Welch eindrucksvoller Satz. Selbst Stahnke spürte nichts als Zustimmung in sich. Das war nicht der Rachegedanke des Alten Testaments, der hier zum Ausdruck kam. Das hier musste von dem klugen Mann aus Nazareth stammen. »*Die mit Tränen säen, werden mit Freuden ernten.*« Himmel, was für ein Versprechen!

Der Chorleiter hatte seine Lippen geschürzt, die Hände hinter dem Rücken verschränkt und wippte auf den Fußballen. Allem Anschein nach war er recht zufrieden mit dem, was er da hörte.

»Was ist das für ein Stück?«, fragte Stahnke.

Heidens gewohnte Arroganz war mit einem Schlag wieder da, geballt in einem Blick, der den Hauptkommissar in ein Häufchen Asche hätte verwandeln müssen, wenn der nicht immun gewesen wäre gegen überhebliche Spezialisten jeder Art. »Johannes Brahms. *Ein deutsches Requiem*.« Der Chorleiter spuckte die Worte förmlich aus. Und fügte, als sein Nebenmann keinerlei Wirkung zeigte, noch hinzu: »Allzu viel verstehen Sie wohl nicht von Musik, was?«

»Ach, wissen Sie«, entgegnete Stahnke schmunzelnd, »ich war schon oft zugegen, wenn gesungen wurde.«

»So, so.« Heiden guckte überrascht, schien einlenken zu wollen. »Welche Art Konzerte waren das denn?«

Stahnke konnte sich das Lachen nur mühsam verbeißen: »Allesamt Sologesänge. Meistens mit Nachspiel.« Er winkte in Richtung Podium: »Aber was sagen Sie denn nun zu Ihren Schäfchen? Sind Sie zufrieden?«

Heiden lächelte. Vermutlich sollte es nachsichtig aussehen, aber das Lächeln geriet ihm zu einer Mischung aus Herablassung und Selbstzufriedenheit. Offenbar schätzte er das Können seiner Truppe durchaus – und war gleichzeitig davon überzeugt, selber und ganz allein dafür verantwortlich zu sein. Denn was war dieser Haufen von Amateuren ohne ihn, seinen Meister?

»Insgesamt durchaus«, sagte er. »Von hier klingt es gar nicht so schlecht. Auch wenn einige der Schäfchen, wie Sie sich auszudrücken beliebten, durchaus genauso blöken, wie es dieser Gattungsbezeichnung entspricht.«

Stahnke versuchte Heidens Lächeln zu kopieren. Es gelang ihm nicht, das war ihm auch ohne Spiegel klar.

»Mir scheint, Sie mögen Ihre Schüler«, log der Hauptkommissar.

Heiden hob die Augenbrauen. »Nun ja, ganz ohne Zuneigung kann man als Lehrer natürlich nichts erreichen«, erwiderte er. »Schließlich sind wir ja auch auf den ›Pädagogischen Eros‹ angewiesen.«

»Was ist denn das?« Stahnke machte erst gar nicht den Versuch, Wissen vorzutäuschen.

»Nun ja. Warum lernen Schüler?«, dozierte Heiden. »Aus Interesse am Thema, am Stoff? In den wenigsten Fällen. Zuweilen kann man dieses Interesse durch künstliche Motivationsanreize erzeugen, aber das führt langfristig dazu, dass man ewig für diese Blagen den Kasper macht. Oder man erzeugt Druck, aber das ist für beide Seiten anstrengend. Nein, am wirksamsten ist es, man weckt in den Jugendlichen Begeisterung für die eigene Person. Dann nämlich lernen sie aus Zuneigung zu ihrem Lehrer, verstehen Sie? Das ist er, der ›Pädagogische Eros‹.«

»Nicht für das Leben, für den Lehrer lernen wir«, sagte Stahnke dumpf.

Heiden zuckte die Achseln: »Wenn Sie so wollen. Hauptsache ist doch, die Kinder lernen, oder?«

»*Denn alles Fleisch, es ist wie Gras und alle Herrlichkeit des Menschen wie des Grases Blumen*«, sang der Chor. Immer noch langsam, aber jetzt drängender, marschmäßiger. Stahnke staunte über das Stimmvolumen, das den Kirchenraum nicht nur füllte, sondern schier zu sprengen schien.

»Und beim Pädagogischen Eros ist es geblieben?«, fragte er. »Oder ist Ihrem Eros nicht zuweilen die Pädagogik abhanden gekommen?«

»Wie meinen Sie das?« Heidens Unterkiefer klappte herunter.

»Geben Sie sich keine Mühe«, sagte der Hauptkommissar, »ich weiß Bescheid. Sie haben ein sexuelles Verhältnis mit Ihrer Schülerin Sabrina Tinnekens. Oder wollen Sie das abstreiten?«

Heiden schaute zu Boden, schien abzuwägen, was ihm ein Dementi nützen konnte. Dann zuckte sein Blick wieder hoch, suchte trotzig den seines Gegenübers. »Ja. Vielmehr nein, ich streite es nicht ab. Ich habe nun einmal eine gewisse Wirkung auf Frauen. Auch auf junge Frauen. Was soll ich machen?«

Stahnke kannte diesen Wunsch, seine Hand in eine dummfreche Visage klatschen zu lassen. Meistens widerstand er der Versuchung. So auch diesmal.

»Was Sie hätten tun sollen?«, fragte er stattdessen. »An Ihre pädagogische Verantwortung denken statt an Ihren Eros. Oder an Ihre Pflichten als Beamter. Und wenn Ihnen das alles nichts sagt, dann wenigstens an Ihre Pension.«

Heiden errötete. Offenbar war der Panzer seiner Arroganz nicht vollkommen lückenlos.

»Sie haben sich noch gar nicht nach dem Befinden von Sabrina erkundigt«, fuhr Stahnke fort. »Wollen Sie das überhaupt nicht wissen?«

»Doch. Natürlich.« Die Röte in Heidens Gesicht nahm an Intensität zu. »Wie geht es ihr?«

»Keine Ahnung«, sagte Stahnke. »Aber ich bin ja auch nicht ihr Lover.«

Heidens knallrotes Gesicht begann jetzt zusätzlich zu glänzen. Schweiß konzentrierte sich zu zitternden Perlen.

»Es war aus, nicht wahr? Sie hatten genug von ihr.« Stahnkes Stimme blieb ganz ruhig, fast monoton. »Oder es stand schon die Nächste parat. Weil Sie ja so eine Wirkung auf junge Frauen haben. Schätze, das hat der jungen Dame nicht gepasst. Und Sie, Herr Beamtenkollege, konnten es nicht riskieren, dass eine unzufriedene, redselige junge Dame in Ihrem Wirkungskreis herumläuft. War das nicht so?« Der Hauptkommissar gestattete sich eine Kunstpause, ehe er fortfuhr: »Sagen Sie mir, Herr Heiden: Warum liegt Sabrina Tinnekens schwer verletzt

239

im Krankenhaus? Erzählen Sie es mir. Offen und ehrlich, das gibt Punkte. Und die werden Sie vor Gericht dringend brauchen.«

Die Schweißtropfen schwollen an und vereinigten sich zu Bächen, in denen Heidens hervorquellende Augen davonzuschwimmen drohten. »Sie meinen, ich – ? Das hieße ja … Mordversuch.« Er formte das Wort so zögerlich, als entstammte es einer fremden, gänzlich unbekannten Sprache. »Ich dachte, Sie wollten mich drankriegen wegen … na ja, Beamtenpflichtverletzung, was Sie halt gerade eben sagten, nicht wahr. Stimmt ja auch. Aber Mord? Ich hätte Sabrina doch niemals etwas antun können. Niemals! Glauben Sie mir.«

Alle Überheblichkeit war von dem Chorleiter abgefallen. Hilflos starrte er den Hauptkommissar an, hilflos und Hilfe suchend. Erbärmlich. Jämmerlich.

Aber auch unschuldig?

»Sie waren gestern Abend am Tatort«, gab sich Stahnke ungerührt. »Auf dem Dünenfriedhof. Zur Tatzeit. Erklären Sie mir das.«

»Ich war mit Sabrina verabredet.« Heiden nickte übereifrig, die Worte sprudelten nur so hervor. »Sie wollte mit mir … wir wollten eigentlich von dort aus ein Pensionszimmer aufsuchen, wie wir es schon häufiger getan hatten. Ich hatte extra eins angemietet, unter falschem Namen. Aber ich hatte mir vorgenommen, ihr mitzuteilen, dass es so nicht mehr geht. Dass es vorbei ist. Das wollte ich ihr sagen.«

»Hätten Sie dann nicht befürchten müssen, dass das Mädchen Ihre Affäre öffentlich macht?« Stahnkes Stimme wurde schärfer. »Kam Ihnen da nicht der Gedanke, die Sache lieber gleich richtig zu beenden? Richtig gründlich? Und dafür war dieser abgelegene Friedhof doch der geeignete Ort, nicht wahr.«

»Ja. Nein.« Heiden flatterte buchstäblich. »Ich meine, ja, man denkt an so mancherlei, wenn man unter Druck steht, da haben Sie recht. Aber glauben Sie mir, ich kann so etwas nicht. Ich bin dazu gar nicht in der Lage.«

»Und doch wurde Sabrina Tinnekens in ein offenes Grab gestoßen, wobei sie sich lebensgefährlich verletzte«, stieß Stahnke nach. »Was haben Sie damit bezweckt, wenn nicht die Beseitigung einer Person, die Ihnen gefährlich werden konnte?«

»Habe ich nicht!« Heidens Schrei durchschnitt schrill den vollen, warmen Klang des Requiems. Einige der Jugendlichen in den vorderen Bankreihen schauten irritiert zu ihnen her.

»*Aber des Herrn Wort bleibet, bleibet in Ewigkeit*«, sang der Chor, ohne sich beirren zu lassen.

»Was dann?«, bellte Stahnke zurück.

»Ich habe sie doch überhaupt nicht getroffen!« Die Stimme des Beschuldigten kippte und wurde von Schluchzern zerdehnt. »Ich habe zur vereinbarten Zeit gewartet, auch noch zehn Minuten länger, aber sie kam nicht. Bisher hatte sie mich nie warten lassen, meistens war sie vor mir da, wenn wir verabredet waren. Gestern aber kam sie nicht. Und dann musste ich weg.«

»Sie wurden bei Ihrem Abgang beobachtet«, sagte Stahnke lauernd. »Von Ihrer Kollegin, Frau Taudien. Sie hatten es mächtig eilig, sind gerannt, als wäre der Teufel hinter Ihnen her. Gerannt wie ein Täter auf der Flucht. Mensch, Heiden, lügen Sie mich nicht an! Sie haben die Kleine in die Grube gestoßen, von mir aus im Affekt oder in Panik, aber Sie haben es getan. Und dann ...« Stahnke hatte eine Idee und beschloss spontan, ihr zu folgen: »Dann sind Sie direkt zu einer anderen Frau gerannt, stimmt's?«

Heiden keuchte wie nach einem Schlag in die Magengrube. »Ja«, stieß er hervor. »Deswegen konnte ich ja nicht länger warten. Weil sie auf mich gewartet hat. Schon allein deswegen hätte ich Sabrina ja sagen wollen, dass wir uns nicht mehr treffen können. Dass es aus ist. Aber sie ist ja nicht gekommen.«

»Wer war diese andere Frau? Womöglich noch eine von Ihren Schülerinnen?« Stahnke konnte seinen Zorn kaum noch zähmen. »Hatten Sie vor, alle durchzuprobieren? Den ganzen Sopran?« Er entschloss sich zu einem weiteren Schuss ins Blaue: »Erst Hilke Smit, dann Sabrina Tinnekens, und wen noch?«

»Was? Was habe ich denn mit Hilke zu tun? Mit der habe ich doch kaum drei Sätze gewechselt! Verdammt, was wollen Sie mir denn noch alles anhängen!«

Na gut, das war nichts, dachte Stahnke und hielt gegen: »Raus mit der Sprache, wer war diese andere Frau, zu der Sie so eilig hingerannt sind?«

Heiden lief krebsrot an. »Meine Mutter!«, stieß er hervor.

»Ihre – wie bitte?« Stahnke war baff.

»Ja, meine Mutter. Sie ist mir überraschend nachgereist. Das tut sie gelegentlich.« Heiden nahm sich wieder deutlich zurück. Er klang verlegen. »Wissen Sie, ich wohne nach wie vor bei ihr, und sie kümmert sich sehr, äh, sehr hingebungsvoll um meine Angelegenheiten. Das ist mir gewöhnlich auch sehr angenehm. Da muss man ihr solche, äh, solche überraschenden Visiten nachsehen, nicht wahr.«

»*Kommen, kommen, kommen, kommen.*« Der Chor sang ein Ostinato, dass sich eigentlich auf Gott den Herrn bezog.

»Sie haben also nicht länger auf Ihre Geliebte warten können, weil Sie von Ihrer Mutter erwartet wurden?«

»Ja, genau.« Heiden nickte. Dann erst fiel ihm Stahnkes Grinsen auf. »Wieso?«

35.

Vom Windfang her drang das Geräusch der zufallenden Kirchentür zu ihnen, und das Getrappel näher kommender Schritte enthob Stahnke einer Antwort. Zwei junge Leute, die anscheinend ebenfalls zum erweiterten Kreis des Chores gehörten und sich verspätet hatten, eilten grußlos an ihnen vorbei. Heiden würdigte sie keines Blickes.

Stahnke hakte den Mann innerlich ab. Ärger würde er bekommen, dieser alte Bock, und zwar nicht zu knapp, dafür würde er schon sorgen. Aber in der Hauptsache half Heiden ihnen keinen Schritt weiter.

Die bevorstehende Trauerfeier fiel ihm wieder ein. Die gehörte natürlich abgesagt, die Leiche musste auf jeden Fall erst zur Obduktion. Jemand sollte die Leute informieren, die draußen warteten, am besten sofort, musste sie nach Hause schicken. Keine Beerdigung heute, kein Tee und kein Butterkuchen.

»Ihr habt nun Traurigkeit, Traurigkeit, Traurigkeit.« Der Chor war direkt zum Sopransolo übergegangen, und eine glasklare Mädchenstimme stieg hell aus dem Zusammenklang der anderen empor wie eine Taube von einem Kirchendach.

Heiden starrte wie gebannt nach oben, als könnte sein Blick den Bretterboden der Empore durchdringen. »Na also«, murmelte er vor sich hin, »das macht sie doch hervorragend, die kleine Theda. War doch richtig, dass ich ihr die Chance gegeben habe.«

In diesem Moment brach die Solostimme mit einem Entsetzensschrei ab. Der Chor kam aus dem Takt, die Harmonie wackelte, bröckelte, brach in sich zusammen und verstummte. Noch ein Schrei, der unter dem Dachgewölbe stand wie gemalt: »Hilke!«

Stahnke fuhr herum. Die beiden jungen Leute, die gerade hereingekommen waren, standen mitten im Gang, zwischen den inaktiven Chormitgliedern, dort, wo sie von oben her zu sehen waren. Ein vierschrötiger Bursche mit roten Segelohren und blonden, zu Igelstacheln gegelten Haaren und ein kleines, schmales Mädchen mit pinkfarbenen Haarsträhnen und Nasenpiercing. Eindeutig ein Liebespärchen, so wie sie sich an den Händen hielten. Mit der freien Hand winkte das Mädchen hinauf zur Empore.

»Hallo, Theda!«

»Hilke, mein Gott, wo warst du denn?« Das war Margit Taudien, die sich kaum zwischen ungläubigem Erstaunen und mütterlicher Erleichterung entscheiden konnte.

»Ja, sorry, ey.« Verlegen schien die Kleine immerhin zu sein. Aber nicht sehr. »Ich war mit Jan hier auf dem Festland. In Esens. Mit dem Boot von seinem Onkel. Hab ganz vergessen, Bescheid zu sagen. Jans Eltern haben da drüben 'ne Zweitwohnung. Echt krass.«

Sie schmiegte sich an den blonden Brocken, dessen rote Ohren förmlich zu glühen begannen. Die Frage, warum die beiden das Bescheidsagen vergessen hatten, erübrigte sich.

»Hat vielleicht einer mein Handy gefunden?«, erkundigte sich Hilke. »Und meine Brille? Muss ich beides am Strand vergessen haben. Jan hat noch angerufen, ob die Wohnung auch frei ist, und dann sind wir ganz schnell los. Weiß jemand, wo die Sachen sind? Das Handy war total neu.« Fragend blickte sie in die Runde.

Keine Antwort. Nur reihenweise offene Münder.

»Na dann«, murmelte Stahnke. »Eine Leiche weniger. Ist ja auch mal ganz schön.«

36.

Schon komisch, dachte Lüppo Buss. Da hat man jahrelang keine einzige hübsche blonde Frau auf dem Gepäckträger – und dann gleich zwei kurz hintereinander. Erst Stephanie, jetzt Nicole. Kaum zu fassen.

Wieder ging es zum Dünenfriedhof – noch eine Parallele. Die Unterschiede aber wogen schwerer. Diesmal führte ihn sein Weg durch den Ort. Am helllichten Tag. Und die hochgewachsene Blonde hinten auf seinem Fahrrad war nicht irgendwer, sondern Nicole Janssen, Ehefrau von Ulfert Janssen, Miterbin des Besitzes der verstorbenen Tant' Lüti. Das Sperrfeuer neugieriger bis empörter Blicke war entsprechend. Es würde einiges zu erklären geben.

Später.

Diesmal stellte er sein Bike am Fahrradstand neben dem schmiedeeisernen Tor ab. Der Dünenfriedhof war verlassen; bei derart schlechtem Wetter vermochte nicht einmal Lale Andersens Grab Besucher anzulocken. Gut so.

Tante Lütines offenes Grab war abgesperrt und das Werkzeug, an dem sich Sabrina Tinnekens bei ihrem Sturz so übel verletzt hatte, lag in Plastikfolie eingehüllt daneben. Was Lüppo Buss natürlich wusste, denn er hatte Tatort und Spuren gestern eigenhändig gesichert. Deshalb hatte er jetzt auch seinen eigenen Klappspaten dabei.

Als er in die Grube hinabsprang, kam er sich vor wie ein Grabschänder, aber als er den Spaten in den lockeren, sandigen Boden stieß, fühlte er sich eher wie ein Schatzgräber. Nicole, die oben am Rand stehen geblieben war, musste vor dem fliegenden Sand zurückweichen, so ungestüm ging er zu Werke.

Der hohle Klang, den das Blatt seines Spatens plötzlich

erzeugte, ließ ihn noch einmal erschauern. Aber er wusste ja, dass es kein Sarg sein konnte, worauf er gestoßen war. Schnaufend grub er das Ding aus, wuchtete es zum Rand der Grube hinauf, kletterte hinterher und hockte sich daneben.

Der Koffer war aus Kunstleder, mittelgroß und mittelbraun. Die Verschlüsse schnappten sofort auf. Beinahe hätte Lüppo Buss den Atem angehalten, als er den Deckel öffnete.

Im nächsten Moment wünschte er sich, er hätte es getan, denn der Koffer enthielt überwiegend getragene Kleidung und schmutzige Wäsche.

Ein abgewetztes Portemonnaie lag obenauf. Mit spitzen Fingern öffnete der Inselpolizist den Druckknopfverschluss und klappte es auf. In einem der Seitenfächer fanden sich ein uralter, grauer Führerschein und ein Personalausweis. »Gerd Graalmann«, las er und nickte Nicole zu.

Geld enthielt die Börse nicht. »Graalmann war also pleite«, stellte der Kommissar fest.

Energisch schüttelte Nicole den Kopf. »Kein Stück. Er hatte Geld bei sich. Nicht übermäßig viel – das Übliche eben. Hat nämlich angeboten, für seine Unterbringung zu bezahlen, und dabei die Börse gezückt. Natürlich habe ich abgelehnt. Nein, pleite war er nicht.«

»Und wo ist dann sein Geld?«

Nicole zuckte die Achseln. »Ulfert«, sagte sie leise.

»Ulfert?« Lüppo Buss schüttelte ungläubig den Kopf. »Im Ernst? Das hat der doch gar nicht nötig. Seit wann gibt er sich denn mit Kleingeld ab? Immerhin geht er geschäftlich doch mit ganz anderen Summen um.«

»Das stimmt«, sagte Nicole leise. »Aber was das andere angeht, das Nötighaben, da irrst du dich.«

Jetzt hatte sie zwischen den alten Klamotten im Koffer

etwas erspäht, und ehe Lüppo Buss sie daran hindern konnte, griff sie zu und zog einen braunen Umschlag hervor. »Da ist es.«

Der Kommissar nahm ihr das Kuvert aus der Hand. Der Umschlag war geöffnet, regelrecht aufgefetzt, als hätte sich da jemand nicht mehr beherrschen können. Zwei zusammengeheftete Briefbögen steckten darin, eng beschrieben. Eine zwar kleine, aber flüssige und gut lesbare Handschrift, stellte der Inselpolizist erleichtert fest.

Tant' Lütis Name stand oben drüber. Und daneben das Wort »Testament«.

Nicole hatte sich hinter ihn gehockt; ihre Hände lagen auf seinen Schultern, ihr Atem streifte seine Wange. Es fiel ihm schwer, sich auf den Text zu konzentrieren. So kam sie ihm zuvor, deutete mit ausgestrecktem Zeigefinger: »Hier! Jetzt weißt du, warum.«

Lüppo Buss las und verstand. »Gerd Graalmann ist also der Haupterbe«, sagte er. »Als Neffe in direkter Linie. Klarer Fall, das dürfte unanfechtbar sein. Aber Ulfert und du, ihr beide kommt doch gleich danach. Tante Lütine war reich. Was sie euch zugedacht hat, ist doch ebenfalls nicht gerade wenig. Wenn auch vielleicht nicht so viel, wie Ulfert sich ausgerechnet hat. Reichte das denn nicht?«

»Mir schon«, sagte Nicole Janssen. »Aber Ulfert sah das offenbar anders.«

Sie ließ sich neben Lüppo Buss auf den Boden sinken, stützte die Ellbogen auf die Knie und ihr Gesicht in die Hände. »Ich habe schon so etwas geahnt«, sagte sie leise. »Eigentlich hätte ich es wissen können. Ulfert hasst Langeoog. Hat die Insel immer gehasst. Sein halbes Leben schon hat er hier weggewollt. Weil das wegen Tant' Lüti und dem anstehenden Erbe nicht ging, hat er auch sie gehasst. Und mich gleich mit, weil ich sie gepflegt habe und deshalb immer mit ihr zusammen war. Wahrschein-

247

lich gibt er mir sogar die Schuld daran, dass sie überhaupt so lange gelebt hat.«

»Vielleicht stimmt das ja sogar«, sagte Lüppo Buss. Und biss sich auf die Zunge, weil die Worte, die als Trost gedacht waren, wie eine Rechtfertigung für ihren Mann klangen.

Nicole lächelte ihn an. »Seine ganze Liebe galt etwas, das es auf der Insel nicht gab«, fuhr sie fort. »Jedenfalls fast nicht. Ein Motorrad hat er in seiner Werkstatt versteckt. Dachte wohl, das merkt keiner, wenn er sich nachts dorthin schleicht und sich daran aufgeilt. Aber diese Harley-Davidson ist ja längst nicht alles.« Ihr Hände verkrampften sich. »Wenn die Harley seine heimliche Geliebte ist, dann hat er in Esens seinen eigenen Puff.«

»Hä?« Der Kommissar war sich nicht sicher, ob ihn nun die Behauptung so schockierte oder der Tonfall, in dem sie ausgesprochen worden war.

»Ja, guck dir das ruhig mal an«, fuhr Nicole fort. »Eine ganze Garagenanlage hat er sich da gemietet, nicht weit von unserer Zweitwohnung entfernt. Da sieht es aus wie beim Aga Khan. Ein gutes Dutzend dicke Schlitten, überwiegend Oldtimer vom Benz bis zum Bugatti, einer teurer als der andere. Das heißt, so viele waren es schon vor ein paar Jahren, als ich zufällig den Schlüssel gefunden und heimlich nachgeschaut habe. Wer weiß, was er sich seitdem noch alles angeschafft hat!«

»Und von welchem Geld?«

»Das ist der Punkt«, antwortete Nicole. »Von Tante Lütines Geld natürlich. Beziehungsweise von Krediten und Hypotheken, die er auf ihren Namen aufgenommen hat. Als kleinen Vorschuss auf das zu erwartende Erbe. Konnte er ja, er hatte alle Vollmachten, denn seine Tante vertraute ihm.«

Sie lächelte bitter. »Aber der Erbfall wollte und wollte ja nicht eintreten. Tant' Lüti lebte einfach immer weiter.

Die Zinsen haben ihn nicht nur gedrückt, die haben ihn aufgefressen. Vor mir konnte er seine Lage schon seit einiger Zeit nicht mehr geheim halten. Nicht mehr lange, und er wäre vollends aufgeflogen.«

»Darum also konnte er Tant' Lütis natürlichen Tod nicht abwarten«, murmelte der Kommissar.

»Genau«, sagte Nicole und legte das Testament in den Koffer zurück. »Und darum war ihm Gerd Graalmann im Weg.«

Lüppo Buss klappte den Deckel zu.

37.

Wieder klappte die Kirchentür. Ein hagerer Mann mit grauem Teint und tief eingekerbten Falten zwischen Nasenflügeln und Mundwinkeln blickte sich suchend um. Die zerzauste Brünette in seinem Schlepptau wirkte verfroren.

Stahnke steuerte auf die beiden zu. »Hauptkommissar de Beer, nehme ich an?« Déjà vu. Er streckte seine Pranke aus.

Zögernd griff der Graugesichtige zu. »Stahnke?« Sein Ausdruck wechselte zwischen Erkennen und Erstaunen hin und her. »Wusste gar nicht, dass Sie hier … Sollten denn nicht wir die Sache in die Hand nehmen?«

»Klar, stimmt schon.« Stahnke nickte bedächtig, was ihm eine Bedenksekunde einbrachte. Dann fuhr er fort: »Aber eigentlich hätten Sie gar nicht zu kommen brauchen. Der Kollege hier vor Ort, ein gewisser Lüppo Buss, hat bereits alles erledigt. Tüchtiger Mann. Den sollte man vielleicht mal für andere Aufgaben in Erwägung ziehen.«

Hauptkommissar de Beers Gesichtsausdruck war ein Fest. Trotzdem fand Stahnke, das Lüppo Buss ihm etwas schuldig war. Falls er jemals davon erfahren würde.

38.

»Was hast du da reingetan?« Stahnke schaute seinem Kollegen, der mit beiden Händen im Hackfleisch steckte und knetete, über die breite Schulter. »Ich meine, außer Fleisch, Paniermehl, Salz und Pfeffer? Irgendwelche sonstigen Gemeinheiten, um mich vorzeitig unter die Dünen zu bringen?«

»He, Vorsicht! Runter von mir, oder willst du mich etwa mit in die Pampe reindrücken?« Lüppo Buss rempelte den besorgten Hauptkommissar beiseite. »Wenn du das Selleriesalz meinst, das liegt im Mülleimer. Die ganze Büchse. Kannst selber nachgucken, wenn du mir nicht traust. Das Zeug war schuld, sagt Fredermann, sonst nichts. Also lass mich gefälligst machen, okay?«

»Schon gut, schon gut«, murmelte Stahnke. »Ich vertraue dir doch völlig.« Bei diesen Worten spähte er auffallend beiläufig in den Mülleimer und sorgte dafür, dass der Inselpolizist das Klappern des Schwingdeckels auch mitbekam.

Zum Abschied sollte es Frikadellen geben, so hatte Stahnke es sich gewünscht. Lüppo Buss' himmelwärts gerichteten Verzweiflungsblick hatte er mit der Gelassenheit des kulinarischen Banausen und einem Verweis auf Gerd Graalmann gekontert: »Zur Erinnerung an seine Rettung vor dem Hungertod.« Sein Kollege hatte nachgegeben, sich dafür aber wenigstens die Wahl der Beilage ausbedungen. Kartoffelgratin. Statt Kartoffelsalat, wie Stahnke vorgeschlagen hatte: »Am besten fertigen aus dem Eimer. Den habe ich bisher noch immer überlebt.«

Der dicke Graalmann hatte die Insel bereits wieder verlassen. Die Mitteilung, nunmehr ein reicher Mann zu sein, hatte er merkwürdig unbewegt zur Kenntnis genommen. Auf Langeoog sesshaft werden und sich um sein Erbe kümmern aber wollte er auf keinen Fall. »Hat doch keinen Sinn mehr hier zu bleiben, jetzt, wo Tant' Lüti tot ist«, hatte er gesagt. Nicole Janssen sollte sich um alles kümmern: »Vielleicht 'n bisschen was verkaufen, damit ich flüssig bin.« Eine entsprechende Vollmacht hatte er bereits unterschrieben. Aber keine Adresse hinterlassen: »Ich melde mich dann schon.«

Ein eigenartiger Kauz, dachte Stahnke. Und aussehen tut er wie mein eigenes Spiegelbild mit Zeitverzerrung. Ob ich wohl auch mal so werde?

»Schon komisch«, sagte Lüppo Buss, während er die mit viel Knoblauch und Kräutern der Provence angereicherten Hackfleischbällchen in die Pfanne gleiten ließ. »Da jagen wir wie die Blöden einer Phantomleiche hinterher, während die Totgeglaubte in einem Liebesnest auf dem Festland ihre Jungfräulichkeit verschenkt, und stoßen dabei ganz nebenbei auf einen Mord, von dem wir niemals geglaubt hätten, dass es einer ist. Kaum zu fassen. Dabei hat sich das alles praktisch direkt unter meiner Nase abgespielt.« Das Fett in der Pfanne zischte auf, und Lüppo Buss brachte seine Nase schleunigst in Sicherheit. Er öffnete den Backofen und spähte hinein, vorsichtig den herausquellenden Dampfwolken ausweichend. »Fünf Minuten noch«, verkündete er. »Dann müssten auch die Frikadellen gerade durch sein. Perfektes Timing.«

»Kann man wohl sagen«, bestätigte Stahnke. »In mehr als einer Hinsicht. Auch, dass Hilke Smit gerade rechtzeitig zurückkam, um ihren Chorleiter zu entlasten. Mit dem Motorboot von Jans Onkel, das der Hafenmeister bei dir als gestohlen gemeldet hatte. Super, nicht? Wieder ein Fall gelöst.« Stahnke grinste breit.

Lüppo Buss grinste gequält zurück. Schnell wechselte er das Thema. »Diesen Heiden hätte ich ja so bald nicht aus meinen Krallen gelassen. Schon aus Prinzip. Auch wenn ich ihn bereits nicht mehr wirklich für den Täter gehalten hatte.«

Der Kommissar lachte: »Hinterher kannst du ja viel erzählen! Aber lass mal, Hauptsache, den beiden Mädchen geht es gut. Na ja, relativ gut wenigstens.«

Der Hauptkommissar nickte. »Einige Wochen lang wird Sabrina Tinnekens noch im Krankenhaus bleiben müssen. Aber es sieht nicht schlecht aus. Die Knochenbrüche heilen gut, es wird wohl nichts zurückbleiben, heißt es.«

»Ulfert Janssen wird man wohl zusätzlich wegen fahrlässiger Körperverletzung drankriegen«, sagte Lüppo Buss. »Wenn das Mädchen einfach nur in das leere Grab gefallen wäre, hätte sie sich vermutlich überhaupt nichts getan. Aber unser Mann hat ja bei Nacht und Nebel diesen Koffer dort verbuddelt. Mit Graalmanns Sachen drin, dem Testament seiner Großtante und dem zweiten Schminkstift seiner Frau. Samt seinen eigenen Fingerabdrücken dran, was ziemlich hilfreich von ihm war. Dabei wurde er gestört, bekam es mit der Angst und rannte weg. Erst durch die liegen gelassenen Werkzeuge wurde die Grube zur Falle.«

»In die Sabrina hineinlief, weil sie ein Schatten in der Dunkelheit erschreckt hat«, ergänzte Stahnke. »Ob das nun Ulfert Janssen war, der Heiden oder vielleicht sogar Gerd Graalmann, daran kann sie sich nicht erinnern.« Er schmunzelte. »War ja auch ganz schön viel los auf dem Friedhof in dieser Nacht. Wenn man bedenkt, dass es da sonst keine Laufkundschaft gibt …«

»Warum bist du eigentlich dort gewesen?«, fragte Lüppo Buss unvermittelt. »Ich meine, es war ja ein glücklicher Umstand, dass du da im Dunkeln rumgeschlichen bist, vielleicht lebensrettend für Sabrina. Aber warum? Das wollte ich dich schon die ganze Zeit fragen.«

»Und ich hatte gehofft, du würdest es vergessen.« Stahnke nahm die brutzelnde Pfanne vom Herd und stellte sie auf einen Untersetzer mitten auf dem Esstisch. Fett spritzte umher. Lüppo Buss runzelte die Stirn; nur gut, dass er wohlweislich auf ein Tischtuch verzichtet hatte.

»Habe ich aber nicht. Und?«

»Lale Andersen«, stieß Stahnke hervor. »Ich bin ein alter Fan von ihr. Weißt du, *Lilli Marleen* oder *Seemann, lass das Träumen* – das mögen ja Schnulzen sein, aber ich mag sie nun einmal. Das neue Denkmal, das jetzt gleich bei dir um die Ecke steht, hat mich daran erinnert, dass Lale Andersen ja hier auf Langeoog begraben liegt. Deswegen wollte ich unbedingt ihr Grab besuchen. Na ja, und weil das nicht gleich jeder mitkriegen musste, habe ich das abends gemacht. Es wurde dann schneller dunkel als ich dachte, ich habe mich durch den sonnigen Tag täuschen lassen und vergessen, dass wir ja schon Herbst haben.«

Der Sturm, der nun bereits seit Tagen ums Haus heulte, gab ihm recht.

Die beiden Männer aßen mit Genuss und im Bewusstsein, ihren Job gut erledigt zu haben. Lüppo Buss konnte sich mit den gut gewürzten Frikadellen durchaus anfreunden, und Stahnke sprach dem Kartoffelgratin nach anfänglichem Misstrauen begeistert zu.

»Viel hast du ja nicht gegessen«, wunderte sich der Hauptkommissar, nachdem er seine Serviette zusammengeknüllt hatte. »Wenn man bedenkt, wie viel du gekocht hast! Wo willst du denn mit den ganzen Resten hin?«

Lüppo Buss lächelte. »Dafür habe ich schon Verwendung«, sagte er geheimnisvoll.

Es klingelte an der Tür.

»Erwartest du noch jemanden?«, fragte Stahnke, der gerade nach einem frischen Bier gegriffen hatte.

»Ja«, sagte Lüppo Buss. »Allerdings. Und du, glaube ich, hast noch etwas Dringendes vor, oder?«

»Nö«, erwiderte Stahnke verwundert. »Eigentlich ...« Dann kniff er die Augen zusammen. »Es ist Nicole, stimmt's?«

»Stimmt«, sagte Lüppo Buss und erhob sich. »Wenn es dir also nichts ausmacht ...«

Mit einem Ruck schob Stahnke seinen Stuhl zurück. »Tut es aber, mein Lieber, tut es«, sagte er. »Weil es mal wieder typisch ist. Solange man gebraucht wird, ist man gut genug. Aber wenn man dann seine Schuldigkeit getan hat, heißt es: Abgang, Alter. Das ist so typisch.«

»Du, Entschuldigung, also, das habe ich ja nicht gewusst«, stotterte der Inselpolizist. »Ich wollte dich nicht verletzen, ehrlich. Aber du verstehst doch sicher ... ich meine ...«

Stahnke knuffte ihn gegen die Schulter. Dann lachte er lauthals los. »Arbeite mal ein bisschen an deinem Humor«, sagte er zwinkernd. »Frauen mögen das.«

Grinsend stapfte er zur Tür.

Peter Gerdes

geboren 1955 in Emden, lebt in Leer. Studium der Germanistik und Anglistik, anschließend als Journalist und Lehrer tätig. Literarische Anfänge Ende der 70er Jahre; schreibt seit 1995 vor allem Kriminalliteratur (bisher neun Romane) und betätigt sich als Herausgeber. Mitglied im Verband deutscher Schriftsteller (VS) und im Syndikat, Leiter der Ostfriesischen Krimitage. Jüngste Veröffentlichungen (Kriminalromane im Leda-Verlag): *Fürchte die Dunkelheit* (2004), *Solo für Sopran* (2005, Hörbuch 2006), *Ebbe und Blut*, *Der Tod läuft mit* (2006); *Der siebte Schlüssel* 2007; *Sand und Asche* 2009, *Wut und Wellen* (2010); *Zorn und Zärtlichkeit* (2011), *Kurz und schmerzlos. Stahnke ermittelt* (2011).

Peter Gerdes
Solo für Sopran
Hörbuch
978--934927-81-0
Hörbuch 3 CD
9,90 Euro

Peter Gerdes
**Ein anderes Blatt
Thors Hammer**
2 Oldenburgkrimis
978-3-939689-11-9
352 S.; 9,90 Euro

Peter Gerdes
Ebbe und Blut
Ostfrieslandkrimi
978-3-934927-56-8
224 Seiten
8,90 Euro

Peter Gerdes
**Der Tod
läuft mit**
Ostfrieslandkrimi
978-3-934927-86-5
192 Seiten; 8,90 Euro

Peter Gerdes
**Fürchte die
Dunkelheit**
Kriminalroman
978-3-934927-60-5
272 S.; 11,90 Euro

Peter Gerdes
Wut und Wellen
Inselkrimi
978-3-939689-34-8
ca 256 S.
9,90 Euro

Peter Gerdes
Sand und Asche
Inselkrimi
Langeoog
978-3-939689-15-7
320 S.; 9,90 Euro